深圳迈向高质量发展阶段的龙岗路径

The Path of Longgang as Shenzhen Strides Toward High-quality Development

刘字濠◎著

新华出版社

图书在版编目（CIP）数据

深圳迈向高质量发展阶段的龙岗路径 / 刘字濠著.
—北京：新华出版社，2019.1
ISBN 978-7-5166-4364-8
Ⅰ.①深… Ⅱ.①刘… Ⅲ.①城市经济－经济发展－
研究－深圳 Ⅳ.①F299.276.53

中国版本图书馆CIP数据核字（2018）第243212号

深圳迈向高质量发展阶段的龙岗路径

著　　者：刘字濠

责任编辑：蒋小云　　**封面设计：**中尚图

出版发行：新华出版社
地　　址：北京石景山区京原路8号　　**邮　　编：**100040
网　　址：http://www.xinhuapub.com
经　　销：新华书店
购书热线：010-63077122　　**中国新闻书店购书热线：**010-63072012

照　　排：中尚图
印　　刷：北京盛彩捷印刷有限公司
成品尺寸：170mm×240mm
印　　张：23　　**字　　数：**318千字
版　　次：2019年1月第一版　　**印　　次：**2019年1月第一次印刷

书　　号：ISBN 978-7-5166-4364-8
定　　价：69.00元

序一

P r e f a c e I

纵观世界各国走向现代化的历史，开放、创新始终是一个国家、一个民族迈向繁荣发展的重要推手。40年前，老一辈革命家，站在国家和时代发展的潮头浪尖，以家国胸怀，世界眼光，开启了我国改革开放的大幕，推动了"科学技术是第一生产力"的实践探索。在短短的40年里，中国由一个人口众多、国民经济一穷二白的发展中国家，发展成为一个全球排名第二的经济大国，在改革开放、科技创新和经济发展方面，创造了"中国奇迹"，为全球众多发展中国家开放、减贫、发展提供了新的选择，贡献了中国智慧和中国方案。

今天，我国发展面临的国际国内环境正在发生深刻变化。从外部环境来看，全球科技创新进入空前密集活跃的时期，新一轮科技革命和产业变革正在重构全球经济格局，世界各国都在积极谋划创新，部署发展，抢占新一轮科技创新和经济发展的主动权。从国内发展来看，党的十九大报告，做出了中国特色社会主义进入新时代的重大判断，明确了推动高质量发展，加快建设现代化经济体系的战略目标和推动形成全面开放新格局的重大部署。习近平总书记强调，过去40年中国经济发展是在开放条件下取得的，未来中国经济实现高质量发展也必须在更加开放条件下进行。这事实上对我国新时期改革开放带来了新的时代命题，提出更高的发展要求。

作为中国改革开放的排头兵，深圳由一个默默无闻的边陲小镇到拥有

2000万人的现代化国际都市，梦幻般崛起，奇迹般成长，绽放夺目光彩，惊艳世界。可以说，深圳速度、深圳奇迹的背后，浓缩的是中国改革开放40年的成就，是中国特色社会主义道路的生动写照。应对新时代的发展要求，深圳正在迎来改革进程的“下半场”，动力和压力同在，机遇和挑战并存。就自身发展看，经过近40年的一路疾行、亢奋高歌，深圳全面改革开放已进入攻坚期，需要以更大的勇气，更大的智慧扩大开放，引领创新，要继续发挥敢为人先的精神，在构建推动经济高质量发展体制机制方面走在全国前列，推动质量变革、效率变革、动力变革，力争实现深圳改革开放的“第二次革命”，为我国全面扩大开放和高质量发展创造新的经验。作为深圳的一个后发地区，龙岗区凭借独特的历史禀赋和资源基础，抢抓机遇，趁势而上，以创新驱动为核心战略，在高新技术产业、科技创新发展方面形成了突出的后发优势，其发展经验、主要做法对全国诸多区域具有较好的参考价值和借鉴意义，值得系统总结，深入研究。

过去40年，深圳勇立潮头，锐意探索，在开放型经济向创新型经济转型上闯出了一条路子；面向未来，深圳肩负经济特区在引领高质量发展探索的新使命。我们有理由相信，下一个40年，一个在全国率先实现高质量发展的深圳特区、一个走在全国前列的深圳特区，必将为实现中华民族伟大复兴的中国梦贡献更多的实践路径和改革经验。

刘燕华

国务院参事、原科技部副部长

2018年10月10日于北京

序二

Preface Ⅱ

新时期，以党的十九大召开为标志，中国的改革开放已经进入建设社会主义现代化强国的新时代，加快推动我国经济由高速度增长向高质量发展转变，是新时代赋予我们新的历史使命，也是我国经济在历经30多年高速扩张之后突破结构性矛盾和资源环境瓶颈，实现更高质量、更有效率、更加公平、更可持续发展的必然选择，对建设我国社会主义现代化强国具有深远的历史意义。

2018年，是中国改革开放40周年，也是深圳经济特区成立38周年。在这样一个承前启后的重要节点，回顾和剖析深圳发展历程，总结不同历史阶段深圳在改革开放、创新驱动方面的有益探索和成功经验，对全国范围推动高质量发展具有重要借鉴意义。深圳是我国第一个经济特区，也是一座“教科书里所没有的城市”，缺少人、财、物，没有文化底蕴，缺乏教科书里描述的大城市发展所需的一切资源和基础，然而经过改革开放40年的砥砺发展，当年的小渔村已经发展成为一个以“创新”为旗帜和标签的现代化大都市，创造了世界工业化、现代化、城市化发展史上的奇迹。改革开放元年，深圳前身原宝安县经济总量仅有6000万元人民币，而同年一湾之隔的香港则达到183亿美元，两者呈现天壤之别。改革开放以后，深圳以加工贸易起家，利用毗邻港澳的区位优势和经济特区的政策优势，在经济体制改革和科技、人才、资金引进方面锐意突破，开创了举世瞩目的

"深圳速度"。2017年，深圳的经济总量高达2.24万亿元，仅次于上海、北京，已和当年的"老大哥"香港旗鼓相当，成为珠三角经济增长的火车头。近年来，深圳在保持区域经济稳定增长的前提下，把更多的资源和要素投向了创新领域，在创新驱动发展方面走在了全国前列。2017年，深圳全社会研发投入占GDP比重4.13%，接近全球最高的研发投入国家水平；PCT国际专利2.04万件，占全国的43.1%，连续14年居全国城市首位，仅次于东京位列全球第二。深圳培育出华为、腾讯、比亚迪、大疆等一批世界级民营科技企业，在4G及5G技术、超材料、基因测序、3D显示、石墨烯太赫兹芯片、柔性显示、新能源汽车、无人机等领域走在世界前列，部分领域攻进了"无人区"，"深圳质量"成为继"深圳速度"之后深圳最具竞争力的城市名片。就本质来看，高质量在不同的发展阶段有不同的内涵，40年来深圳一直在探索和推动着更加集约、更加高效、更加可持续的发展模式，事实上也是全国探索高质量发展的先行者和引领者。

2018年，也是龙岗建区25周年。龙岗位于深圳市东北部，1993年正式成为深圳市辖区，地处偏远的原二线关外，属于深圳市的后发地区。多年来，龙岗大力实施"高端引领、创新驱动"发展战略，积极引进和建设了香港中文大学（深圳）、深圳北理莫斯科大学和深圳市太空科技南方研究院等一批高水平国际大学和新型科研机构，培育发展了华为、比亚迪、柔宇等370多家超亿元级企业，经济总量全市第二，实现了经济社会的跨越式发展。回顾25年的发展，龙岗从最初的"三来一补"，到后来的"两城一区"，坚持工业化和城市化齐头并进，经济发展和城市面貌得到长足发展，从特区的"小跟班"发展成为深圳的"先锋队"，是发挥区位和资源后发优势，实现创新驱动和高质量发展的典型案例，对我国广大欠发达地区转型发展具有现实借鉴意义。

作为我国改革开放的先行者和排头兵，深圳在我国第一轮改革开放中创造了很多经验，对我国改革开放战略顺利实施做出了突出贡献。如今，深圳发展的外部环境和内部条件都发生了深刻变革，深圳的发展角色也已经从当初“跟跑者”变成了今天“领跑者”，从改革开放的“受益者”变成了改革开放的“反哺者”。在新的历史条件下，深圳如何依托自身已经形成的产业结构、科学技术、高端人才和体制机制优势，面向国家实施全面对外开放战略和粤港澳大湾区建设需要，在我国二次开放中发挥好引领和示范作用，是保持深圳在新一轮国际竞争中立于不败之地的首要问题。对于龙岗区而言，过去25年来，依托特区的后发优势红利已经基本释放，新时期需要站在更高的层次，依托区域创新平台和资源条件，进一步扩大开放、强化创新，在创新驱动和高质量发展方面走出一条符合自身特点的新路子，实现新的发展，创造新的经验。

深圳的经验是改革的经验、实践的经验和发展的经验。总结过去，是为了更好地面向未来。本书在内容设计上，主要分为上篇和下篇两大部分：

上篇站在全国改革开放的大背景和深圳全市发展的角度，深入剖析和总结深圳市40年改革开放和高质量发展的经验，共包括八章内容。第1章，梳理经济增长阶段的理论脉络，分析经济增长的相关理论演进历程，厘清技术创新与经济增长的内在关系。第2章，研究东亚、拉美等国际典型地区不同经济体的实践做法，从经济增长动力、战略路径选择等方面，总结其经验和教训，为深圳高质量发展提供有益借鉴。第3章，系统分析深圳近40年经济增长的动力，包括市场化的“深圳探索”、工业化的“深圳奇迹”、城市化的“深圳经验”、国际化的“深圳坐标”，总结改革开放的发展历程和丰硕成果。第4章，结合十八大以来新的部署和要求，研究判断深圳经济发展所处的阶段，系统剖析和客观审视发展环境。第5–7章，科学谋划深圳高质量发展的总体框架，明确以改革和创新为核心的战略思路，确定未来改革创新的顶层设计和发展路径；并分别从改革增创红利、创新夯实增长动力两个维度，阐述深圳未来一段时期高质量发展的具体路径，释放发展新动能，再造新的“深圳奇迹”。第8章，总结深圳高质量发展探索的实践意义，发挥“走在全国前列”的示范和带动作用。

下篇站在深圳发展的背景下和龙岗区域发展的视角，认真分析和研讨龙岗区作为后发区域，推动创新驱动和高质量发展的主要做法和有益探索，共包括十章内容。第1—2章，龙岗经济发展基础与阶段分析，回顾龙岗建区25年的发展历程，分析不同阶段的特征与趋势；基于多维理论基础，划定龙岗当前所处的经济阶段，剖析现阶段状况及未来发展需求。第3章，龙岗高质量发展的总体思路与现实选择，结合多年来创新发展基础与区域资源条件，提出未来创新驱动的“龙岗选择”，明确战略方向和发展重点。第4章，国内外标杆地区高质量发展比较，选取硅谷、中关村两个典型区域，进行创新资源和区域个性比较，明确龙岗的发展特色，找到不足和短板，吸取有益经验。第5—9章，系统研究龙岗高质量发展的战略路径，从龙头创新主体培育、源头创新能力提升、重点产业和空间优化、国际国内协同创新、创新生态环境营造等方面，厘清发展基础和条件，明确发展价值和意义，明晰发展方向和举措，孕育新时期龙岗高质量发展新动能，释放高质量发展新活力，迈向更高的发展阶段。第10章，总结龙岗探索的推广价值和中国意义，为国内同类地区提供参考和借鉴。

在本书研究中，着重围绕如何实现高质量发展这一主题，结合不同时期的时代背景和发展要求，对深圳市和龙岗区的发展历程、发展经验进行了梳理和总结，提出了一系列观点。由于本书的研究对象比较宏观，时间跨度较长，对深圳特区的各类总结和种种解释也众说纷纭、见仁见智，部分数据和资料仍相对不足，这项研究有很多方面还不够全面和系统，仅是未来进一步深入研究的起点，因此衷心希望有兴趣的读者提出宝贵意见，作者愿意与广大读者一起，把深圳市和龙岗区改革发展、高质量发展经验总结的更加全面、更加深刻，让我国乃至全世界读者能够更好地分享深圳和龙岗改革开放、创新发展的经验，为新时期全国高质量发展提供更加有益的参考和更有价值的借鉴。

本书得以出版，与各位师长、领导、朋友的支持和帮助是分不开的。感谢李忠祥主任，在我书稿撰写、课题研究和带领研究院发展过程中给予的大力指导和无私帮助；感谢恩师曾国屏教授，指引我走向咨询研究之路并为我传道授业解惑，对我产生深远影响；感谢深圳市和龙岗区科技创新战线相关领导和部门，在过往课题研究中给予了颇多的指导并协助提供了大量的调研机会，本书稿从中受益良多；感谢陈智国、王志云等，在资料整理、文献搜集、数据校对等方面做了大量认真细致的工作。还有一些师长、领导、朋友，也在书稿撰写及过往研究中给予了诸多支持和帮助，在此一并感谢。

刘宇濠

2018年9月10日于深圳

目录

c o n t e n t s

上篇

从“深圳速度”到“深圳质量”的跨越探索

第一章　经济增长阶段的理论解释

现代经济学研究始起于亚当·斯密的《国富论》(Adam Smith，1776)。二战后百废待兴，出于快速恢复并发展经济的压力，各国的经济增长问题逐渐引起学者们的重视，并成为经济学领域一个重要研究方向。

第一节　经济增长阶段理论演进

经济增长理论旨在研究经济增长的规律和制约因素，综合性较强，阶段性明显，涉及增长要素、方式与结构等诸多方面。

1. 经济增长阶段的相关理论基础

(1)配第、克拉克与库兹涅兹的“产业结构变动理论”

早在17世纪，英国古典经济学家配第(William Petty，1690)已发现不同经济增长阶段产业结构演变与就业变动规律，仅简单的描述为第二产业劳动力获得收入比第一产业高时，其会因收入差距而形成就业的产业间转移。20世纪40年代，英国经济学家克拉克(Colin Clark，1940)在配第理论的基础上，揭示出不同经济增长阶段资源水平与产业结构变动规律，形成完整“配第—克拉克定理”。在经济发展初期，由于劳动能力不足，人们尚处于从自然中获得原材料以满足自身需求阶段。随着经济发展进程深入，科学技术水平发展，第一产业效率提高，社会形成大量剩余劳动产品及剩余劳动力，同时第二产业迅速发展，收入水平提升，劳动力逐步从第一产业向第二产业转移。随着产业发展，第二产业劳动力也逐步向第三产业转移。20世纪60年代，美国著名经济学家库兹涅兹（Simon Smith Kuznets，1966）在“配第-克拉克定理”基础上，对57个国家历史及当前数据进行研究，得出的结论是：随着人均国内生产总值（人均GDP）的上升，第一产业产值总量及就业比重均呈下降趋势；第二产业产值总量及就业比重均上升，但就业比重上升不明显；第三产业产值总量趋势未定，但就业比重呈上升趋势。

（2）恩格尔系数

德国经济与统计学家恩格尔（Ernst Engel，1857）于19世纪提出恩格尔系数，一般用作衡量家庭生活水平的工具。家庭维持成员正常生活，需要衣食住行投入，不同收入水平的家庭衣食住行各部分支出比重不同，恩格尔系数计算方法为家庭食品支出占总支出的消费比重。扩大至国家层面，可以用国民消费结构作为划分不同经济增长阶段的依据，简单来说，即人们在食品消费领域支出越低，该时期经济增长阶段越靠后。目前，联合国粮农组织划分标准为食品支出占60%以上为贫困阶段，50%~60%为温饱阶段，40%~50%为小康阶段，30%~40%为富裕阶段，低于30%为最富裕阶段。恩格尔系数虽然可以根据食品占国民支出比重划分出不同经济增长阶段，但其是对生活水平方面的评价，更多的是辅助性从收入支出角度理解不同经济增长阶段。

（3）霍夫曼经验系数

德国经济学家霍夫曼（Hoffman，1931）依据1880—1929年20多个国家的资料，将产业分为生产资料产业与消费资料产业两类，并得出生产资料产业占制造业比重持续上涨的结论。霍夫曼还从净产值的角度对制造业中消费资料产业与生产资料产业的比例进行了研究，并将工业化进程分为4个阶段：第一阶段是消费资料产业占据绝对地位阶段，生产资料产业刚开始发育时期，前者净产值约为后者的5倍；第二阶段消费资料产业发展速度降低，生产资料产业迅速发展，前者净产值约为后者的2.5倍；第三阶段消费资料产业继续衰退，生产资料产业继续扩张，二者净产值趋至接近；第四阶段，消费资料产业逐步被生产资料产业取代主导地位，其净产值将大于前者，并不断扩张。

（4）钱纳里与赛尔奎因的“标准结构”理论

美国经济学家钱纳里和赛尔奎因（Hollis Chenery, Salguiyin, 1975）应用二战后发展中国家的数据，特别是20世纪60—80年代的9个准工业化国家，将经济增长分为工业化起始阶段、工业化实现阶段、后工业化阶段三大阶段，其中工业化实现阶段包含前期、中期及后期三个小阶段，后工业化阶段包含发达经济初级及高级两个小阶段①。按照人均GDP、三次产业结构、就业结构（一产占比）、人口城市化率等指标，将经济发展分为工业化起始、初期、中期、后期、后工业化阶段。伴随着经济增长，各阶段的指标呈现的变化规律为：人均GDP持续增长，工业化后期和后工业化阶段增长速度放缓，仍快于工业化起始阶段。三次产业结构，第一产业占比逐步降低，第二产业先升后降，第三产业逐步上升。就业结构，劳动力从第一产业逐步转移至第二、三产业，第二产业从吸纳劳动力到向第三产业输送，第三产业则不断吸纳劳动力。城市化水平，工业化起始阶段发展缓慢且极低，工业化实现阶段迅速上升，后工业化阶段缓慢上升。

2. 有关经济增长阶段的理论演进

对经济增长阶段的重要性认识不断加深。配第、克拉克与库兹涅兹主要针对产业结构变动不同方面进行研究，并未明确划分经济发展阶段，仅仅是经济增长阶段研究的辅助要件。之后的经济学家则是通过不同的研究方式，明确划分各个经济增长阶段，如恩格尔划分贫困、温饱、小康、富裕及最富裕的5个阶段，罗斯托划分传统社会、为起飞创造前提、起飞、成熟、群众性高消费时代到追求生活质量6个阶段，霍夫曼划分为四个阶段，

① 陶双桅．“中等收入陷阱”研究文献综述 [J]. 管理学刊，2015,28（5）：31-36.

钱纳里与赛尔奎因划分工业化起始、前期、中期、后期、发达经济初级、发达经济高级6个阶段。经济学家们逐步认识到经济增长阶段的重要性，并将其从经济学中独立出来，逐步形成规范完整的经济增长阶段理论体系。

经济增长阶段研究方法从定性向定量转变，从单一指标向复合指标体系转变。配第和罗斯托的研究成果更多的是以定性的文字描述方式呈现，让其理论更便于理解，但在分析具体国家当前的发展阶段，特别是发展水平处于两阶段交接位置时，会存在一定问题。克拉克、恩格尔、霍夫曼、钱纳里和赛尔奎因则是将按照明确的指标以定量的形式界定经济增长阶段，说服力更强，更便于操作。恩格尔以食品支出比重结构、霍夫曼以生产资料与消费资料产业净产值比例单一指标确定经济增长阶段，衡量标准相对单薄。钱纳里和赛尔奎因则是以人均GDP、三次产业结构、就业结构（一产占比）、人口城市化率等多个指标，构建划分不同经济增长阶段的指标体系，比单一指标显然更充分。

第二节　经济增长阶段划分标准

亚当·斯密在《国富论》（Adam Smith，1776）中依据主导产业的差别，将经济增长阶段划分为狩猎社会、游牧社会、农业社会、文明社会四个阶段。马克思在《政治经济学批判》（Karl Heinrich Marx，1857）中按照生产力的变化，划分为亚细亚、古代、封建、现代资产阶级的四个阶段。当前，学界常用配第、克拉克与库兹涅兹的“产业结构变动理论”“恩格尔系数”，罗斯托的“起飞理论”“霍夫曼经验系数”及钱纳里与赛尔奎因的“标准结构”理论。

1. 经济增长阶段划分的主要观点

（1）结构主义观点

配第在《政治算术》（William Petty，1690）中，发现当第二产业劳动力获得收入比第一产业高时，就业会在产业间转移的现象。克拉克的《经济进步的条件》（Colin Clark，1940）将超过40个国家及地区，按不同时期将三次产业结构劳动投入产出数据进行统计分析，发现随着生产力的提高，劳动力会在三次产业之间转移。库兹涅兹《国民收入及其构成》（Simon Smith Kuznets，1941）将对于57个国家历史及当前数据进行研究，认为随着人均国内生产总值的变化，会引起三次产业就业结构的变化。配第与克拉克定理强调收入差距与资源水平条件的差距引致产业结构变动，库兹涅兹认为不同发展阶段各产业结构表现不同，三者关注的焦点都是产业结构变动，按照变动规律可以将经济增长划分为三个阶段。

（2）总量主义观点

总量主义是应用总体性指标作为衡量标准，划分阶段。现常用两类指标：第一类为人均国内生产总值，第二类为人均国民总收入。经济学中，国内生产总值概念与国民总收入概念对应。二者的区别在于，国内生产总值更强调国内的概念，是国家境内常住单位生产的最终产品总量的度量；国民总收入强调国民的概念，是国民一年内用于生产的各种生产要素所得到的全部收入，随着国家对外交往联系密度的增加而与国内生产总值有所区别。国民总收入＝国内生产总值＋来自国外的劳动者报酬和财产收入－支付国外的劳动者报酬和财产收入。

（3）综合主义观点

钱纳里和赛尔奎因在《发展的模式：1950—1970》（Hollis Chenery，Salguiyin 1975）中应用二战后发展中国家的数据，从经济增长速度、产业演进规律、就业结构变化、城市化发展水平等多个维度，构建综合性的经济增长阶段指标体系，并通过建立回归方程式模型，判断一个国家和地区的经济增长阶段，也是目前相关学者和研究普遍采用的一种评价标准。

2. 经济增长阶段划分标准及指标

结合以上对经济增长阶段理论基础和经济增长阶段划分观点的分析，以下重点分析三类划分标准与评价指标：

第一类，消费结构标准。“恩格尔系数”，利用国民消费中食物占总消费的比重作为划分标准，60%以上为贫困阶段，50%~60%为温饱阶段，40%~50%为小康阶段，30%~40%为富裕阶段，低于30%为最富裕阶段。

第二类，人均国民收入标准。世界银行按照人均国民收入将各国划分为低收入、中低收入、中高收入、高收入四个等级，前两等国家称为发展中国家，后两等称为发达国家。为了使按现价美元计价的收入上限值保持固定，降低收入增长率、通胀率、汇率以及人口变化情况等因素的影响，世界银行将每年7月1日作为基准日，对上限值进行调整，2010年—2016年世行对于发展阶段的评定标准，详见下表（表1-1）。

表1–1　世界银行按人均国民收入划分的各国发展阶段（单位：美元）

	2010年	2011年	2012年	2013年	2014年	2015年	2016年
低收入	≤1005	≤1025	≤1035	≤1045	≤1045	≤1025	≤1005
中低收入	1006—3975	1026—4035	1036—4085	1046—4125	1046—4125	1026—4035	1006—3955
中高收入	3976—12275	4036—12475	4086—12615	4,126—12745	4126—12735	4036—12475	3956—12235
高收入	＞12275	＞12475	＞12615	＞12745	＞12735	＞12475	>12235

数据来源：世界银行。

第三类，综合标准。钱纳里和赛尔奎因的“标准结构”理论，设计多个指标判断经济经济增长阶段，包含人均GDP、三次产业结构、就业结构（一产占比）、人口城市化率等。其中，人均GDP属于总量性指标，其余三个均属结构性指标。“标准结构”理论，将经济增长阶段划分为三大类六小类，详见下表（表1-2）。

表1-2 钱纳里“标准结构”理论指标体系划分经济增长阶段（单位：美元，%）

	工业化起始阶段	工业化实现阶段			后工业化阶段	
		工业化初期阶段	工业化中期阶段	工业化后期阶段	发达经济初级阶段	发达经济高级阶段
人均GDP（1970年）	140—280	280—560	560—1120	1120—2100	2100—3360	>3360
三次产业结构	一产>>二产	一产>20%，一产>二产	一产<20%；二产>三产	一产<10%；二产比重达到最高水平	一产<10%；三产>二产	
就业结构（一产占比）	>60%	45%—60%	30%—40%	10%—30%	<10%	
人口城市化率	<30%	30%—50%	50%—60%	60%—75%	>75%	

数据来源：

1.冯飞等. 对我国工业化发展阶段的判断[J]. 中国发展观察, 2012（8）：24-26.

2.美国经济数据中心。

第三节 中等/中高收入阶段的相关研究

中等/中高收入阶段的理论尚处于研究阶段，未形成公认的经典理论。世界银行从人均GNI划分低收入、中低收入、中高收入、高收入四个等级，前两等划分为发展中国家阶段，后两等为发达国家阶段。事实上，并非所有的国家均能从发展中国家成为发达国家，但处于中等/中高收入阶段的国家和地区的终极目的是成功迈向高质量发展阶段。

1. 中等／中高收入阶段的多维度解释

国内外学者对“中等/中高收入阶段”有多种解释，总体来看，具备代表性的观点主要有产业升级、经济增长理论、经济发展阶段三类。

（1）产业升级视角

日本学者大野建一（Kenichi Ohno，2009）通过对越南经济增长过程的详细考察，认为陷入中等/中高收入阶段的问题可以从产业升级的角度进行解释，并将工业化划分成4个阶段，如图1-1。

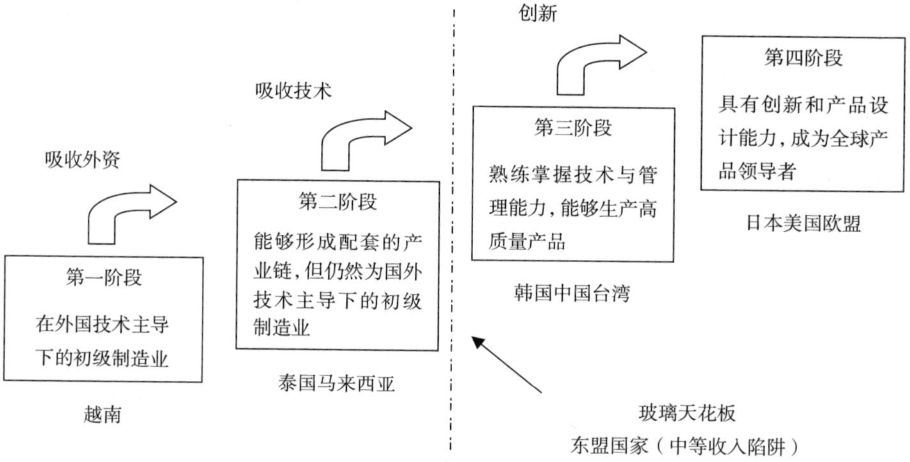

图1-1　Ohno Kenichi划分的工业化成长阶段

资料来源：Kenichi Ohno. Avoiding the Middle Income Trap: Renovating Industrial Policy Formulation in Vietnam[J].ASEAN Economic Bulletin, 2009,26(1)：25-43.

第一阶段为吸引外资阶段。借助外商直接投资（FDI），这些国家出现了大量以出口为导向的低技术的产品组装和加工厂，开始实现经济起飞。该阶段，这些简单制造业的核心部件和材料主要源自国外，设计、产品、技术、市场等环节也由国外控制，这些国家主要提供廉价劳动力和生产场地，以换取一定的收入和就业。当前，越南大体处于这一阶段。

第二阶段为产业集聚阶段。随着FDI的资金持续注入，带动了区域的较快发展，该国的资本积累、生产能力和零部件供给都得到了显著加强，能够形成配套的产业链，促进一定规模的产业集聚，但是整体上还是由国外主导。目前，泰国和马来西亚大体处于这一阶段。

第三阶段为技术吸收阶段。在前两个阶段的探索和发展基础上，这一阶段的国家已经具备了一定的管理能力和技术，吸引了一定规模的高层次人才，对外依赖逐渐减弱，内生增长逐渐加强，出现了一批以出口高质量产品为主的科技型企业，参与国际竞争。目前，韩国和中国台湾大体处于该阶段。

第四阶段为自主创新阶段。这一阶段的国家具备全面创新和引领国际市场的能力，在全球多个重要领域的产业价值链中拥有话语权和控制力，在研发、设计、物流、营销等价值链高端环节处于全球领先地位。当前，日本、美国和欧盟大体处于该阶段。

大野建一认为，长期陷入中等/中高收入阶段即是从第二阶段向第三阶段过渡的“玻璃天花板”①，这些国家或地区的经济增长长期依赖跨国公司，科技创新能力不足，依靠低成本优势获得一定的发展，但在全球产业链上不具任何竞争优势。

（2）经济增长理论的视角

我国经济学家蔡昉（2012）亦认为，这种发展陷阱或收入陷阱在经济学中是一种均衡状态②。当经济体最初面临贫困陷阱时，需要进行一些技术和制度上的突破，或通过学习、借鉴、购买、引资等方式获得新技术，打破均衡陷阱的“临界最小努力”。随后经济增长呈现了二元经济格局，各类生产要素以及人口红利都发挥了积极的作用，推动了经济结构调整和资源优化配置，提高了全要素生产率，这一过程将持续到刘易斯拐点和人口红利的消失。

当进入中等收入阶段后，以往能够促进经济增长的因素由于不具有持续性而不断地消失后，人均收入又拉回到原来的水平上，就形成了所谓的“中等收入陷阱”或“难以跨越的中等/中高收入阶段”，如图1-2。要跨越这

① Kenichi Ohno. Avoiding the Middle Income Trap: Renovating Industrial Policy Formulation in Vietnam[J]. ASEAN Economic Bulletin, 2009,26(1)：25-43.

② 蔡昉．避免“中等收入陷阱”探寻中国未来的增长源泉 [M]. 北京：社会科学文献出版社，2012：114-134.

个阶段，就要把经济增长的驱动基础，从依靠生产要素投入逐步转向依靠劳动生产率提高，通过驱动力转变，实现经济长期增长依靠创新驱动。因此，需要转变经济增长方式，强化前沿技术创新，才能顺利进入并维持在高收入水平。

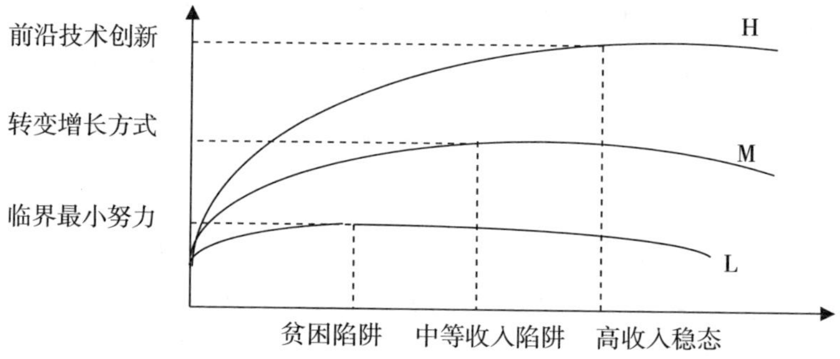

图1–2　经济增长的转折点与突破战略

资料来源：蔡昉. 避免“中等收入陷阱”探寻中国未来的增长源泉[M]. 北京：社会科学文献出版社, 2012：132.

（3）比较优势理论的视角

埃克豪特和约万诺维奇（Eeckhout，Jovanovic，2007）在对全球化过程中各国经济增长的研究发现，按照人均收入水平计算，各国的长期经济增长率呈现先降后升的U字形，这意味着，在经济调整过程中，富国的管理性岗位增加更快，穷国能提供更多非熟练就业机会，导致处于两者之间的发展中国家优势不明显①。这种情况很容易得到解释，当一国进入经济发展的高级阶段，凭借其人才、资金、技术等实力，在以资金和技术为主导的产业中优势明显，领导并主导全球高端产业发展；处于较低发展水平的国家，劳动力优势更加明显，发展劳动密集型产业更具成本优势。而处在中等收入阶段的国家，“被主导成熟产业的、低工资的穷国竞争者和主导技术迅速

① Jan Eeckhout,Boyan Jovanovic. Occupational sorting and Development[R]. NBER Working Paper, 2007:13686

变化的产业的、追求创新的富国挤压在中间”①，因其两种比较优势相对都不具备，很难从全球化中获益。

这种状况可以被形象地称为“比较优势真空”②。亚洲发展银行（2011）认为，处于中等收入阶段的国家很难与低收入国家在劳动密集型产品的出口竞争，也很难和发达国家进行技术密集型产业竞争，最终导致这些国家难以短期内从资源驱动型增长转变为生产力驱动型增长③。伊娃帕斯（Eva Paus，2012）得出了类似结论，认为中等收入国家一方面很难再拥有低成本商品产业的竞争力，另一方面也尚未在广泛的基础上具备高科技产业的竞争力④。正如《经济学人》杂志在2013年2月刊登的一篇关于“中等收入陷阱”的文章中写道：“富国自诩拥有最好的技术；穷国自诩拥有最低的工资，二者中等收入国家皆不具备”⑤。

2. 中等／中高收入阶段的特征分析

从国际上看，相当数量的国家无法顺利突破“玻璃天花板”，顺利迈向高质量发展阶段。2010年，人民论坛问卷调查中心通过问卷调查与专家咨询方法，总结了“中等收入陷阱”的10大特征⑥，本书在此基础上，从经济、社会、创新三个方面补充完善中等/中高收入阶段国家的特征。

---

① Indermit Gill, Homi Kharas. An East Asian Renaissance: Ideas for Economic Growth. World Bank, 2007:5.

② 蔡昉 .“中等收入陷阱”的理论、经验与针对性 [J]. 经济学动态 . 2011（12）：4-9.

③ Asian Development Bank Institute. Asia 2050: Realizing the Asian Century, Manila: Asian Development Bank, 2011,111.

④ Eva Paus. Confronting the Middle Income Trap: Insights from Small Latecomers[J]. Studies in Comparative International Development, 2012,47(2)：115-138.

⑤ Middle-income claptrap: Do countries get `trapped’ between poverty and prosperity?[J]. The Economist, 2013(2)

⑥ 人民论坛问卷调查中心 . 中国能否越过“中等收入陷阱”——50 位专家与 6575 名网友调查结果的对比分析 [J]. 人民论坛 . 2010（7）：14-17.

（1）经济增长特征

长期停滞在中等/中高收入阶段的国家，在经济发展过程中，通常表现出几个方面的增长特征：一是经济发展速度缓慢。或因比较优势丧失，或因内需不足，或因投资拉动作用降低，国家经济增速放缓乃至回落，实际利率持续性下降甚至跌为负值，就业率持续下降。二是产业结构升级缓慢。此时国家的资源禀赋已发生改变，劳动密集型产业未及时更替为资本密集型产业，产业之间交叉融合性较差，产业链环节延伸成效一般。三是资本利用效率有待提高。在经济高质量发展中资本利用率应有所提升，然而中等/中高收入阶段国家可能会由于陷入国家金融机构风险与安全把握不到位、企业间资金供给偏差等原因，资本利用效率维持在较低水平且波动幅度较大，对外资形成较大的投资风险。四是金融体系较为脆弱。体现为存在国际收支差距过大、外汇储备不足、金融机构制度不健全、通货膨胀、资产泡沫等问题，金融持续发展存在隐患。

（2）社会管理特征

在中等/中高收入阶段国家的社会发展中，可能会出现几个方面的风险与问题：一是社会民主化程度不高，表现为民主进程缓慢，限定政策制定与制度形成中公众参与权限，排斥人民分享发展成果，引发社会紧张情绪。二是贫富分化明显，超过基尼系数警戒线，且收入差距悬殊、阶层固化且无法推动改革，加剧社会冲突，形成阶层对立态势。三是过度城市化特征突出，城市化进度应依赖于工业化进程。城市化是经济发展的结果，而非动力，仅追求城市化率指标的突破，反而会加剧社会两极分化。此外，还有可能出现社会冲突频繁引发的社会动荡、非农产业发展不充分产生的就业困难、城市基础设施建设短缺形成的社会公共服务失衡、腐败多发与信仰缺失等现象。

（3）技术创新特征

从中等/中高收入阶段国家的创新发展看，主要表现为：一是人力资本投资不足。当一个国家的经济发展处于中等收入以上水平时，需要更高的劳动技能支撑，而教育投资无法立即见效，有些国家甚至在财政投入中未给予恰当的重视，最终呈现人力资源支撑能力不足的局面。二是全要素生产率不高。由于技术研发鼓励政策不到位、生产要素在各行业流动的壁垒限制，阻碍全要素生产率的持续提高。三是技术进步缓慢。国家政策导向未能及时从鼓励要素投入转向技术创新，企业在技术开发中未能提供足够的资金支持，导致技术更新迭代速度放缓。此外，由于缺乏新兴领域龙头企业，这些国家一般在高新技术行业不具备话语权。

第四节　技术创新与经济增长

技术创新概念来源于“创新”，是经济增长理论中的一个重要概念，通常是指以创造新技术为目的的创新或以科学技术知识及其创造的资源为基础的创新。最早对创新做出深入研究的经济学家熊彼特（Joseph Alois Schumpeter，1942）则认为，创新是经济发展的引擎，指出在经济增长过程中追求利润最大化的企业家对推动创新的作用。进入21世纪，依靠技术创新提升国家综合国力和核心竞争力，实现经济高质量发展已经成为世界许多国家的共同选择。

1. 技术进步拉动经济增长

技术进步拉动经济增长已基本为学界所公认。西方经济学开山之作《国富论》就已经提出技术进步是经济增长的主要动力之一。之后，哈罗德多马模型、新古典经济模型、罗默模型更是逐步明确技术进步是经济增长的内生变量，而非外生变量。至今，人们已经认识到技术进步对于经济增长的贡献，不仅仅在单纯的硬件技术改善方面，而是体现在更广泛的全要素生产率上。索罗的《经济增长的一个理论》（Robert M.Solow，1956）认为广义的技术进步是指经济增长中扣除了人力和资本因素后，其他所有因素之和，因此又称全要素劳动生产率。共由6类构成要素①，包括资源配置的优化，范围包含产业内部与产业大类间；生产要素质量的提高；知识进步；规模经济；政策的影响与管理水平。6类要素的发展均可拉动经济增长，以产业中生成的新经济增长点为例，详细阐述技术进步的拉动作用。

新产业奠定新增长点形成的基础，新增长点可以支撑经济继续增长。新产业有两类生成方式：第一类，传统产业与新技术相结合形成新产业。如传统汽车产业与新能源技术结合而成的新能源汽车产业。第二类，新技术创造的新产业。引爆第三次科技革命的信息技术领域，诞生了信息、生物、空间、新材料等若干新兴行业。新经济增长点，即能带领国民经济进一步发展的新兴产业或行业，而大量的新产业可以为各国培育新经济增长点提供基础。各国可以根据自身资源禀赋，结合当前发展条件，选择数个新产业，打造新增长点。我国高新技术产业产值占GDP比重，从2000年的3%上升到2014年的20%，产值年均递增18%②，可见技术进步驱动下的新增长点对于经济的支撑作用。

2. 技术赶超助力经济增长

格申克龙在《经济落后的历史回顾》(Alexander Gerschenkron，1962) 中提出后发优势理论，即技术差距较大的发展中国家，可以根据自身的技术条件与发展基础，在国际氛围较好时，从发达国家引进适合的先进技术和设备，缩短自身经济发展历程。从本质上看，技术赶超就是利用后发优势原理，缩小与发达国家的经济水平差距，进一步助力本国经济增长。法格伯格（Fagerberg，1994）认为“发展中国家最初进口设备，简单模仿先进技术。随着引进技术量的积累，技术水平会有所提升。在打牢技术基础之后，发展中国家应实行模仿创新战略，即引进吸收再创新的方式，再次

① 詹正茂、熊思敏 . 创新型国家建设报告（2010）[M]. 北京：社会科学文献出版社 ,2010：32-34.

② 数据来源：《中国统计年鉴 2017》与《中国高技术产业数据（2007 年—2014 年）》

提升自身的技术水平。”[①]

在20世纪，技术赶超战略帮助东亚“四小龙”迈入发达国家行列。这些国家在引进先进技术、实现经济高速增长方面，采用了不同的发展战略。日本设置贸易壁垒，实行产业保护政策，且以政府注资的方式降低私营企业研发风险，促进企业开发技术。韩国实行出口导向策略，发展多元化的大型集团，依靠集团推动技术发展。台湾地区致力于加强公共科研服务能力，提升中小企业技术研发能力。新加坡政府则使用巨额投资促进科技企业成长，依靠科技企业发展技术水平。虽然不同的国家技术赶超的模式各具特色，但都创造了20世纪的经济增长奇迹。

3. 技术扩散促进经济增长

技术扩散是指先进的技术知识通过一定的途径传播到落后的地区，从而帮助落后地区经济的发展。在新古典经济增长及内生增长理论中，由于知识的公共物品性质，往往假定新的技术、知识能瞬时扩散到整个经济体，但现实的情况却是新的技术扩散是一个缓慢的过程。罗杰斯在《创新扩散》（E.M.Rogers，1962）中提出技术扩散速度规律，即技术在最初应用时扩散速度较慢，随着技术不断完善，技术扩散速度加快，在完全成熟时扩散速度再次减低。弗农在《产品周期中的国际投资与国际贸易》（Raymond Vernon，1966）中指出国家间技术扩散顺序，即技术依照研发国家、发达国家、发展中国家顺序依次扩散。总体上看，技术进步是经济增长的源泉，而技术落后的国家和地区同样可以由于发达国家的技术扩散而取得经济的发展。

三次科技革命带动人类整体生产力水平迈上新台阶就是技术扩散的历史现象。瓦特发明的蒸汽机开启了资本产品替代人类劳动的先河，最初英

① Fagerberg J. Technology and International Difference in Growth Rate[J]. Journal of Economic Literature, 1994（32）：1147-1175.

国因此技术迅速发展。电气革命时代，德国的发电机、内燃机等一系列技术发明，不仅强力恢复其二战中满目疮痍的经济，而且后来居上，经济实力超过英法。信息技术领域的变革，帮助美国摆脱经济增长乏力的困境，且奠定其世界经济霸主的地位。但随着技术逐步扩散，其他国家并不是工业革命的发源地，但同样因机械动力技术、电力、信息技术的应用，同样获得了经济的发展，只是时间稍微晚一些，步伐慢一些。究其原因主要是得益于经济学上所说的技术知识扩散效应。

4. 技术合作推动经济增长

国内外学者的研究表明，技术合作可以在企业间、区域内城市间与国家间展开，不同范围的合作均可以提升经济效益，推动一个国家和地区的经济增长。拜瑞和亚当《合作竞争》（Barry J. Nalebuff，AdamM. Brandenburger，1996）中强调企业之间搭建创新合作竞争关系，可以实现双赢的正和博弈局面。戈特曼[①]（Jean Gottmann，1957）提出大都市连绵区的概念。后来，学者们在研究中也发现都市圈内各城市之间差别化定位、创新合作发展，可以获得比诸侯经济更佳的效益。俄林在《区际贸易与国际贸易》（Bertil Gotthard Ohlin，1933）中认为各国资源禀赋不同，应根据自身条件差别化生产商品，可以通过产品贸易合作、技术创新合作的方式，实现帕累托最优。目前，我国正在推进的“一带一路”、京津冀协同发展、长三角经济带、粤港澳大湾区等国际、区域合作战略，都是以技术合作为核心导向的经济协同增长战略。

① Jean Gottmann. Megalopolis: or the Urbanization of the Northeastern Seaboard [J]. Economic Geography, 1957（33）：189-200.

第二章　国际典型地区中等收入阶段的经验与启示

国际发展经验表明，人均GDP达到10000国际元[①]左右的高收入国家或地区，由于后发优势基本释放殆尽，工业化与城市化阶段大体结束，经济潜在增长率将出现回落，部分发达国家在这一过程中，通过政策调整和改革，成功跨入高质量发展阶段。从国际上看，有成功的经验，也有失败的案例，本书重点选取东亚经济体和拉美经济体两个典型的案例进行深入剖析，以期形成有益借鉴。

第一节　东亚经济体成功的经验

日本和亚洲“四小龙”是国际公认的成功迈向高质量发展阶段的典型经济体。东亚发达经济体的成功有其优越的初始条件，如日本和“四小龙”在上世纪50年代人均GDP就大幅高于亚洲平均水平；其初始高储蓄率也普遍较高，为高投资率奠定基础；这些发达经济体在各个发展阶段的教育水平和人力资本也显著高于当时同一收入水平的发展中国家。然而，起点的不同虽能够帮助东亚发达经济体迅速启动工业化进程，但却无法保证其后续的发展能够快速进入高收入国家行列。本书研究认为，东亚经济体的成

① “国际元”学名为Geary-Khamis Dollar，是多边购买力平价比较中将不同国家货币转换为统一货币的方法。

功，主要是得益于采取的一系列适应其发展环境和发展阶段的针对性措施。

1. 弹性引导经济增长方式转变

首先，日本和“四小龙”建立了以自由开放竞争为基础的市场经济体制。与多数发展中国家相比，日本和“四小龙”经济自由度很高，包括现代企业制度、劳动力市场灵活、保障私有产权、较少干预收入分配等。香港是自由港，开放程度自然很高，新加坡也与之相似。日本、韩国和中国台湾对经济的干预也主要体现在某些产业上，而非施行整个经济计划。这种经济制度适应了当时自身的发展需要，激发了市场活力，使之能够长期高速发展。

其次，日本和“四小龙”在初期实行了出口导向战略，迅速壮大国内资本。日本和“四小龙”的开放程度普遍高于拉美等国家，通过优先发展外向型经济，获得了大量外汇和外部资金，以购买国外先进的技术和设备，弥补了国内资金积累的不足。同时，出口的企业直接参与国际竞争，迫使其必须生产出有竞争力的产品，直接带动了本国的技术创新。另外，出口导向的起始阶段是以劳动密集型为主的制造业为主，也有利于积累丰富的人力资本，并提高低收入者水平，间接起到调节收入分配的作用。

第三，日本和“四小龙”在出口导向战略取得巨大的成功后，审时度势，果断放弃低成本优势战略，纷纷转变经济发展方式，实施以技术进步和效率提高为主的创新驱动战略。金成日（Jong-il Kim，2002）研究表明，日本和“四小龙”在20世纪70年代后经济发展方式呈现了显著的变化，其中劳动生产率、资本劳动比和全要素生产率三大重要指标不断升高。有研究表明，新加坡、韩国、中国台湾地区的TFP（全要素生产率）对经济增长的贡献率超过40%，TFP水平达到美国的40%~50%；而日本进入全球领先水平的路径创新阶段后，TFP水平则达到美国的70%[①]（表2-1）。东亚发达经济

① 胡卫，高桂芳．日韩发展战略转变的经验与启示 [J]. 亚太经济，2009（3）：55-58.

体通过创新驱动战略的转换，使其在若干领域的高新技术产业和高科技制造业具有全球竞争力，从而为高质量发展奠定了坚实基础。

表2-1　东亚经济增长方式的转变

	时期	劳动生产率	资本劳动比	全要素生产率
日本	1970	39.9	29.1	61.4
	1980	54.6	61.4	64.8
	1990	67.0	83.8	71.2
韩国	1970	14.2	5.9	38.3
	1980	18.2	12.9	37.2
	1990	29.9	24.3	49.0
新加坡	1970	25.6	16.7	48.0
	1980	35.3	34.6	51.2
	1990	45.0	55.6	55.2
中国台湾	1970	17.3	7.1	43.8
	1980	26.9	16.8	50.2
	1990	43.2	29.5	66.2
中国香港	1970	30.6	25.5	49.4
	1980	45.5	34.5	66.0
	1990	68.2	59.5	81.8

资料来源：Jong-il Kim. Total Factor Productivity Growth in East Asia: Implications for the Future. Asian Economic Papers, 2002, 1 (2)：50 -70.

2. 产业结构调整实现优化升级

美国著名经济学家钱纳里（Chenery，1988）认为，经济增长过程中产业结构发生转变，产业结构转变反过来带动经济增长。具体表现为，劳动密集和资源密集的产业比例下降，技术和资本密集型产业比例上升，进而实现了一国（地区）的产业优化升级。

在日本和“四小龙”的产业升级中，政府起到了必要的推动作用，其主要方式在于制定选择性的产业扶持政策。充分利用各国（地区）的比较优势，通过政策创新推进产业技术进步和快速发展，是“东亚模式”的一个重要手段。表2-2所示，随着时间的推移，日本和“四小龙”均呈现了产业结构升级的趋势。每隔10年，产业结构有一个显著的变化，形成了劳动密集型产业→资本密集型产业→技术密集型产业→现代服务业的产业跃迁序列。时至今日，日本和“四小龙”的高新技术产业、高端制造业、金融和现代服务业、港口和航运物流等在全球范围都具有强大竞争力。

表2-2 日本和“四小龙”关键产业的发展阶段

	日本	韩国	中国台湾	中国香港	新加坡
纺织	1900年—30、50年代		60和70年代	50年代初	60年代初
服装	50年代		60年代	50—60年代	
玩具、表、鞋			60—70年代	60—70年代	
钢铁	50—60年代	60年70代末			
化工	60—70年代	60年代末			
造船	70年代	70年代末—80年代			
电子	70—80年代	80年代	80年代		70年代
汽车	80年代	80年代末			
电脑与半导体	70—80年代	80—90年代	90年代		
银行与金融				70年代末—80年代	80年代

资料来源：Ito,Takatoshi. Japanese Economic Development: Are Its Features Idiosyncratic or Universal?”. The XIth Congress of International Economic Association. Tunis, 1995. 转引自：林毅夫等. 优势与发展战略——对“东亚奇迹”的再解释[J]. 中国社会科学, 1999（5）：7.

具体以韩国为例（表2-3）。韩国在20世纪80年代已经基本度过重工业化阶段，从90年代开始完成产业升级，纺织、服装、食品饮料已退出了增长率最高的前五名，汽车、半导体、电力设备等产业成为主导产业。目前，韩国的半导体行业、存储器、消费电子、汽车、新能源、数字娱乐、LED、造船等领域在全球市场具有较大的份额，部分领域处于全球先进地位。日本和“四小龙”建立在技术进步和效率提升基础上的产业持续升级，才为经济发展提供了不竭的动力，才能够保持经济长期高速增长。

表2–3　韩国制造业增长率最高的产业部门在不同时期的变动情况

不同时期增长率	70年代		80年代		90年代		2000年后	
1	纺织	38%	纺织	20%	汽车	23%	半导体与电力设备	84%
2	食品饮料	23%	金属产品	19%	钢铁	17%	视听与通信设备	44%
3	服装	17%	食品饮料	16%	半导体与电力设备	16%	汽车	17%
4	钢铁	11%	钢铁	16%	化工	16%	汽车、专用设备	13%
5	金属产品	10%	汽车	14%	石油煤炭产品	14%	化工	12%
前5名产业对经济增长贡献率	12.71%		10.80%		12.25%		32.21%	

资料来源：Kang Du –yong. Patterns and Characteristics of Korea’s Growth Driver Industries [R]. KIET.e -Kiet Industrial & Economic Information, 2005：277.

3. 机制创新支撑科技创新建设

中等收入阶段经济体要持续提高人均收入水平，制度环境很重要。日本在战后为追赶欧美的科技发展水平，积极实施“吸收型”的科技发展战略，大力引进、吸收和再创新欧美技术。在取得巨大的成功后，日本政府明确提出“科技立国”战略，提升原始创新能力。为此，日本政府做了一系列的制度安排，把自主创新放在突出地位，将科研国际合作写入《科学技术基本法》中，加强与美国合作；提高科研经费的政府投入，将生命科学、信息通信等领域作为重点进行研发①等等。大力提高基础创新能力，日本在2001年第一次把获得诺贝尔奖作为科学技术发展计划的指标之一，提出要在“50年内获取30个诺贝尔奖”。为此，日本政府全力为科学家创造世界一流的工作条件，如2001年野依良治获奖后，日本政府拨专款7000万美元建立实验设备先进的个人研究中心②。日本正是凭借其精湛的加工工艺和雄厚的产业基础，为科学家进行创新研究提供了“诺奖培育”的优质土壤。

韩国政府为提高国家科技创新能力和综合竞争力也进行了一系列的制度安排。1997年亚洲金融危机后，韩国提出发展知识密集型产业，力图从制造型国家转向设计和创新型国家。在组织上，成立了知识经济部和文化产业局，制定了《创新企业培育特别法》《文化产业促进法》。为深层次扫清制度性障碍，政府推进了精简机构、公营机构私有化、放开外国投资限制、主动降低进口关税等一系列改革；对大财团进行重组，使其专注于核心业务，提升国际竞争力，如在政府干预下，大宇集团将自己的电子企业转让给三星，以交换对方的汽车产业，使三星迅速成为全球最大的消费电子企业之一。背后，离不开政府对科技创新的高投入，据统计，1980年韩国研发投入占GDP为0.56%，1983年提高到1.13%，1993年增长到2.12%，达到发达国家水平③。一系列成就与韩国重视科技创新、强化创新制度建设密不可分。

4. 营造积极稳定的社会秩序

对国家经济的持久发展而言，政局和社会秩序稳定是最基本的条件，

① 日本的科技计划与战略综述 . 上海研发公共服务平台 , 2005.9.2 http://www.sgst.cn/xwdt/shsd/200705/t20070518_129034.html

② 日本的科技战略与诺贝尔奖 . 人民网 , 2013.10.11 http://japan.people.com.cn/n/2013/1011/c35466-23167214.html

③ 李东华 . 韩国科技发展模式与经验——从引进到创新的跨越 [M]. 北京：社会科学文献出版社，2009:5

而营造公平、有安全感的生存环境可以很大程度上实现社会的稳定。从经济指标来看，消费水平的高低一定程度上能够衡量国民对生存环境的安全感。当然，消费水平也和国民观念有关，但更多的是由居民收入的增长速度和其购买力的水平决定的。同时，消费作为驱动经济增长的“三驾马车”之一，在实现经济长期增长中也具有最为关键的作用。图2-1显示，日本和韩国的储蓄率在30年来有明显的波动过程，从1980年到1990年，储蓄率不断上升，1990年后储蓄率不断下降。图2-2的消费率数据变化规律则相反，从1980年到1990年，消费率不断下降，1990年后消费率不断上升。这也充分证明了，居民消费信心和消费能力在不断增长，一定程度上也促进了社会秩序的稳定。

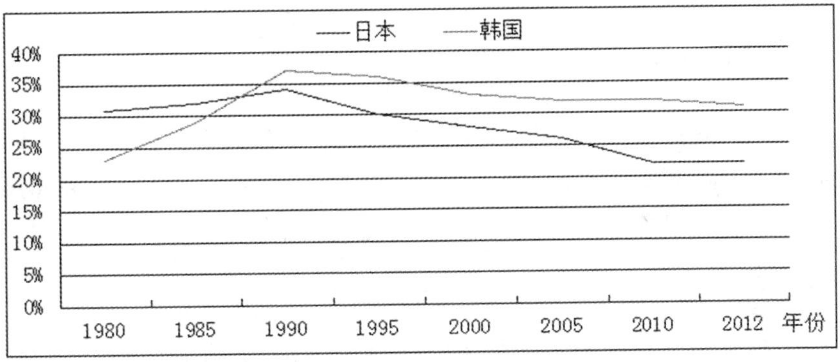

图2-1　日本和韩国的总储蓄占GDP的比重

数据来源：世界银行数据库。

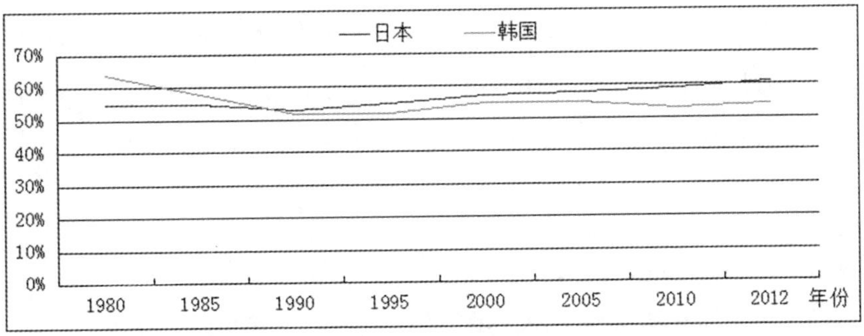

图2-2　日本和韩国的消费支持占GDP的比重

数据来源：世界银行数据库。

储蓄率和消费率的转变，与国民收入水平和分配状况密切相关。有研究显示，韩国、新加坡，及中国香港和台湾在1960年至2000年的四十年间，年均人均收入增长率分别为5.8%、6.3%、5.6%和6.4%①，且高速增长的同时，收入差距并未出现严重的分化。以日本为例，日本能够成为基尼系数最小的国家之一，得益于其实行了较好的收入分配机制。早在20世纪60年代，日本就制定了“国民收入倍增计划”，采取了一系列措施，例如在农业领域提高产品价格和生产率，提高农民收入；明确最低工资，缩小工资差距，提高工资水平；加强基础教育与中等教育的普及，有效增加人力资本积累并提高其收入水平②。该计划实行以来，国民收入增长，民间投资强度增大，人均工资增加了0.65倍，中等收入阶层明显增多③。

5. 构建和谐共处的生态系统

中等收入阶段国家往往处于工业化的重工业阶段，资源消耗和环境污染一般高于低收入国家和高收入国家。必须采取资源环境整治和补救措施，降低产业对环境的影响。日本曾爆发过“水俣病”“痛痛病”等事件，之后，日本称环境污染为“公害”，并于1967年制定了《公害对策基本法》，1970年公布了14项有关公害的法律，1971年成立了环境厅，形成了直到今天仍高效运行的治理公害框架④。

东亚国家经过长期的转型发展，资源环境保护取得了显著成就。据《世界发展指数2013》对各国自然资源GDP贡献的统计结果显示，日本、韩国的各类主要自然资源消耗对GDP的贡献率均不到千分之一，而马来西亚、印度尼西亚和越南的全部自然资源租金（Total Natural Resources Rents）占

① 孙中叶．分享增长：中国与亚洲“四小龙”的收入分配比较[J]. 河南社会科学，2008（1）：61

② 舒绍福．日本如何成功跨越“中等收入陷阱”[J]. 工会博览，2012（26）：54-56.

③ 全毅．跨越“中等收入陷阱”：东亚的经验及启示[J]. 世界经济研究，2012（2）：73.

④ 李蒙．日本是如何治理大气污染的[J]. 法人，2014（4）：27-30.

GDP比重均达到或超过10%。表2-4显示，东南亚、阿根廷、中国等发展中国家石油和煤炭资源消耗贡献占比很大，但这两种资源消耗带来的污染也比一般资源大。

表2-4　2011年典型国家自然资源消耗对GDP的贡献（各类资源租金/GDP，%）

	全部自然资源	石油	天然气	煤	矿石	森林
日本	0.0	0.0	0.0	0.0	0.0	0.0
韩国	0.1	0.0	0.0	0.0	0.0	0.0
马来西亚	10.3	6.4	3.1	0.1	0.2	0.6
印度尼西亚	10.0	3.0	0.8	4.0	1.6	0.6
阿根廷	6.1	4.1	1.2	0.0	0.8	0.1
越南	13.6	7.8	1.1	3.4	0.6	0.7
中国	9.1	1.6	0.1	4.4	2.8	0.2
中等收入国家	10.4	4.9	0.6	2.5	2.1	0.3
高收入国家	3.7	2.4	0.4	0.3	0.5	0.1

数据来源：世界银行《World Development Indicators 2013》。

从森林资源的消耗情况看，30年来日本的森林面积基本没有变化，韩国略有减少，而马来西亚、印度尼西亚、阿根廷和巴西等中等收入国家森林面积有较大的缩减，且年均砍伐率也大幅高于比较中的其他国家（表2-5）。西方发达国家如美国、英国、法国和德国森林面积都有所增加，年均砍伐率均为负增长。中国由于实行了退耕还林等政策，加大了保护力度，30年来也取得了很大成效。

从二氧化碳排放看，30年来日本保持了相对低的增长，韩国工业化进程相对滞后，年均排放量增长较快，达到2.81%，印度尼西亚、巴西和阿根廷分别达到了3.61%、2.35%和1.59%的较快增幅。马来西亚和中国增幅显著，30年来年均增长超过四个百分点。美国由于基数大和对环保的逐渐重视，30年来增长较为缓慢，而英、法、德三国均为负增长。

表2-5　典型国家的森林面积、砍伐率与二氧化碳排放情况

	森林面积（千平方公里）		年均砍伐率（%）		二氧化碳排放（千吨）		
	1990	2010	1990—2000	2000—2010	1990	2010	年均增长率
日本	250	250	0.03	0.05	1094834	1170715	0.22%
韩国	64	62	0.13	0.11	246943	567567	2.81%
马来西亚	224	205	0.36	0.54	56593	216804	4.58%
印度尼西亚	1185	944	1.75	0.51	149566	433989	3.61%
阿根廷	348	294	0.88	0.81	112614	180512	1.59%
巴西	5748	5195	0.51	0.50	208887	419754	2.35%
中国	1571	2069	1.20	1.57	2460744	8286892	4.13%
美国	2963	3040	0.13	0.13	4768138	5433057	0.44%
英国	26	29	0.68	0.31	571051	493505	-0.49%
法国	145	160	0.55	0.39	399028	361273	-0.33%
德国	107	111	0.31	0.00	929973	745384	-0.73%

数据来源：世界银行《World Development Indicators 2013》

第二节　拉美经济体失败的成因

早在20世纪70年代，拉美中的先行国家人均GDP已经达到中等收入水平，但随后即受到“中等收入陷阱”的困扰，长时期徘徊而未能走出。从拉美经验教训来看，其中的问题涉及经济、社会、政治甚至文化诸方面内容，具有高度复杂性。以下，通过一些典型化事实来分析拉美国家在向高质量发展、可持续增长探索的过程中遭遇的挫折和教训。

1. 长期僵化地实行进口替代战略是拉美国家陷入困境的重要因素

进口替代战略（Import Substitution Strategy）是20世纪五六十年代依据

两位来自发展中国家的经济学家Matthias Lutz和Hans Singer提出的，在多个国家开展过实践。进口替代战略是指通过关税壁垒，阻止国外高技术产品进口，通过引进先进技术，建立本国的高技术产业，以满足国内市场的需要[①]。进口替代战略作为一种经济发展手段，本身无所谓优劣。从全球来看，除了英国外，其他西方发达国家都经历过进口替代的时期[②]，“进口替代”的特点对工业革命以来任何一个国家的历史都是共同的[③]。拉美国家实行进口替代战略的本意是要保护民族工业的发展，实现经济独立。通过关税保护、进口配额等方式来限制消费品的进口规模，一定时期、一定程度上能够促进本国的经济发展，但长期来看，它的作用是有限的。

一方面，进口替代工业对于国内不具备的原料、技术专利、机器设备、中间产品等，依然大幅依赖进口。同时，拉美国家在实行保守的贸易政策时，发达国家也在利用多种手段打开贸易壁垒，因此这项政策在实践中逐渐暴露出许多缺陷[④]。另一方面，拉美国家随着进口最终商品转向进口机器设备和中间产品，国际收支不平衡的问题更加突出，使得进口替代战略通过壮大自身制造业而减少成品进口的初衷最终演变为出口占GDP的比重不断下降，进口的比重不断上升，导致拉美国家的国际赤字不断加大，到了只能通过举债而发展。然而，这种现象又具有连锁反应，由于资金的匮乏，不得不减少中间制品、工业原料的进口规模，严重影响国民经济的运转，迫使工厂停工、投资锐减、企业经营困难，由债务危机陷入了经济危机。

---

① 柳哲．工业化过程中进口替代与出口导向战略的综合应用 [J]. 工业技术经济，2000（4）：48

② 董国辉．阿根廷进口替代工业化战略确立的历史进程 [J]. 南开学报（哲学社会科学版），2013（3）：101-108.

③ 阿瑟・刘易斯．增长与波动 [M]. 北京：华夏出版社，1987：26.

④ 高怀民．进口替代战略和出口导向战略之比较 [J]. 中共太原市委党校学报，2006（2）：49-50.

2. 盲目过度且低质量的城市化引发拉美国家系列社会问题

有统计显示，1920年拉美的城市人口为22%，1950年达到41.8%，1950年至1980年拉美地区总人口增长了1倍，而城市人口却增加了4倍①。30年来，拉美100万人口以上的大城市由7个增加到48个，有十多个国家的首都集中了全国人口的40%~60%②，墨西哥城、圣保罗、布宜诺斯艾利斯等都变成了世界特大城市③。而从1980年至2017年的最近30多年间，拉美的城市化率依然在不断提高，自身经济发展基础大幅落后于日本和韩国的拉美国家的城市化率却长期高于日本和韩国（图2-3）。但这种与自身经济发展水平不相适应的快速城市化，为绝大多数拉美国家带来了一系列的社会问题。

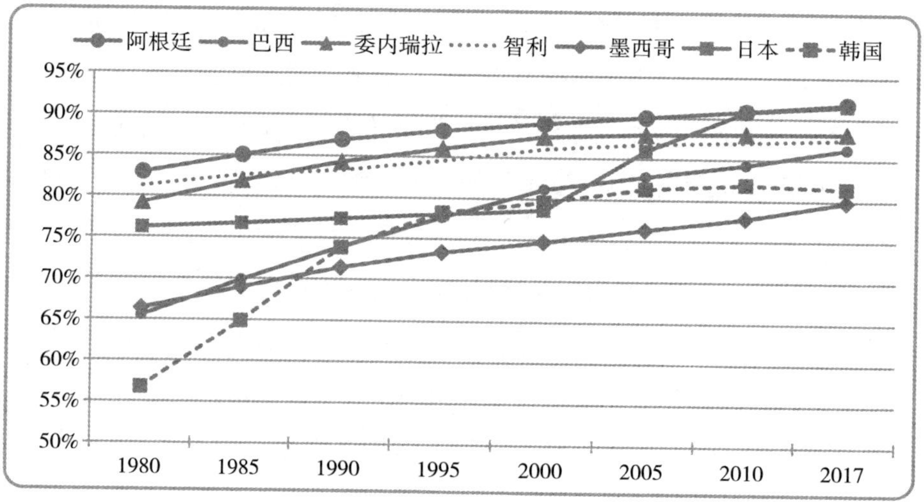

图2–3　1980年—2017年典型国家的城市化水平

数据来源：世界银行数据库

① 拉美城镇化及其对我国的启示．中国改革论坛，2009.12.27 http://www.chinareform.org.cn/society/organise/Experience/201006/t20100610_25618.htm

② 孙光英．拉美城市化过快发展的负面效应的启示 [J]. 红旗文稿 .2013.9

③ 拉美城市化过快发展的负面效应值得关注．人民网，2013.9.9 http://theory.people.com.cn/n/2013/0909/c143844-22855080.html

首先，农村人口在较短时间内大量涌入城市，对原本丰富的农业资源造成了很大的荒废，出现了粮食供应不足，同时对医疗、教育、交通、住房等基础设施和公共服务形成很大压力，城市资源被摊薄，也带来了严重的环境污染。其次，超越发展阶段的过度城市化造成社会出现了大量的贫困人口和不安局面。拉美的很多大城市，如墨西哥城、里约热内卢、加拉加斯、利马等被贫民窟所包围，由于城市化和工业化进程不相匹配，缺乏充足的就业岗位，使得一半以上的劳动力就业于非正规部门（表2-6）。同时，大量非正规部门劳动者和失业人员缺少必要的社会保障和社会福利，不断滋生对社会的不满情绪，犯罪率居高不下，对社会稳定构成了很大的现实威胁。

表2-6　拉美主要国家非正规部门吸纳就业比例（%）

	阿根廷	玻利维亚	巴西	智利	哥伦比亚	厄瓜多尔	墨西哥	秘鲁	委内瑞拉
1950	9.5	10.5	6.9	13.8	8.5	7.7	9.7	9.8	11.4
1970	9.5	14.5	9.3	11.5	11.5	13.7	14.5	17.0	16.0
1990	52.0	-	40.6	37.9	45.7	55.6	38.4	52.7	38.6
2000	46.5	66.7	44.6	38.0	55.6	55.0	41.0	56.2	52.4

数据来源：Harvard Economics Department EC1320 Lecture notes No.14

3. 严重的收入分配不公深刻影响拉美国家的经济增长和社会稳定

拉美国家是全球基尼系数最高的地区之一，其收入分配问题由来已久。多数国家不彻底的土地改革未能解决土地过于集中的问题，长时期初级产品出口的模式加速了财富向少数人聚集。到了20世纪50年代，巴西、墨西哥等国家的基尼系数超过了0.5，到了60年代接近0.6。近30年来，拉美国家政府做了一些改革，收入差距有所减小，但多数国家仍处在国际警戒线（0.4）以上（图2-4）。

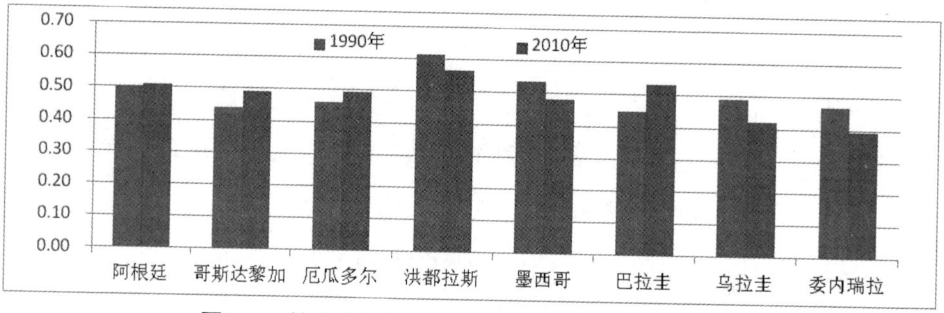

图2–4　拉美主要国家1990年和2010年的基尼系数

数据来源：湖南省统计局综合研究室，决策咨询报告84期：《拉美国家收入分配差距的概况及其启示》。

从家庭收入比例来看，表2-7按收入水平由低到高分组，考察各家庭组别占总收入的百分比。数据显示，拉美国家经过努力使得10年间收入最低的60%的家庭占国民收入的比重都有不同程度的上升，收入差距得到了一定的控制，但是财富依然主要集中于高收入家庭，收入最高的10%的家庭所占有的比重普遍达到四五成不等。

表2–7　拉美国家家庭收入分配情况（%）

	年份	0-10	11–20	21–40	41–60	61–80	81–90	91–100
阿根廷	1999	1.2	2.3	7.3	11.7	19.1	15.6	42.9
	2010	1.2	2.5	8.1	12.7	20.1	15.7	39.7
巴西	2001	0.6	1.4	5.0	9.0	16.1	15.0	46.5
	2009	0.8	1.9	6.5	11.0	18.0	15.2	51.7
墨西哥	2000	1.2	2.2	7.1	11.6	18.8	15.7	43.2
	2010	1.6	2.9	8.6	13.1	20.4	15.9	37.4
巴拿马	2002	0.7	1.6	6.2	11.3	19.9	17.0	43.3
	2010	1.0	2.0	7.6	12.9	20.8	16.4	39.5
巴拉圭	2001	0.8	1.9	6.9	11.7	19.0	15.8	44.0
	2010	0.9	2.2	7.5	12.5	19.8	15.5	41.7

数据来源：拉美和加勒比经委会网站

而同比其他高收入国家，低收入群体则体现出了较大的差距。《国际统计年鉴2013》在关于国际收入分配情况的统计中，列举了若干国家在个别年份的基尼系数，表2-8显示，高收入国家中的最低收入的20%群体中，日本占国民收入比重超过10%，最低的意大利也有6.5%，而拉美国家中收入最低的10%的家庭拥有的国民收入比重仅为1%左右，最低的20%的家庭也多维持在三个百分点左右，与发达国家的收入分配相比较为悬殊。

表2–8 高收入国家不同层次收入群体占国民收入的比重（%）

国家	年份	基尼系数	最低的20%	第二个20%	第三个20%	第四个20%	最高的20%
日本	1993	0.25	10.58	14.21	17.58	21.98	35.65
韩国	1998	0.32	7.91	13.56	17.95	23.13	37.45
法国	1995	0.33	7.18	12.62	17.19	22.80	40.21
德国	2000	0.28	8.52	13.72	17.79	23.09	36.88
意大利	2000	0.36	6.50	11.98	16.75	22.75	42.02
荷兰	1999	0.31	7.60	13.22	17.24	23.26	38.68

数据来源：《国际统计年鉴2013》

严重的收入分配不公对拉美国家经济和社会发展带来了一系列消极影响，直接导致国内需求不足，被边缘化的广大中下收入阶层购买力减弱，消费受到严重制约。同时，由于财富集中于少数人手中，资本外逃便更加容易，加之拉美国家的储蓄率不高，无法提升投资规模，影响了经济的快速增长。有学者认为，从低收入进入中等收入阶段，廉价的劳动力和较高的资本积累是决定因素。但是，由于资本边际报酬递减[①]，导致拉美国家难以向高收入成功跨越。

① 姚洋．避免中等收入陷阱的“人力资本”视角．新华网，2011.8.14.

4. 福利赶超影响拉美国家在其他重要部门领域的投入

很多拉美国家为了应对收入差距过大的趋势，不顾经济发展水平和财政能力制约，不合时宜地照搬发达国家的一系列社会福利制度，力图对发达国家同时实现“经济赶超”和“福利赶超”，最终引发了财政赤字过大、高额通货膨胀、债务危机和经济危机，导致经济增长停滞甚至倒退。有研究表明，仅从联邦或中央政府的支出来看，整个拉美地区社会支出占公共支出的比重平均由1990-1991年的41.8%上升到1998-1999年的47.8%，到90年代末，个别国家比重达到60%-70%，如巴西60.4%、阿根廷63.6%、智利66.8%、乌拉圭72.5%[①]。政府有限的财政过多地投向了公共消费性支出，势必会减少在其他重要领域的投入。如拉美国家在研发投入方面大幅低于亚洲发达经济体，根据世界银行2013年的数据显示（图2-5），2005-2011年间，阿根廷、巴西、智利和墨西哥的R&D支出占GDP比重分别只有0.6%、1.16%、0.37%和0.4%，而同期的日本、韩国、新加坡和以色列则分别达到了3.36%、3.74%、2.43%和4.4%，存在数倍甚至数量级的差距。

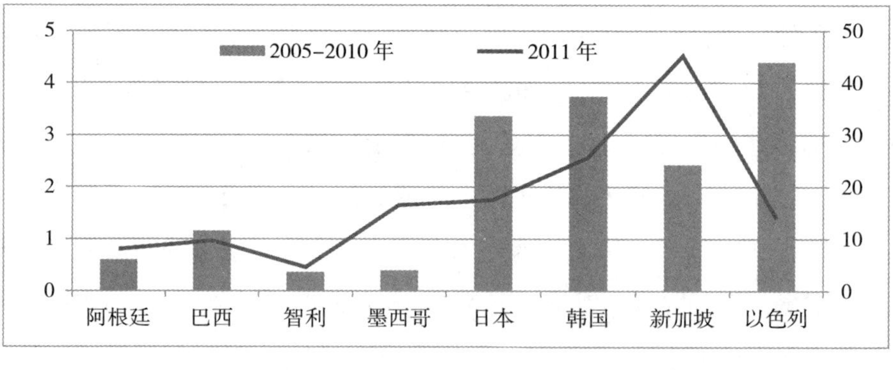

图2-5　部分国家R&D支出占GDP比重以及高技术出口占制造业出口比重（%）

数据来源：世界银行《World Development Indicators 2013》

① 樊纲，张晓晶．“福利赶超”与“增长陷阱”：拉美的教训 [J]. 管理世界，2008（9）：19-20.

政府财政支出结构的不合理还影响了对教育和基础设施的投入。2013年5月，在美国《外交信使》(Diplomatic Courier）网站的文章《拉美发展的十年》(The Latin American Decade in Motion）认为教育及基础设施建设是拉美经济发展的两个薄弱环节。文章谈到，世界排名前100所大学中没有拉美国家的大学，第100-200名中也仅有3所。而从基础设施建设来看，拉美国家平均仅将GDP的2.5%用于基础设施建设①。教育滞后制约了拉美国家的人才培养和未来的人才规模与层次，而基础设施投入的不足又难以引进高质量的投资，这些都为拉美国家顺利迈向高质量发展阶段增加了障碍。

第三节　比较研究的结论与启示

针对中等收入陷阱问题，国内外学者从多方面进行分析，但问题的核心是经济增长动力问题，以及为了实现增长动力转换配套的制度体系问题。

1. 问题实质：如何处理好经济增长新旧动能转换

关于中等收入阶段问题实质的探讨，学术界众说纷纭。世界银行在2007年发表的《东亚复兴：关于经济增长的观点》和《东亚与太平洋地区报告：危机10年后的状况》中谈到，“一国从中等收入向着高收入迈进所需的发展机制与实现起飞的机制有着根本的区别”。在实践发展中，虽然许多经济体能够迅速达到中等收入阶段，但是只有很少的国家能够跨越这个阶段而进入高收入水平，因为这一阶段所必需的政策和制度变化，更具有复杂性和挑战性②。

---

① “拉美十年”之后经济如何持续发展．中国社会科学网，2014.1.29 http://www.cssn.cn/hqxx/201403/t20140320_1036782.shtml.

② World Bank. Robust Recovery, Rising Risks, East Asia and Pacific Economic Update 2010, Washington, DC. 2010:3.

吴敬琏（2008）认为，跨越中等收入阶段的关键是经济增长动力，在不同的阶段，经济增长的动力不同①。对中国而言，过去主要是靠资源的投入而达到中等收入水平，未来如果不能够找到新的增长来源，即技术进步和劳动生产率提高，就很难顺利实现向高质量阶段的跨越②。

在一个国家的经济发展中，会不断面临各种可能存在的“发展问题”：缺少经济增长动力时会陷入“低收入陷阱”；具有增长动力，但未能实现增长动力的适时转换则陷入“中等收入陷阱”；实现了动力转换，但随着边际效用递减规律，动力不断衰竭，而面临新问题和新形势，又未能找到更高层次的系统性解决方案，则可能陷入“高收入陷阱”。

改革开放以来，我国经济保持了30年的高速增长，未来必须依赖技术创新，加快经济转型。但转型也受到既有社会经济发展阶段的限制，当前城乡差距、浅城市化、收入分配、产业结构、要素供给、资源环境等多方面的问题和矛盾日益突出，需要对社会经济结构进行综合调整。因此，真正实现高质量发展是一项宏大而艰巨的系统工程，既要及时转换经济增长动力、强化科技创新的支撑作用，也要完善社会建设、加强生态环境保护、营造良好的创新文化。

2. 跨越关键：如何做好经济战略选择与制度创新

通过东亚和拉美国家的比较，最明显的差异就是各自采取的战略和制度不同。东亚国家率先实行了出口导向战略，将本国的工业生产面向世界市场，基于自身的比较优势，让企业充分参与国际竞争。随着资本的积累和比较优势的变化，及时调整和升级产业结构，并实施竞争性的供给政策，在产权保护、公平准入、打破垄断等方面不断优化改进，发挥市场在资源

① 吴敬琏 . 中国增长模式抉择 [M]. 上海：上海远东出版社，2008：15.

② 吴敬琏 . 找不到新增长来源，就会陷入中等收入陷阱 . 中国日报网，2012.7.27 http://www.chinadaily.com.cn/hqgj/jryw/2012-07-27/content_6562366.html.

配置中的基础性和决定性作用，提高资源配置效率，激发微观主体的创新活力。同时，以出口为导向的战略有利于扩大规模，提升在国际分工体系中的地位。通过国际贸易中的资本和财富的积累，反哺本国的基础设施建设、人力资本提升和收入分配调节，促进一国经济社会的长期健康有序发展，最终在较短时间内顺利进入高收入阶段。

拉美国家则长期实行进口替代战略，对本国工业提供特殊保护，产品创新不足，国内市场规模小，无法创造更多就业机会，劳动力收入增长不可持续。制度创新不足，改革不彻底，失地农民进入城市但缺少就业机会。政府要解决这些系列社会问题，需要大量的资金补给，又不得不对外举债，动摇了宏观经济的稳定性，进而发生债务危机和经济危机。

3. 战略路径：如何发挥好政府必要而适当的作用

纵观世界地区经济发展，从东亚到拉美，从苏东到欧美，在经济持续增长中，虽然速度、效益和质量不尽相同，但政府都发挥着不可替代的作用。政府在保护私人产权，维护社会稳定运行，引导社会资本进行投资，调节收入分配，保持政策稳定性等多个重要领域发挥作用[①]。

林毅夫（2012）认为，成功的地区能在每个阶段充分利用其比较优势实现产业升级，政府起到了积极作用，而不是无作为的角色。他同时也指出，持续经济增长最主要的前提是技术和产业不断升级，经济从低附加值部门向高附加值部门转变。在这一过程中，需要政府提供必要的支持，包括对专利、基础科研的支持、政府采购和某些技术使用的行政指令[②]。

以马来西亚为例，马来西亚与韩国发展起点基本相同，国家发展战略

① 陈昌盛 . 避免“中等收入陷阱”的重要国际经验 . “中等收入陷阱问题研究”《调查研究报告》，2011.11.17.

② 林毅夫 . 避免中等收入陷阱需政府作为 . 新浪网，2012.10.27 http://finance.sina.com.cn/china/20121027/151813500629.shtml

也类似，均大力发展出口导向产业，但是韩国利用十年的时间进入高质量增长阶段，而马来西亚却长期在中等收入徘徊。马来西亚通过政府主导产业发展，取得一定的经济成果，但之后继续沿用此种发展模式，政府直接参与到微观经济运作上，出现了腐败、寻租等大量问题，拖累了马来西亚的经济发展。同时，马来西亚政府受种族主义的影响，长期推行歧视性的原住民经济政策，银行贷款、商业经营许可和政府工程项目等本应由市场来进行资源配置的行为都人为地向马来人倾斜，打击外来资本积极性，导致经济增长后劲不足甚至陷入停滞[①]。

① 郭惠琳 . 马来西亚陷入“中等收入陷阱”的原因和政策应对 [J]. 亚太经济，2012（5）：96-100.

第三章　深圳近40年经济增长动力分析①

深圳近40年的发展历程是我国改革开放的缩影，在发展过程中，市场化、工业化、城市化、国际化是经济增长的四个驱动力（图3-1）。市场化释放改革发展活力，工业化奠定深圳产业发展基础，城市化优化区域发展环境，国际化为深圳对接全球资源插上腾飞的翅膀。

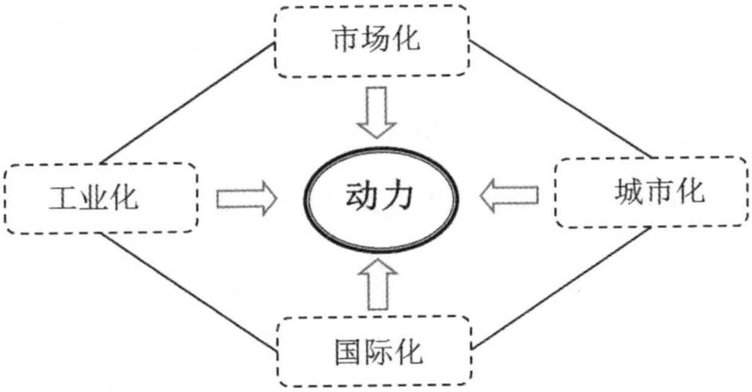

图3-1　深圳经济发展历程的“四化”动力模型

① 注：本章中的部分内容源自作者撰写的课题部分：《深圳跨越中高收入陷阱的发展战略研究》（项目编号：RKX20130605144029922），项目委托单位为深圳市科技创新委员会，项目负责人为曾国屏。该项目分为一个总报告（“深圳跨越中高收入陷阱的现实挑战与战略选择”）和五个分报告（科技创新篇、产业创新篇、社会创新篇、绿色创新篇、文化创新篇）。其中，刘宇濠撰写总报告和科技创新篇，本书的数据和内容有更新和补充。

第一节　市场化：市场经济体制框架下的“深圳探索”

深圳作为改革开放的“试验田”和“窗口”，率先在经济社会领域进行一系列的创新性改革，运用各种经济杠杆完善市场经济体制，释放了长期被计划体制压抑的个人积极性，给人们带来了市场经济的洗礼和经济高速发展的思想冲击，进一步激发了特区人的开拓精神和实干精神。

1. 改革开放赋予深圳制定特殊政策与灵活措施的优势

（1）以“特”为先的经济特区筹划和建立

深圳的诞生，源于中国改革开放战略确立后，中央和地方对于中国未来发展出路的探索。从当时的国际环境看，和平与发展成为世界的主流。资本主义国家在两次大战后，经过了经济恢复和重建工作，生产力水平不断提高，迫切需要拓宽国际市场，实现技术、产品、资金的输出。而此时，东南亚的一些国家和地区得到了快速发展，日本已从战争废墟崛起为经济大国，亚洲“四小龙”也迅速腾飞，原本起点相近的泰国、马来西亚和印尼等国也后来居上，增加了我国引进国外先进的技术、产品、设备以及资金和管理模式，实现经济追赶的紧迫感。

当时国内百废待兴，人民都在反思“什么才是真正的社会主义”“中国应该走怎样的社会主义道路”。十一届三中全会的召开，统一了以经济建设为中心的思想认识，要求充分利用“两种资源”“两种市场”，推动现代化建设。但此时，国内依然实行高度集中统一的计划经济体制，经济社会和思维观念都处于封闭和落后状态。在这种情况下，要实行全新的改革开放事业，只能采取以点带面和循序渐进的策略。经过认真研究和考察，中央决定把突破口选在靠近香港、澳门、台湾地区的广东和福建两省，建立经济特区[①]。

改革开放的第一声开山炮在深圳蛇口打响。当时，在交通部和国家经委的支持下，交通部下属的招商局向国务院递交了《关于我驻香港招商局在广东宝安建立工业区的报告》，得到了国家有关领导的高度重视，这也是蛇口工业区创办的源头动力。该报告虽然在形式上仅是一种企业的政策诉求，在当时却从深层次上触及了中国计划经济体制，及至政治、法制、政府和社会舆论等全方位的配套，可以说，蛇口工业区的建立是深圳经济特区建立的一个前奏。1979年4月，广东省委第一书记习仲勋向中央汇报，邓小平指示：“中央没有钱，可以给些政策，你们自己去搞，杀出一条血路来”[②]。1979年7月，党中央、国务院决定对广东和福建两省进行经济体制改革，实施“特殊政策，灵活措施”[③]。在时任副总理谷牧和广东省委的积极推动下，1980年8月26日，《广东省经济特区条例》得到全国人大批准，正式宣告深圳特区的成立，为深圳波澜壮阔的市场化改革拉开了序幕。

（2）“特殊政策”和“灵活措施”开创了深圳全国市场化改革的先河

特区批复后，深圳有了敢闯敢试的改革勇气和先行先试的创新动力，加之深圳的计划权利和计划义务并非像内地城市那样广泛存在，有较大的自由度进行改革突破[④]。一方面，深圳不断向中央积极争取更多的试验性政策，如更高的外汇留成比例、进出口的宽松管理、基建和投资项目的审批权、银行贷款的灵活使用、全额保留地方财政收入等[⑤]，对深圳的高速发展起到了重要推动作用。其中，特区立法权促成深圳在很多方面扮演了全国立法“试验田”的角色，承担了先行先试的重要历史使命，是促进深圳制

---

① 经济特区：开启一扇门．中国网，2008.11.25 http://www.china.com.cn/economic/zhuanti/ggkf30/2008-11/25/content_16819250.htm

② 中共中央文献研究室．邓小平年谱（1975-1997）[M]. 北京：中央文献出版社，2004：510.

③ 《习仲勋主政广东》编委会著．习仲勋主政广东 [M]. 北京：中共党史出版社，2007：7.

④ 樊纲等．中国经济特区研究——昨天和明天的理论和实践 [M]. 北京：中国经济出版社，2009：55.

⑤ 李罗力．定位——深圳的全面创新与和谐发展 [M]. 北京：中国经济出版社，2006：36.

度创新的巨大优势[①]；税收减免是吸引国内外企业来深投资和创业者来深圳创业的重要砝码，是深圳经济高速增长的重要支撑。同时，深圳是计划单列市，具备省级经济管理权限和较高的行政级别，在初期对深圳的城市基础设施建设、经济发展起到了支撑作用。

另一方面，深圳自身也在不断先行先试，制定了一系列有别于计划经济体制的政策与措施。随着外资大量引进，与当时的市场经济规则冲突不断，市场化的体制机制亟待改革。其中，物价改革问题率先提上日程。1982年至1983年，特区人口从原来的2万多剧增至30多万，但食品供应指标依然只管2万人，蔬菜、肉食供应空前紧张[②]。面对这种情况，深圳谨慎地对部分商品放开价格，逐步将粮票肉票悄然取消，初步满足了人们的基本生活需求。随后，深圳推出了与物价改革相配套的工资制度改革，按照“政府负担一点，企业消化一点，个人承受一点”的原则，改变了以往“高补贴、低工资”的状况，减轻了由传统体制“高价收购、低价出售”带来的财政负担。

同时，随着南下务工人口突破了百万大关，深圳开创了用工制度改革的先河，率先实行了劳动用工合同制，将其逐渐扩展到国营企事业单位和国家机关。用人单位和务工人员实行双向选择，企业有试用权和辞退权，员工有辞职权，打破了计划体制下的劳动管理制度。用工制度改革也引发了一系列配套机制改革，包括社会保障体系改革、分配制度改革、人才引进制度改革以及政府自身管理体制改革等，强调尊重市场规律，引入竞争机制，取得了显著的成效。一系列重要的市场化改革打破了高度集中的计划经济管理体制禁锢，大大提高了深圳在经济活动中的自主权，在多种经济成分并存的格局下，能够更好地发挥价值规律这一只“看不见的手”的调节作用。

---

① 陈俊．特区立法权仍是深圳巨大优势 [N]. 深圳特区报，2012.7.12：A2.

② 价格闯关深圳率先终结粮票肉票．南方日报，2010.9.6：A20.

2. 外引内联战略为深圳集聚发展要素资源

外引内联是经济特区实行的“对外引进”和“对内联合”政策的简称，在深圳持续推进市场化改革和体制转轨的进程中，特区所具有的特定空间和环境为国内外的原材料、劳动力、资本、企业和技术等生产要素提供了一个自由流动、相互结合与嫁接的枢纽和平台。“外引内联”是深圳迅速集聚资源并成为我国对外桥头堡的重要战略，但“‘外引’和‘内联’并非同时并举，而是‘内联’主动热切先行，‘外引’如影随形而至，贯穿了整个80年代的深圳经济”[①]。

（1）对内联合为深圳经济起步打下了坚实基础

所谓内联，是指深圳经济特区与内地企业之间开展全方位的经济资源整合，发挥内地和特区的双重优势，增强深圳外引能力，为特区起步提供必要的燃料，也为内地的经济复兴探索新的出路。在特区创办之初，加强内联是一种现实选择。深圳当时急需的是能够使特区快速发展的一切先进技术、经验、市场和管理经验，而这些在现实中更多地来自于与特区经济高度互补的中国内地。一是来源于政策导向层面，各地方政府对中央兴办特区、实施沿海开放战略给予强烈的响应和大力的支持；二是来自现实发展层面，内地企业已经积累了一定的资金、技术、人才等要素，深圳凭借强大的“政策势能”和先进的体制优势，充当与内地之间的“交换机”和“变压器”，从而创造出更多更好的新价值。

有研究认为（樊纲，2010），深圳在最初阶段，吸收的内资多过外资；引进的国内人才超过国外人才；转移内陆地区的技术多于国外的技术[②]。有统计显示，深圳在特区成立的前三年，签订了487项“横向经济”联合协议，240多家勘察设计和建筑单位进驻深圳，13万人奔赴深圳支援特区建设。

① 陈云岗 . 深圳经验 [M]. 北京：中国社会科学出版社，2010：82.

② 樊纲 . 成功，为什么是深圳 . 经济观察网，2010.1.14. http://www.eeo.com.cn/observer/shijiao/2010/01/14/160565.shtml

到1988年，深圳已与全国28个省、市、自治区以及中央30个部委（总公司）建立合作关系，吸引工业企业1167家，占特区注册工业企业的68.7%，1986年内联企业工业产值24.92亿元，约为全市工业总产值的70%[①]。

（2）对外引进为深圳的转型升级创造了良好条件

深圳的对内联合策略，一定程度上缓解了初创阶段基础薄弱、资源匮乏的状况，同时为实现外引战略搭建了一个较高层次的平台。对外引进主要是深圳经济特区利用自身的区位优势、独特政策和资源条件，从全球范围引进资金、技术、人才、管理等要素，带动和催化中国内地经济转型。在对外引进过程中，深圳逐渐摸索出了一条外向型加工业的发展道路，承接港澳台制造业转移，快速实现经济增长。改革开放初期，深圳以“三来一补”的加工企业（来料加工、来件装配、来样加工和补偿贸易）为主。到1991年，深圳“三来一补”企业多达8500家，占据外引的主要部分[②]。随着港澳资本不断直接进入特区投资设厂，特区产品不断输出国际市场，深圳形成了“大出大进，两头在外”为特征的加工贸易工业，产业结构也实现了最初由农业经济为主的“一、二、三”结构，转型为工业经济占主导的“二、三、一”结构。随着产业的升级，深圳也成为全国有影响力的生产、出口基地和全国性市场，快速实现了原始积累，为现代制造业发展提供了现实基础和可能性。

1992年邓小平南方讲话后，全国的目光再次聚焦深圳，以市场化改革为符号的深圳对国内外的吸引力得到了空前的提升。此时，“三来一补”企业增长势头逐渐回落，中外合资、中外合作、外商独资经营的“三资”企业不断增加，企业类型的变动直接推动了投资来源的多样化，表现为港资比重开始下降，台资、东南亚和欧美国家和地区的投资比重逐渐上升。在这一趋势下，深圳逐渐成为内地承接国际产业转移的新兴经济体，带动了

① 吕谭达．深圳经济特区横向经济联合的现状及其对策 [J]. 特区经济，1988（5）：32.

② 罗海平．“深圳奇迹”的五点成因 [J]. 特区论坛，2011（4）：124.

产业结构从传统的简单加工业向深加工领域发展，以电子信息、生物技术等为代表的高新技术产业开始发育。

3. 不同阶段深圳市场化改革的特色与差异

深圳因改革而生，因改革而兴，因改革而强。改革，是深圳的根，是深圳的魂。回顾深圳经济特区的发展史，实际上就是一部我国的改革史，每个阶段都具有其鲜明的改革特点，改革是深圳在不同发展阶段打开新局面、迈上新台阶的不竭动力。

（1）初期发展阶段（1980年—1985年）：局部改革、单项突破，拉开我国市场化改革序幕

在特区成立初期，以大规模基础设施建设为主，开发罗湖、上步城区，规划建设蛇口、赤湾、东角头、妈湾等港口，明确重点发展电子、机械、化工、塑料、服装等“三来一补”产业。在发展过程中，深圳积极学习国外先进技术和企业管理经验，打破计划经济体制束缚。这一时期的改革特点是以市场为取向，局部改革、单项突破，冲破传统计划经济体制桎梏，为特区建设发展扫除障碍。主要表现为加强基本建设管理体制改革创新，率先将传统的计划安排基建工程制度创新为招标、投标、承包制度，在蛇口工业区建设时就率先推出实行定额超产奖励制度、以工程招标的方式管理工程、职工住宅商品化、全国招聘人才、率先实行全员合同制等先行制度，创造了24项全国第一。除了具体的管理改革、制度改革，该时期思想的解放、观念的创新对于发展初期的深圳更为重要，无论是政府的管理者还是下海的从业者，都在不断打破思想禁锢，探索前进。

（2）快速推进阶段（1986年—1992年）：全面改革、系统推进，全力推进市场经济改革

按照国务院在深圳召开的特区工作会议要求，这一时期深圳开始发展知识和技术密集型产业。1988年，深圳市被列为单列市，赋予其省一级经

济管理权限。1992年，深圳市被授予制定地方法律和法规的权力，区域改革环境进一步优化。该阶段改革的特点是由局部、单项改革转向全面改革、系统改革，全面深化推进。

率先推进国有企业股份制改革。在计划经济时期，国内普遍认为股份制是资本主义的产物，深圳大胆突破，提出股份制是公有制的形式之一，加快股份制发展。1987年，深圳市成立了投资管理公司，由计划经济时期各级行政部门垂直管理的国有管理体制逐步向政企分开的独立经营模式转变，在全国率先迈出了地方政府从“管国企”到“管国资”的步伐。

深化金融体制改革。随着改革开放的加快推进，深圳积极探索金融体制改革，探索建立开放型、多层次的金融市场。1985年，深圳成立了我国首家外汇调剂中心—深圳外汇调剂中心，并于当年11月正式颁发了《深圳经济特区留成外汇调剂管理暂行办法》，解决了当时出现的“外汇黑市”的情况。该项政策实施后，逐步向全国推广，1988年签发相关文件正式在全国实行。同时，深圳市进一步加大了外资银行引入力度，并于1987年创办了招商银行、深圳发展银行等。1991年，深圳成立了有色金属期货市场，标志着我国期货市场正式建立。同时，为适应企业股份制改造的需求，1990年12月深圳证券交易所试营业，1991年5月发布了我国第一个股票市场管理条例《深圳市股票发行和交易管理暂行办法》，1991年7月深圳证券交易所正式开业。金融市场的不断完善，推动深圳市一批企业快速成长壮大，万科、安达等企业成为第一批发行股票的上市公司。

创新国有土地管理体制。深圳敢于大胆改革、创新尝试，逐步确定了公开拍卖、协议出让和招标三种土地使用权的出让方式。就在我国上海、北京等地还在为一些理论问题争议时，深圳勇于实践，在1987年12月1日，我国土地使用权拍卖的第一槌已在深圳敲响，推动了我国相关法律条款的修订，宪法修正案明确规定了“土地的使用权可以依照法律的规定转让”。1992年，深圳市又创新实施“统征”，率先在关内实现土地全部国有化和农民市民化。

（3）跨越式发展阶段（1993年—2003年）：继续突破、深化政府职能改革，构建社会主义市场经济体制基本框架

80年代深圳的改革开放取得了耀眼的成绩，但这些改革具有风险较低、挖掘生产要素、极大释放生产力的共同特点，然而在经济领域、具有高度共识的改革完成以后，改革逐渐向政治领域拓展，改革难度也越来越大。尤其“蛇口风波”“股票事件”，以及学者胡鞍钢《欠发达地区发展问题研究报告》文章掀起的对深圳“特权”的批判，使得该时期深圳的改革道路异常艰辛。党的十四大后，上海市浦东新区批复设立，预示着深圳市改革开放“示范窗口”地位、“试验场”的唯一性、“先行先试”等特权被打破，深圳发展实际已进入了“后特区时代”。该时期，党中央确立了坚持深圳改革开放地位不动摇的部署，深圳市围绕市场经济框架的建立，推动改革在政治领域、经济领域全面深化。

深化政府行政职能改革。围绕社会主义市场经济要求，深圳开展政府管理体制改革，以适应发展需求。当时，深圳被列为机构改革试点城市，通过开展“三定”（定职能、定机构、定编制）工作，理顺和界定了94项难度大、有争议或扯皮的职能，到1994年末深圳市第五次机构改革基本完成。

率先实施行政审批制度改革。随着深圳民营经济的快速发展，计划经济时代传统的审批制度已无法适应市场经济要求，存在着审批事项多、范围广、环节多、时间长、审批不规范等诸多弊端。1997年，深圳市在全国率先推动行政审批制度改革，相继出台了《深圳市政府审批制度改革实施方案》《深圳市审批制度改革若干规定》等政策文件，政府审批制度进入实质性改革阶段。经过改革创新，深圳市政府审批事项大大减少、审批流程不断精简完善，企业的营商环境得到较大程度的优化提升。

探索建立现代企业制度。除了深化政府行政管理职能改革，深圳在经济领域的改革持续推进，最突出的是围绕现代企业制度的建立与完善进行了一系列探索改革。比如，在深化国有企业改革的基础上，对企业进行定级，按行业类别制定企业利润分类上缴办法，推动现代企业制度建立，颁

布实施了《深圳经济特区有限公司条例》《深圳经济特区股份合作公司条例》等数十个法规。

（4）全面发展阶段（2004年—2011年）：纵深推进、全面拓展，社会改革、文化改革与经济领域改革齐头并进

随着改革开放的深化推进，深圳城市人口快速聚集，区域土地、空间、能源、水资源约束逐渐增强，社会矛盾日益严峻，城市可持续难以为继。党的十六大后，我国改革开放和现代化建设进入新阶段，深圳也提出了“和谐深圳”“效益深圳”的发展目标，积极实施“文化立市”战略，加快推进自主创新战略。该时期，深圳改革的特色是改革逐步向社会和文化领域推进，尤其是文化体制改革、社会管理体制改革取得了显著的成效。

推进文化体制改革。深圳作为全国文化体制改革综合试点地区之一，将文化体制改革摆在了全局的位置，并成立了由时任市委书记、市长牵头的工作领导小组。在一系列工作推动下，组建了报业集团，之后又相继成立了广电集团、发行集团。此外，市委市政府也提出了要坚持文化事业和文化产业双轮驱动，明确要将文化产业与高新技术产业、金融业、物流业并重发展。这一时期，深圳市文化事业与文化产业取得了快速发展，新闻出版、广播影视、文化娱乐、体育休闲、文化旅游、广告、文化产品制造等产业涌现出一批骨干企业。

强化社会管理体制和社会保障制度改革。2006年，围绕“和谐深圳”建设，深圳市推出了《深圳市民生净福利指标体系》，围绕市民生活的安全感、健康、舒适、教育、自然和社会环境等社会民生问题，设立了21项指标，并设立了指标体系的统计报表制度，将其作为考察各级领导班子工作业绩的标尺和检验是否为民办实事的标准。同时，为了更好地构建和谐社会，深圳市积极实行促进就业的各项政策，逐步完善劳动关系协调机制、劳动保障监察机制和劳动者争议调处仲裁机制，加强对劳动者特别是农民工合法权益的维护。

（5）持续深化阶段（2012年至今）：城市更新、释放活力，继续当好我

国全面深化改革排头兵

党的十八大后，习总书记在深圳考察时，勉励深圳经济特区的改革开放“要有新开拓，要上新水平”。实际上，深圳始终牢记特区的使命和责任，时刻保持排头兵意识，将改革放在更加突出的位置来抓。尤其是十八大后，在“创新、协调、绿色、开放、共享”的理念指引下，深圳市高度重视，深化贯彻落实中央全面深化改革的战略部署，推动前海建设，尤其是在商事登记制度、城市更新、政府管理方面实施了一系列重大创新举措，重塑深圳改革优势，进一步释放了深圳的发展活力，推动深圳向更高发展阶段迈进。新时期，改革依然是这座城市焕发活力、再攀高峰的驱动力，这座城市也将始终保持初心，持续深化改革，敢闯敢做、砥砺前行，大步向前迈进。

第二节　工业化：中国经济高速增长的“深圳奇迹”

1. 快速工业化铸造举世闻名的“深圳速度”

深圳由于城市发展历程较短，经济发展过程中也未经历明显的弯路或重大的挫折，因此自1980年特区成立以来即实现了经济起飞，并连续30余年保持了高速增长。从生产总值、工业总产值、固定资产投资、财政税收等主要经济发展指标来看，当前的发展程度较特区建立之初有了天壤之别，统计数据所反映的主要经济指标几乎都增长了数千倍（表3-1）。

表3-1　深圳特区建立以来的主要经济指标发展状况

年份	GDP（万元）	人均GDP（元）	工业总产值（万元）	固定资产投资（万元）	消费品零售总额（万元）	财政收入（万元）
1980	27012	835	10632	13801	19615	3043
1985	390222	4809	246662	333235	265642	62894

（续表）

年份	GDP（万元）	人均GDP（元）	工业总产值（万元）	固定资产投资（万元）	消费品零售总额（万元）	财政收入（万元）
1990	1716665	8724	2202180	623380	667580	217037
1995	8424833	19550	12922075	2758243	4269434	880174
1996	10484421	22498	15305964	3275270	4888502	1317490
1997	12974208	25675	18175704	3930657	5372464	1420557
1998	15547272	27701	21573817	4803901	5732419	1643884
1999	18040176	29747	24435849	5695878	6385915	1842085
2000	21874515	32800	30715227	6196993	7350188	2219184
2001	24824874	34822	37476713	6863749	8320412	2624944
2002	29695184	40369	46823584	7881459	9419443	2659287
2003	35857235	47029	67976472	9491016	10951323	2908370
2004	42821428	54236	85888321	10925571	12506411	3214680
2005	49509078	60801	101745351	11811542	14416103	4123785
2006	58135624	68441	122784801	12736693	16804604	5008827
2007	68015706	76273	143628918	13450037	19308050	6580555
2008	77867920	83431	162837576	14676043	22765855	8003603
2009	82013176	84147	158286329	17091514	25679436	8808168
2010	95815101	94296	188796600	19447008	30007629	11068166
2011	115055298	110421	212730916	20609180	35208736	13395728
2012	129500601	123247	223089847	21944319	40087794	14820800
2013	145002300	136947	240440285	25010100	44335900	17312600
2014	160018207	149495	258099411	27174226	49189983	20827326
2015	175028634	157985	266080844	32983076	50178375	27268543
2016	194926012	167411	285477743	40781638	55127556	31364923
2017	224383900	183127	307026500	51473200	60161900	33321300

资料来源：历年深圳市统计年鉴、统计公报、统计月报

从GDP增长情况看（图3-2），深圳特区自建立以来，GDP年均增速达

到25%左右[①]，创造了世人瞩目的“深圳速度”。分阶段来看，“六五”时期（1981-1985年）深圳GDP年均增速高达50.3%，“七五”时期（1986-1990年）为22.4%，“八五”时期（1991-1995年）再次提升至30.9%。此后，深圳的年均GDP增速回落至15%左右，如此超常规的经济增长为深圳从一个边陲小镇迅速发展成为一个现代化国际大都市打下了坚实的经济基础。

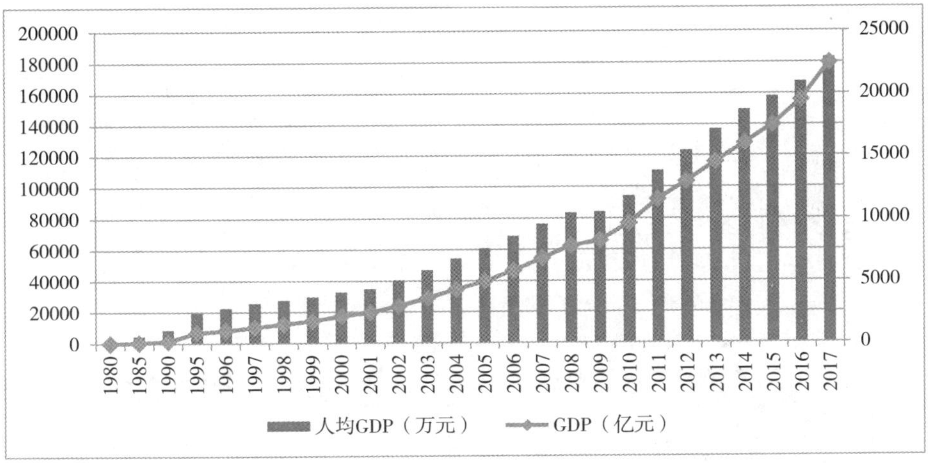

图3-2 深圳经济特区成立以来GDP总量和人均GDP增长情况

资料来源：历年深圳市统计年鉴、统计公报、统计月报

从经济投入和产出来看（图3-3），主要以固定资产投资和工业总产值来进行反映，两者也呈现了快速增长的态势。从深圳1979年建市至2012年，固定资产投资额年均增速达28.2%，工业总产值年均增速达35.5%。分阶段来看，在固定资产投资方面，“六五”时期深圳投资额年均增速高达89.0%，“七五”时期为13.3%，“八五”时期再次提升至34.6%，从“九五”开始，回落至20%以内；在工业总产值方面，“六五”时期深圳工业产值年均增速高达91.3%，“七五”时期为46.9%（1988年首次突破百亿元），“八五”时期为36.9%，1996年首次突破千亿元，此后逐渐下降。在深圳发展早期，由于

① 《半月谈》杂志专访深圳市长许勤 [N]. 深圳特区报，2014-03-12：A01.（作者注：若以1979年为基期至2012的GDP年均增长率为24.4%）

经济基础薄弱，存量很低，因此总的经济投入和产出的增长率都很高，随着积累不断增多，基数逐渐增大，增速也必然回落。

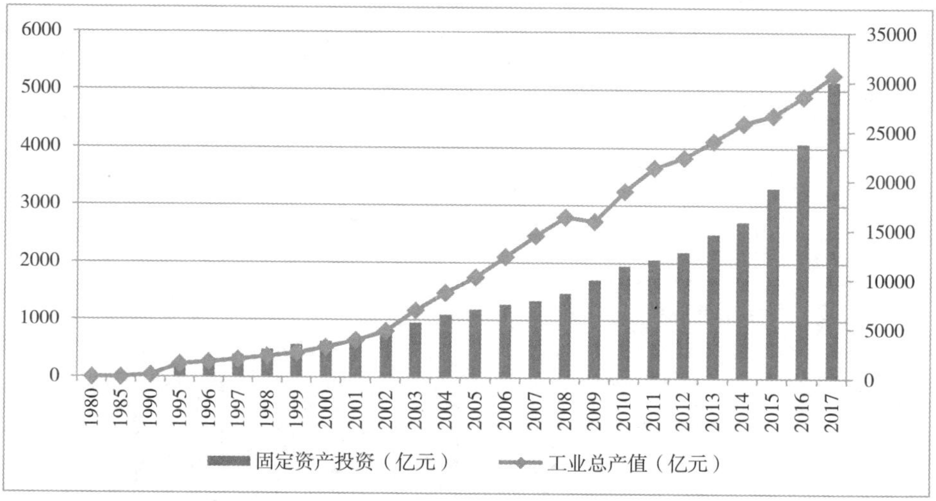

图3–3 深圳经济特区成立以来固定资产投资和工业总产值变化情况

资料来源：历年深圳市统计年鉴、统计公报、统计月报

从生产创造的价值和贡献看（图3-4），主要通过社会消费品零售额与财政税收指标来考察，每年呈现快速的递增态势。在社会消费品零售总额方面，“六五”时期深圳零售额年均增速高达68.4%，“七五”时期为20.2%，“八五”时期再次提升至31.2%，此后降到20%以内；消费品零售额的大幅增长，也一定程度上带动了财政税收的大幅增加。数据显示，“六五”时期深圳税额年均增速高达83.3%，“七五”时期为28.1%，“八五”时期再次提升至32.3%，此后降到20%左右。整体来看，30年来深圳的社会消费品零售额年均增速达26.3%，财政税收年均增速达31.6%，不断增多的税收总量为城市的经营和建设起到了重要的支撑作用。

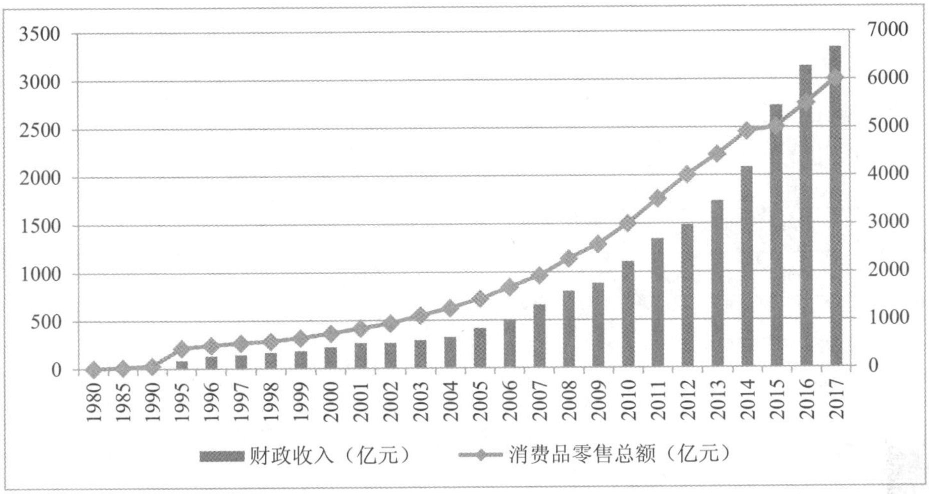

图3-4　深圳经济特区成立以来社会消费品零售总额和财政税收发展情况

资料来源：历年深圳市统计年鉴、统计公报、统计月报

2. 工业内部结构演进支撑经济规模快速增长

（1）深圳三大产业结构的总体演化规律

产业结构变动是经济增长的本质要求。一定意义上，经济增长不仅是产业结构变动的外在表现，更是产业结构变动的结果①。根据国际经验，三大产业的变动规律是第一产业不断缩小，第三产业不断提高，第二产业介于两者之间。通过深圳30余年的产业结构变化发现，深圳总体上与国际趋势吻合，但也呈现了自身的产业结构特色（表3-2）。

表3-2　深圳市历年的三大产业结构在GDP中构成情况

年份	GDP总量	第一产业占比（%）	第二产业占比（%）	第三产业占比（%）
1979	100	37	20.5	42.5
1980	100	28.9	26	45.1
1981	100	26.9	32.3	40.8

① 王蒲生等．全球生产方式演变下的深圳产业转型[M]．北京：人民出版社，2010：117.

（续表）

年份	GDP总量	第一产业占比（%）	第二产业占比（%）	第三产业占比（%）
1982	100	22.9	38.1	39
1983	100	17.2	42.6	40.2
1984	100	11.1	45.5	43.4
1985	100	6.7	41.9	51.4
1986	100	7.9	39.2	52.9
1987	100	8.3	39.4	52.3
1988	100	6.6	41.3	52.1
1989	100	5.9	43.7	50.4
1990	100	4.1	44.8	51.1
1991	100	3.4	47.6	49
1992	100	3.3	48	48.7
1993	100	2.4	53.4	44.2
1994	100	2.1	52.9	45
1995	100	1.5	50.1	48.4
1996	100	1.4	48.3	50.3
1997	100	1.1	47.6	51.3
1998	100	1	48.4	50.6
1999	100	0.8	49.9	49.3
2000	100	0.7	49.7	49.6
2001	100	0.7	49.5	49.8
2002	100	0.6	49.3	50.1
2003	100	0.4	50.7	48.9
2004	100	0.3	51.6	48.1
2005	100	0.2	53.4	46.4
2006	100	0.1	52.6	47.3
2007	100	0.1	50.2	49.7
2008	100	0.1	49.6	50.3
2009	100	0.1	46.7	53.2
2010	100	0.1	47.2	52.7
2011	100	0.1	46.4	53.5
2012	100	0.1	44.3	55.6

（续表）

年份	GDP总量	第一产业占比（%）	第二产业占比（%）	第三产业占比（%）
2013	100	0.1	43.4	56.5
2014	100	---	42.6	57.4
2015	100	---	41.2	58.8
2016	100	---	39.9	60.1
2017	100	0.1	41.3	58.6

资料来源：历年深圳市统计年鉴、统计公报

为直观可见，将深圳历年产业结构变动情况绘图如3-5。深圳建市之初的产业结构为“三、一、二”，但很快第一产业比重开始骤降，过了5年就降到10%以内，降幅近30%；到了1998年又降到了1%以内，从2006年起第一产业的比重不足0.1%，且逐渐降低（统计小数位数关系未体现出来）。根据国际经验，第二产业的变化一般为先升后降，第三产业为持续上升，但深圳的第二产业和第三产业在30余年的发展中，曲线变化起伏不定，多次出现了“双螺旋”式的交替变化状态，尤其在1986年、1993年和2005年出现了较为明显的波峰和波谷，表明深圳的产业结构在进行不断地调整，也意味着产业结构尚未发展成熟。

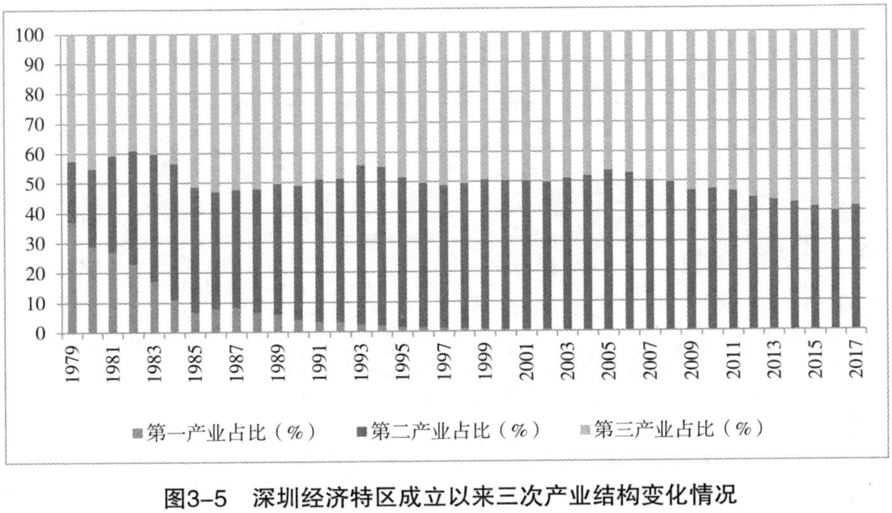

图3–5　深圳经济特区成立以来三次产业结构变化情况

资料来源：历年深圳市统计年鉴、统计公报

（2）第二产业发展历程和结构演化分析

一般而言，在工业化进程中，随着制造业比重的不断变化，工业内部结构也随之出现了阶段性的演变趋势：一是工业由轻工业为中心的发展向以重化工业为中心的转变；二是重化工业过程中以原料为重心向以加工组装为重心演进；三是在高加工度化过程中工业结构进一步表现出技术集约化①。通过考察深圳历年在工业化进程中的轻、重工业的比重变化，可以看出深圳总体上也体现了这一特征（表3-3）。

表3–3　深圳历年轻工业与重工业的比重情况

年份	轻工业比重	重工业比重	轻工业增速	重工业增速
1979	88%	12%	——	——
1980	87%	13%	47%	67%
1981	94%	6%	172%	11%
1982	89%	11%	37%	188%
1983	81%	19%	79%	231%
1984	80%	20%	124%	138%
1985	79%	21%	41%	53%
1986	78%	22%	37%	41%
1987	78%	22%	63%	69%
1988	77%	23%	80%	87%
1989	73%	27%	39%	70%
1990	75%	25%	53%	37%
1991	71%	29%	35%	69%
1992	68%	32%	33%	49%
1993	67%	33%	57%	63%
1994	58%	42%	36%	108%
1995	54%	46%	10%	27%
1996	56%	44%	22%	14%

① 郑海天．深圳工业化发展模式实证研究 [M]. 北京：经济科学出版社，2006：123.

（续表）

年份	轻工业比重	重工业比重	轻工业增速	重工业增速
1997	56%	44%	18%	19%
1998	52%	48%	10%	30%
1999	51%	49%	11%	16%
2000	45%	55%	11%	41%
2001	37%	63%	1%	39%
2002	34%	66%	14%	31%
2003	32%	68%	36%	50%
2004	28%	72%	13%	33%
2005	27%	73%	13%	20%
2006	24%	76%	8%	25%
2007	25%	75%	20%	16%
2008	27%	73%	25%	10%
2009	25%	75%	-12%	1%
2010	25%	75%	19%	19%
2011	25%	75%	14%	12%
2012	26%	74%	9%	3%
2013	27%	73%	10%	7%
2014	26%	74%	5%	8%
2015	23%	77%	-11%	8%
2016	22%	78%	5%	8%

资料来源：历年深圳市统计年鉴

从图3-6可以鲜明地看到，深圳轻、重工业的比重变化曲线几乎呈对称的形态。在深圳工业化发展初期（自建市至80年代中期），深圳处于农业经济阶段，重工业很少，以农产品为原料的轻工业占压倒性比重，这也与深圳外向型的经济发展导向有关。这一时期，深圳主要任务是“铺摊子、上项目、打基础”，工业产业主要是以手工作坊为主要形式的劳动密集型产业，如纺织、皮革、服装、电子等，产业层次比较低端，但为深圳的经济快速发展形成了资本的原始积累。

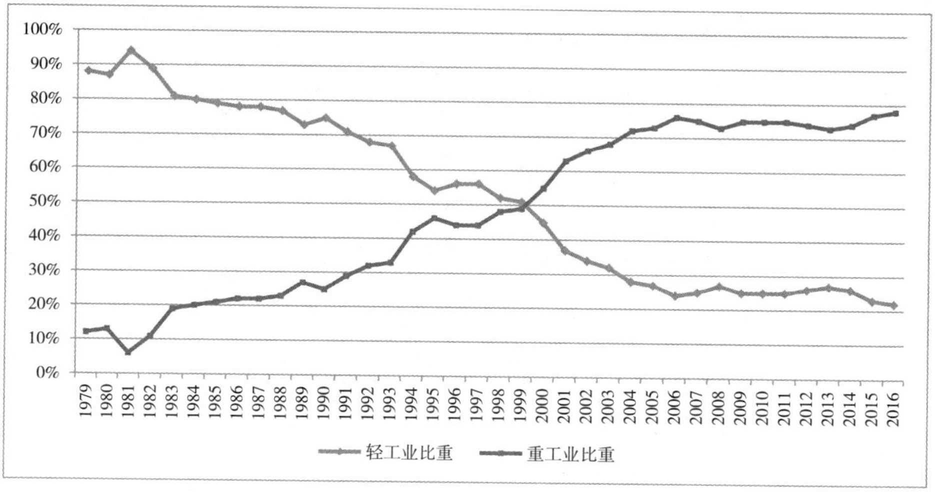

图3–6　深圳重工业和轻工业结构演化规律

资料来源：历年深圳市统计年鉴

在工业化中期（80年代中期至90年代中期），深圳的工业产品结构开始调整，工业发展的任务转向了“抓生产，上水平，促外向”，形成了以电子产品出口为主的外向型发展格局。随着传统工业的科技含量逐渐升高，进口加工比重开始超过来料加工，工业发展任务调整为“抓高新，上规模，重效益”，此时轻、重工业比重逐渐持平，高新技术产业崭露头角，规模经济逐步显现，至1995年，工业总产值达900亿元，其中高新技术产品产值达226亿元[①]，在这一阶段，“三来一补”产业淡出深圳工业化体系。

在工业化后期（90年代中期至2007年），深圳的轻重工业比重实现了大幅调整，从1996年的56:44变为2007年的25:75，重工业提高了逾30个百分点。此期间，一批如比亚迪、哈飞、华美等汽车和钢铁企业落户深圳，深圳在2004年也提出了“适度重型化”的发展策略，强调在继续发展高新技术产业的基础上，大力发展技术、资本密集型的装备制造业和基础工业。

① 《深圳市人民政府关于印发深圳工业结构调整实施方案的通知》. 深府〔2002〕190号 .

这一时期，轻、重工业比重的增长波动较前两个时期趋于缓和，总体上步调一致，重工业的增速要高于轻工业（图3-7）。在不断的产业结构调整下，深圳的电子信息产业对经济的贡献率超过半壁江山，成为深圳工业的第一增长极。

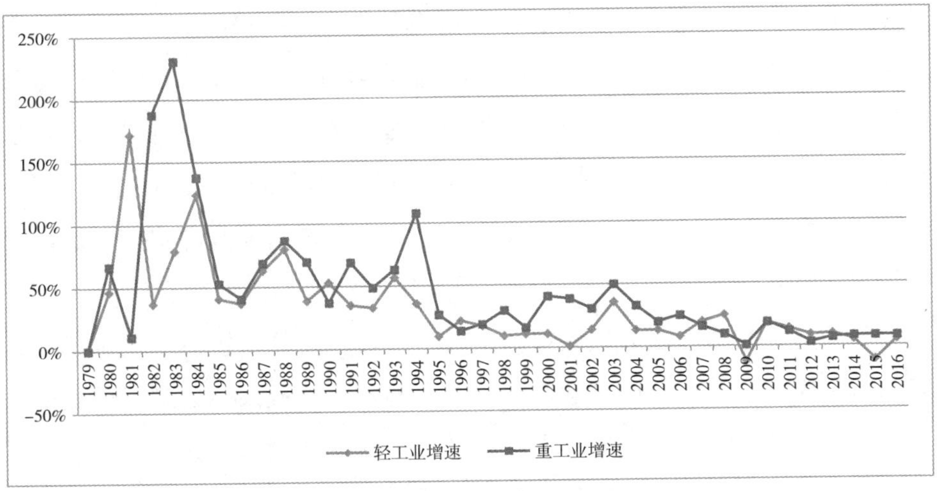

图3–7　深圳重工业和轻工业增长率变化规律

资料来源：历年深圳市统计年鉴

在“后工业化时期”（2008年至今），深圳受到了全球经济危机的影响，主要经济指标均有所回落并出现负增长。深圳以此为转型契机，一方面通过科技创新来抢占未来经济发展的战略制高点，大力发展战略性新兴产业，并注重原始创新的布局，涌现出了一批新兴源头技术创新机构；另一方面大力发展现代服务业，不断提升服务业的规模和层次，建立了前海深港合作区，提出了“湾区经济”，并计划在未来对金融、物流、文化创意以及基于网络信息技术的新兴业态发力。

3. 高新技术产业带动深圳迈向新型工业化

深圳特区创立之初，经济从几近一张白纸开始发展，起初不得不采取高投入、高消耗的粗放型经济增长方式来建立自身的工业体系。当特区在获得了“三来一补”的原始积累并实现高速发展后，一些影响深圳经济社会可持续发展的弊端逐渐显现。进入90年代，随着全球以信息技术为主导的新一轮产业革命兴起，深圳市政府做出了大力发展高新技术产业的战略决策。1991年颁布了《关于加快高新技术及其产业发展暂行规定》，制定了一系列有利于高新技术产业发展的优惠政策，并在1994年出台了限制“三来一补”的政策。1996年，高新技术产业已经成为深圳新的经济增长点，一些超大型企业纷纷在深圳落户，工业园区大量出现，企业规模、技术水平和产业层次得到了明显提高[①]。1998年，深圳市出台了《关于进一步扶持高新技术产业发展的若干规定》(简称“22条”)，次年成功举办了首届高交会，一系列举措为高新技术产业全面繁荣营造了良好环境。

深圳高新技术产业的最大特征是以企业为绝对创新主体，这也就意味着创新的模式将不再是以“学院派”的实验室科技成果转化来形成规模化的产业，而是由市场终端向上游产业链递进的逆向创新模式，即以市场需求为导向的技术创新。这种创新模式面临更大的市场竞争，也意味着要进行更多的创新投入，深圳历年的研发投入数据很好地反映了这一点。图3-8所示，新世纪以来，深圳的研发投入经费不断提高，从2000年的54.48亿元增至2017年的约900亿元，增长了16倍。从研发投入强度来看，深圳的投入力度不断加强，从2000年的2.49%升高至2017年的4.13%，提高幅度达66%。深圳的研发强度已经达到全国（2.11%，2016年）和广东省（2.56%，2016年）近2倍，也普遍高于发达国家，达到世界先进水平，逐渐与以色列、日本、韩国等高创新投入的国家相比肩。

① 袁易明等. 资源约束与产业机构演进 [M]. 北京：中国经济出版社，2007：159.

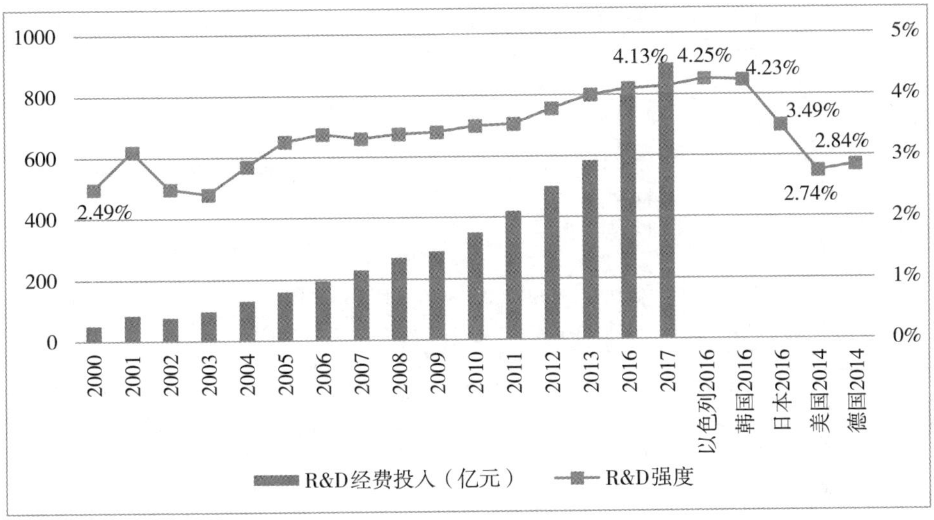

图3-8 深圳与若干发达国家R&D投入强度比较

资料来源：深圳数据来自历年《深圳统计年鉴》[①]，全国及广东省数据来自《全国科技经费投入统计公报》，其他国家数据来自世界银行数据库

高强度的研发投入对深圳的创新能力起到了巨大的提升作用，使深圳成为我国最典型的创新型城市。深圳创新能力的提升起步于“七五”和“八五”（20世纪80年代中期到90年代中期），但直到“九五”期间深圳的创新绩效并不显著。从新世纪开始，深圳的专利申请和授权量都得到了跨越式增长，20多年来专利申请和授权量增加了数百倍之多（表3-4），目前总体上已经排在全国的前三甲。

① 注：由于《深圳统计年鉴》自2008年后不再显示有关R&D情况，因此，2008年后的数据来自其他口径：2009年数据来自《深圳市第二次全国科学研究与试验发展（R&D）资源清查主要数据公报》；2010年数据来自《重庆日报》：http://cqrbepaper.cqnews.net/cqrb/html/2012-04/22/content_1524370.htm；2011年数据来自《经济日报》：http://www.ce.cn/cysc/newmain/pplm/qyjj/201201/16/t20120116_21101774.shtml；2012年数据来自《深圳特区报》：http://sztqb.sznews.com/html/2013-01/13/content_2346991.htm；2013年数据来自《深圳商报》：http://www.iszed.com/shenzhen/2014-02/10/content_9079191.htm；2016年数据来自《全国科技经费（R&D）投入30强城市》http://baijiahao.baidu.com/s?id=1582920258975149080&wfr=spider&for=pc；2017年数据来自《科技竞争力报告》http://finance.sina.com.cn/roll/2018-02-06/doc-ifyremfz5649175.shtml

表3–4　深圳主要时期专利申请与授权情况及与北京、上海和苏州的比较（件）

地区		深圳									北京	上海	苏州
时间		七五	八五	九五	十五	十一五	2014	2015	2016	2017	2017	2017	2017
发明专利数量	申请	91	488	1673	19483	97007	31077	40028	56336	60258	99167	54633	45800
	授权	4	32	79	2155	26729	12040	16957	17666	18926	46091	20681	11600
总申请量		469	3577	12683	62169	253494	82254	105481	145294	177103	185928	131746	113700
总授权量		159	1896	8114	29659	106651	53687	72120	75043	94250	106948	70464	53200
总授权量占比（%）		33.90	53.01	63.98	47.71	42.07	65.27	68.37	51.65	53.22	57.52	53.48	46.79

资料来源：深圳历年统计年鉴、统计公报、全国知识产权局系统政府门户网站——深圳子站，其他城市数据来自各城市知识产权局网站。

注：2011年起，统计年鉴中取消了“实用新型专利”和“外观设计专利”分类。

在完善的市场经济的催化下，深圳高水平的创新产出，转化程度往往较高。在科技成果转化和产品商业化的过程中，深圳不断走向内生性的增长趋势，自主创新成为深圳城市创新的核心。图3-9表明，深圳自主创新的含量稳步提升，具有自主知识产权的高新技术产品产值占高新技术产品总产值的比重由1997年的36.24%提升至2013年的61.20%，提高了约25个百分点。在2007年以前，由于基数相对较小，同比增长率普遍高达30个以上的百分点，随后，全球经济危机对深圳造成了较大的影响，至2009年一度出现了负增长，但在2010年迅速反弹，至今仍保持在10%以上的增长率。

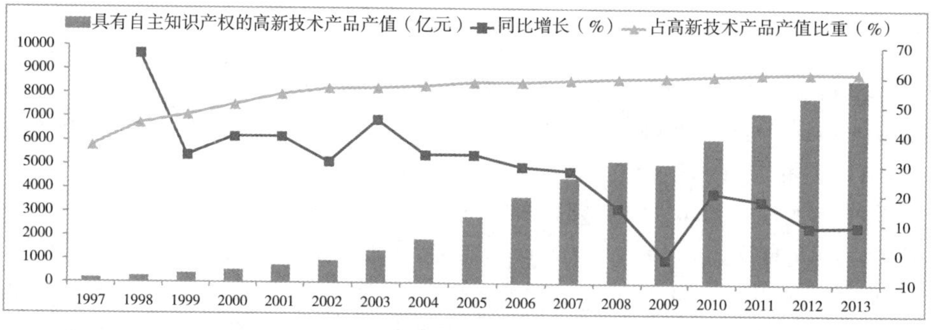

图3–9　深圳历年具有自主知识产权的高新技术产品产值情况

资料来源：《深圳统计年鉴2014》，2015年后统计年鉴不再统计此数据。

第三节　城市化：国际大都市形成的“深圳经验”

1. 深圳城市化历程与总体特征

深圳作为一个新兴的移民城市，其城市化历程有一定的特殊性，除了本地农村的城市化，还有相当一部分比重是外来移民的城市化。从历年城市化统计数据看（图3-10），深圳自建市之初即开始快速集聚外来人口，城市化率迅速提升，从1980年的23.91%迅速提高到1985年的71.55%，提高了近50个百分点。又经过近10年的发展，到2004年城市化率已达到100%。伴随城市化的提高，农业产值比（农业产值占工农总产值比例）呈现了相反的规律。1980年，农业产值比高达61.4%，到了1985年迅速下降到15.7%，进入新世纪这一比例再降到1%以内，从2006年开始，这一比例已不足0.1%。在城市化进程中，人均GDP呈现高速增长，从1980年至2017年近40年间年均增长达到15.8%。GDP的持续快速增长带动了城镇居民可支配收入的提高，人均可支配收入总体上也呈快速增长态势，但增长幅度不及人均GDP。从1995年为计算起点，至2016年人均可支配收入年均增长率为6.6%，而同期人均GDP的年均增长率达到10.8%。

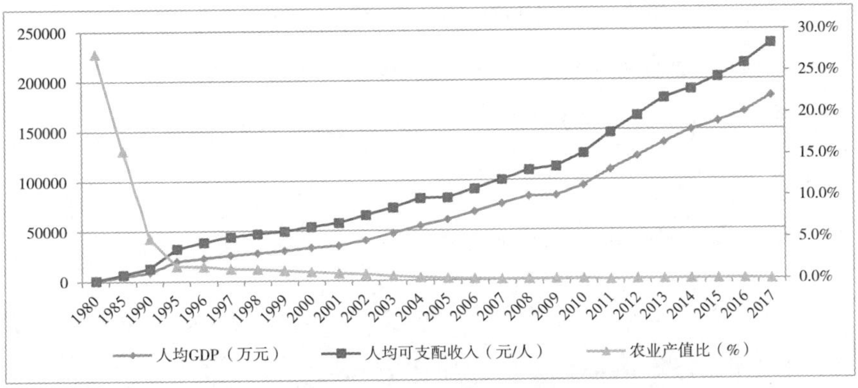

图3-10　深圳城市化历程中的相关指标变化情况

资料来源：历年深圳市统计年鉴、统计公报

与北京、上海等同类特大城市的比较发现，深圳城市化过程中的人口特征颇具特色。根据2010年的全国第六次人口普查数据（图3-11），在外来人口比重方面，深圳作为移民城市，达到77%，远高于北京的36%和上海的39%，深圳人口数量（“五普”到“六普”的10年间）年均增长为3.98%，略高于同期北京的3.80%和上海的3.24%。在人口素质方面，深圳的文盲率为0.48%，大幅低于北京的1.7%和上海的2.74%；但接受高等教育的人口比重差距明显，深圳每10万人中具有大学程度的人数是17175人，同期北京和上海分别为31499人和21952人。从年龄结构来看，深圳人口的平均年龄只有30岁左右，处于“人口红利”的旺盛期。深圳15-64岁人口比重为88.4%，高于北京的82.7%和上海的81.25%，而深圳65岁以上的人口比重仅有1.76%，远低于北京的8.7%和上海的10.12%，表明深圳仍是一个充满活力和优势的年轻城市。

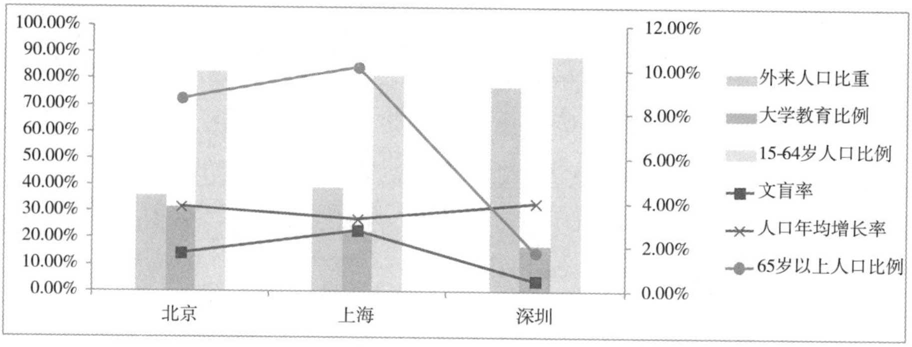

图3–11　北京、上海、深圳的人口若干指标情况

资料来源：全国第六次人口普查中北京、上海和深圳的数据（2011年5月发布）

2. 深圳农村城市化的发展模式

城市化离不开有效的管理，从深圳实践来看，在不同时期和不同背景下，政府采用了不同的推动模式。在1992年特区内城市化转轨过程中主要有罗湖、平湖、万丰、福田、新安等不同模式，2004年特区外的城市化转轨时采用的是宝安龙岗模式（表3-5）。

表3-5 深圳城市化的推进机制

	主要特征和做法
罗湖模式	将行政村改为居委会、将农民转为居民。具体执行上：泥岗的党支部、居委会、股份合作公司三个班子人员相对独立、各司其职；黄贝的党支部、居委会、股份合作公司的领导互相交叉兼职的模式
平湖模式	土地收归村集体统一使用，统一管理，由村集体统一发包或转包；取消自然村，以行政村一级为核算单位
万丰模式	实行以公有制为主体的经济体制改革，成立开放式或封闭半封闭式的股份合作公司
福田模式	在农村城市化过程中，把村委会改为居委会后，将居委会合并、调整为社区管理委员会
新安模式	街道办事处作为一级政府，具有与镇级相同的财政管理体系，注重强化居委会的社区管理职能，实行准政府模式管理
宝安龙岗模式	撤销镇建街道办事处和居委会，成立街道党工委和居民党支部；镇级资产直接移交街道办事处；村集体土地转为国家所有

资料来源：陈玫君，杜放．中国城市化的先锋——深圳农村城市化的实践与创新[M]. 北京：经济科学出版社，2006：26-27.

（1）特区内的城市化

特区建立前，深圳是以传统的农业生产为主的落后地区，工业和经济基础十分薄弱。特区成立后，集体经济加快发展，带动工业化和城市化进程。从实践来看，深圳以工业化推进城市化主要通过三种途径①：一是租地办厂。工业化初期需要大量的资金投入，为吸引外商投资，特区内农村集体用地以租赁为主，租赁对象以外资企业为主。这种租地办厂的方式使集体经济收入大大增加，很快得到普遍推广。二是合资合作兴办“三来一补”企业。特区内农村合资办厂主要是村集体以土地、厂房、资金等生产要素入股，融入外商的办厂资金兴办工业企业，村集体参与利润分配。三是自营工业。通过技术和管理人才的积累，村集体直接经营管理企业逐步增多，

① 郑毅．论深圳农村集体财产的形成 [J]. 特区经济，2006：64-65.

自营企业出现。

特区内通过工业化来推动城市化，吸纳了大量的人口，创造了丰厚的收益，原有农民的收入来源也自然发生了巨大的转变，工业收入占据了绝大部分比重。表3-6显示，特区内工业占农村主要收入的68.19%，村集体经济收入的95.04%来源于厂房出租的工缴费，而其中主要来源于香港的来料加工，罗湖区的工缴费占到了收入的全部。

表3–6　1991年特区农村三级企业分行业收入比重（单位：%）

	特区合计	罗湖	福田	南山
农林牧副渔业	1.95	0. 70	8.46	0.56
工业	68.19	68. 22	65.00	70.12
工业中工缴费比重	95.04	100	90. 55	76.43
商饮业	14.97	11. 11	11.06	25.50
建筑业	0.36	0. 48	0.20	0.03
服务业	4.18	5. 91	3.18	1.16
运输业	0.30	0. 22	1.42	1.05
其他	9.75	13.36	10.68	1.58
合计	100	100	100	100

资料来源：王如渊，孟凌. 对我国失地农民“留地安置”模式几个问题的思考——以深圳特区为例[J]. 中国软科学，2005（10）：1-19.

特区内的城市化通过工业化带动后，最终由户籍制度来完成。随着城市建成区的不断扩大，特区内的农民逐渐失去土地，已不从事农业生产，城市建成区逐渐将村庄包围。为改变这种“都市里的村庄”的奇特状况，推进特区城市化进程，将具有农村建制的68个村委会撤销，并在1992年一次性将特区内全体农村户口转为城市户口，在原村集体企业和村委的基础上组建了66家股份公司和100个城市居委会，特区内的城市化实现了里程碑式的跨越。

（2）特区外的城市化

特区外的城市化进程相对较晚，特区外作为特区内人口和产业的承载区，延伸了特区内的城市功能。1993年，深圳撤销宝安县建制，成立了宝安和龙岗两个区。特区外的城市化探索成效显著，形成了“股份合作制”的经济组织，其中的“横岗模式”全国闻名。龙岗区的横岗镇于1988年在保安新坡塘自然村试行社区股份合作制，随后在1989年对全镇49个自然村铺开。

“横岗模式”主要以“三级合作、股为基础”为特征，以“折股量化，界定产权”为主要内容（表3-7）。该模式打破了传统的以行政关系为纽带的三级所有体制，既保持每级经济组织独立的主体地位，又保持原有集体经济中上下关系固有的延续性[①]。

表3-7　深圳龙岗区横岗镇农村股份制经济三种形态

	集体资产折股和股权分配	村民股股东资格和股东权利	股份经济的组织形式和权力结构	股份公司分配方式
自然村股份制经济	一般情况下村民股占60%-70%，其余为集体股，均为集体掌握	常住村民均有股东资格	组织形式股份公司；股份公司实行董事会领导制	当年经营总收入扣除各项费用后分红
行政村股份制经济	全部股份的50%留归行政村，50%分配给自然村	村民委员会和各自然村村民小组为股东	股份公司，股东代表大会—董事会—经理制	当年经营总收入扣除各项费用后分红
镇股份制经济	成立镇投资股份公司，资金源于各村经济发展公司的集体股	“入股自愿、退股自由”的原则	股份公司，股东代表大会—董事会—总经理制	上缴国家税金后的40%用于股金分红

资料来源：施炜. 深圳宝安县横岗镇农村股份制经济的三种形态[J]. 深圳大学学报（人文社会科学版），1991（2）：53-59.

经过数年的实践，横岗模式取得了巨大的成功。1979年，横岗的工农业总产值仅99万元，农民人均收入57元。到了1991年，工农业总收入达到22315万元，其中纯收入6932万元，人均收入达7830元[②]。随后，横岗镇为

① 汤大杰. 深圳农村股份合作制研究 [J]. 特区经济，2005（3）：25-28.

② 深圳市宝安县横岗镇实行三级股份合作制的调查报告 [J]. 江西政报，1992（23）：10-11.

特区外的城市化带来了明显的示范效应，开始在龙岗全区范围内迅速推广。到1997年底，实行“横岗模式”的企业共2128个，拥有员工32万人，股东8.1万人，总资产44.3亿元，占龙岗全区农村集体资产总额的53.7%；固定资产总量27.3亿元，占全区年末生产性固定资产的48.9%。

以横岗为代表的社区型股份制合作模式在多年的探索中取得了很大的成就，但也存在一些制度性缺陷。这种模式“天生”具有重分配的制度取向，使人们的精力都聚焦于如何实现“第二次分配”上，忽视经济与社会的价值创造。这种制度安排自身也存在着较为严重的问题，如集体股产权模糊和股权缺乏流动性、股东分红和风险承担严重不对称等一系列问题时常导致组织内部的利益纠纷和社会矛盾。除制度安排本身的缺陷外，这种具有高“福利主义”的模式催生了一些“农民贵族”，为城市带来了意想不到的“副作用”。

3. 独特的移民文化与城市化[①]

特区内外独特的城市化历程也形成了深圳特有的创新文化和人文精神。文化也是一种生产力，作为另一只“看不见的手”，移民文化给深圳的城市化带来新的气息。

（1）冒险、宽容精神吸引各地创业者

改革开放以来，一批又一批满怀抱负与梦想的年轻人来到深圳特区，真正揭开了以冒险精神去追求梦想的时代，从而创造自己和特区更美好的未来。“来了，就是深圳人”，成为深圳获取外部资源和力量的价值观念。冒险与宽容的相互补充，形成了深圳这座新兴城市所特有的移民文化。深圳汇聚了来自全国各地具有拓荒精神的不同经历、不同文化背景、不同技术水平的创业者，在深圳的常住人口中，95%以上都是以普通话为通用语言

① 本小节中的部分内容源自《深圳跨越中高收入陷阱的发展战略研究》的第五个分报告——文化创新篇。其中，曾国屏、王平聚撰写文化创新篇，刘宇濠撰写总报告和科技创新篇。

的外来移民。于是，深圳的创新文化得以聚合、形成和裂变。在民众向外寻求资源整合利用的观念和行为的强烈刺激下，政府的意识形态也做了相应的调整，由原来控制、约束生产要素流动转向允许流动，促使了向外利用资源观念进一步转变为争取资源流入、在域内利用的观念。因此，改革开放改变了冒险和敢干的逻辑，形成了积极的移民文化，最终导致了不同的行为走向和利用资源方式（图3-12）。这种冒险精神，使深圳城市化具有鲜明的文化特点，包容的文化精神在深圳城市各个角落都有体现。

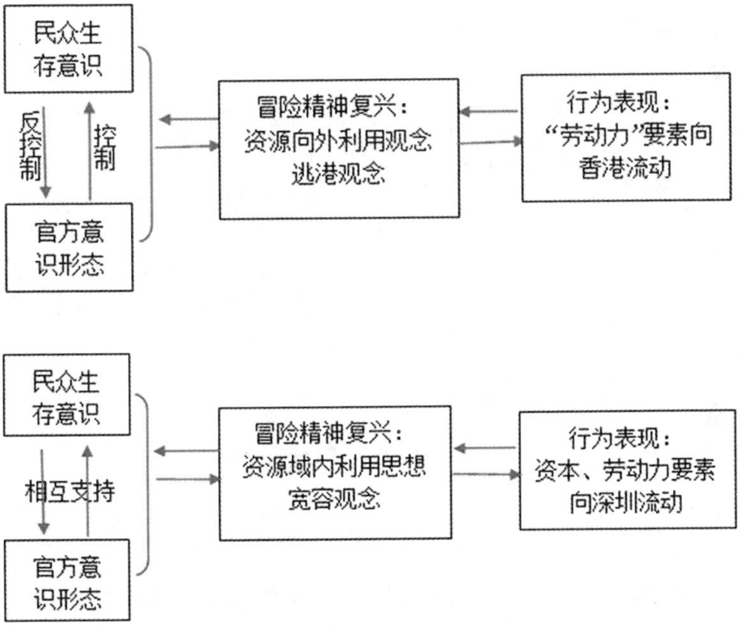

图3-12　深圳早期不同逻辑起点和思想观念下的行为走向

（2）开放、实干精神快速集聚城市化要素

“时间就是金钱，效率就是生命”是深圳提出的一个响彻全国的口号。以改革开放迎接国内外的大量产业要素向深圳流动和聚集，突破诸如禁止买卖租赁土地等思想禁地，以及实行奖金、合同制等早期这些举措，冲破了向市场经济转型的藩篱，创造了举世瞩目的深圳速度，成为深圳创新文化系统的先导。

开放、实干精神结合“三来一补”促成了深圳的原始积累，也形成了新的行为实践（图3-13）。在深圳崛起的要素中，以“三来一补”为主要方式的加工贸易功不可没。作为国外及港澳台地区制造业转移的“桥头堡”，深圳快速聚集了人才、劳动力、资金、技术等产业资源，为“深圳加工”转向“深圳制造”创造前提条件。“三来一补”虽然功不可没，但如果维持在“三来一补”也是难有进一步发展的，因为“三来一补”的经营功能严重短缺，呈现的是“三有三无”（有厂房无设备、有劳力无技术、有产品无原料和销售渠道）、“两头受控、两头看不清”（企业供销受控，无法掌握原材料市场和产品销售市场信息）。

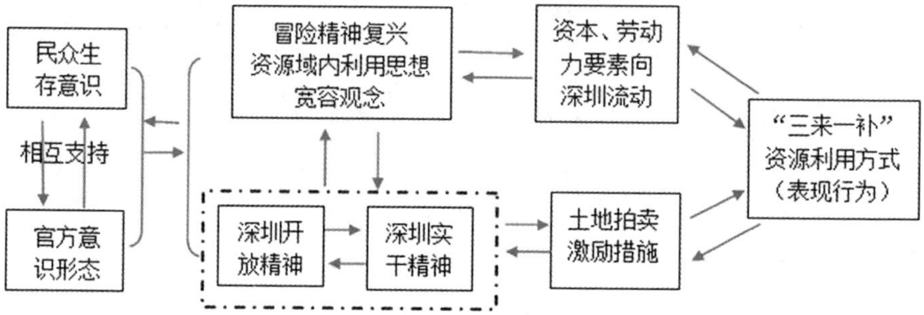

图3–13　深圳开放与实干精神催生新的行为实践

（3）从山寨经济到学习赶超带动城市化跨越发展

相当普遍的一种看法是，深圳是“山寨经济”的发源地。其实，深圳“山寨现象”背后有着深层次的经济社会原因。而且，相对于“听话干活”的“三来一补”而言，“山寨经济”的深层本质中包含了一种试图通过模仿而把握自己命运的探索（图3-14）。

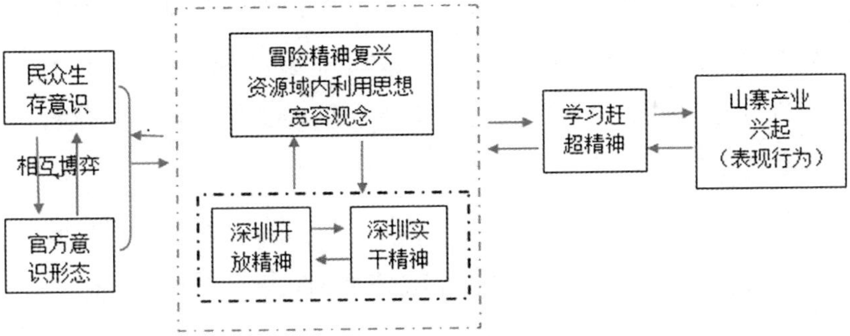

图3-14　深圳学习赶超文化推动山寨经济的兴起

在学习赶超精神的指导下，深圳创新文化外在的表现（行为表现），逐渐由“三来一补”产业向“山寨”产业过渡。反过来，“山寨”产业也逐渐成为深圳“学习赶超”创新文化形成发展的一个过渡阶段。在倡导自主创新的大背景下，加之“山寨经济”遇到的困境（如知识产权、核心技术缺失等）问题，从而促使深圳形成了自主创新的意识和观念（图3-15）。在自主创新精神的鼓舞下，深圳创新文化的外在表现逐渐由“山寨产业”向“自主产业”过度，即自己管理、自己主导的产业，拥有自主知识产权、自主品牌。

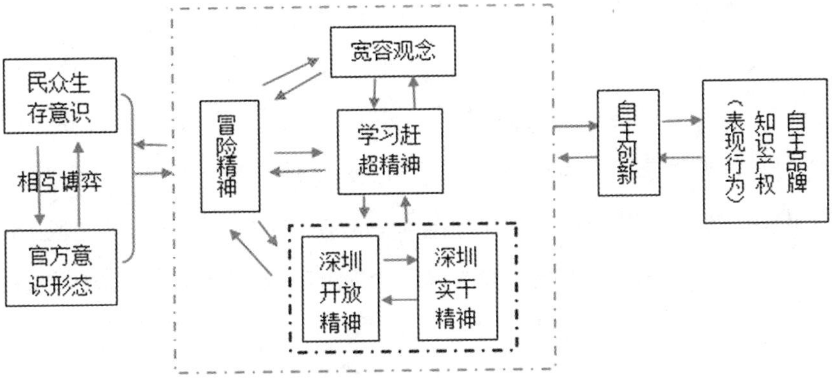

图3-15　深圳从“山寨经济”向自主创新的文化演变

随着城市化的完成和经济发展水平的进一步提高，深圳的创新文化也在与时俱进，具有深圳特色的“城市口号”又升华至社会层面，“鼓励创新，宽容失败”是深圳呈现给创业者感受最深的文化氛围，“送人玫瑰，手有余香”是移民文化互助互利的观念表达，“来了，就是深圳人”更体现出了极大的包容性和开放性，这些文化标语成为深圳的文化自觉、文化自信、文化自强的重要表现。

第四节　国际化：全球开放体系中的“深圳坐标”

1990年，深圳第一次提出建设国际化城市。此后，深圳不断加强外向型经济发展水平，在全球配置资源实施开放式自主创新，不断拓展国际市场；以国际一流城市为标杆，不断与国际接轨，提升国际化形象。20多年后的今天，深圳再次将“国际化”定位为未来的发展战略之一[①]，面向全球吸纳发展要素。

1. 深圳外向型经济的总体发展情况

（1）深圳对外贸易的发展历程

深圳以加工贸易起家，凭借具有比较优势的生产要素和特区时代的特殊政策，以及通过制度突破和特区立法权的运用所形成的包括财税、外汇、金融、海关等制度条件在内的一整套对外贸易体制和政策体系[②]，形成了发展对外贸易的坚实基础。经过多年的发展，对外贸易已成为深圳经济增长的重要推动力，也是提升深圳国际化水平的主要因素之一。历年数据表明（图3-16），深圳的对外贸易额不断提高，个别年份出现极大的飞跃[③]，除2009

---

① 注：2013年12月26日，深圳市委第五届十八次全会明确了深圳未来改革的“主攻方向”，首次概括提出“三化一平台”的概念，即市场化、法治化、国际化和前海战略平台。

② 樊纲等．中国经济特区研究——昨天和明天的理论与实践[M]. 北京：中国经济出版社，2009：106.

③ 如1983年增长率高达3000%，1990年增长率达318%。

年受全球经济危机的影响，外贸环境异常恶劣，出现了10.6%的负增长，其余年份均为高速增长，从1979年至2017年，年均增速达30.5%，目前进出口总额已领先全国。

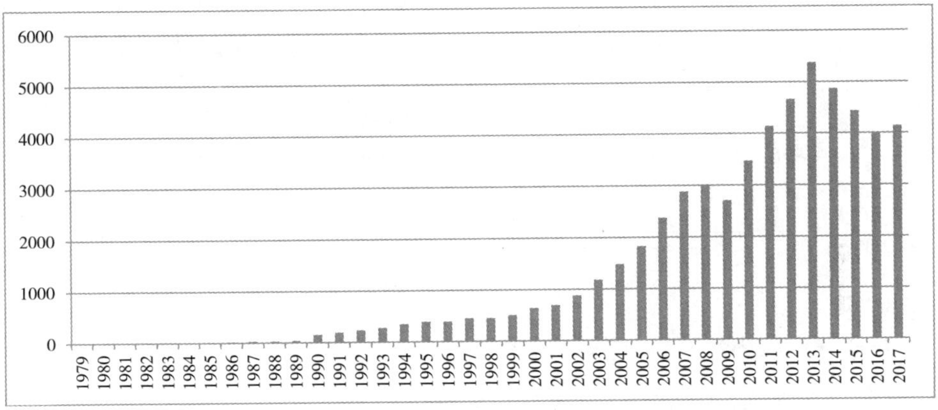

图3-16 深圳历年对外贸易额发展概况（单位：亿美元）

资料来源：历年深圳市圳统计年鉴、统计公报

从深圳对外贸易进出口额的结构来看，绝大多数年份都呈现了大幅增长①（图3-17），自1979年至2017年，出口总额年均增速达到30.7%，进口总额年均增速达到30.2%。进出口额在总量上逐年增长，各自的“步调”也大体一致（除1985年出口额增速超过100%、进口额增速为负增长外）。特区建立前10年是深圳对外贸易发展的蓬勃时期，进口与出口额波动很大，多次出现迅猛增长，也出现过负增长，这一时期深圳将封闭式经济扭转为开放式经济。此后，除20世纪90年代中后期和2008年两次经济危机的影响导致进口和出口出现大幅下滑外，其余年份均保持着高速增长。

① 注：个人年份出现的极端数据由于影响其他年份的可观性，未在图中显示。如1983年、1984年的出口额年均增速分别为290%和326%；1990年的出口、进口额增长率分别为275%和378%。

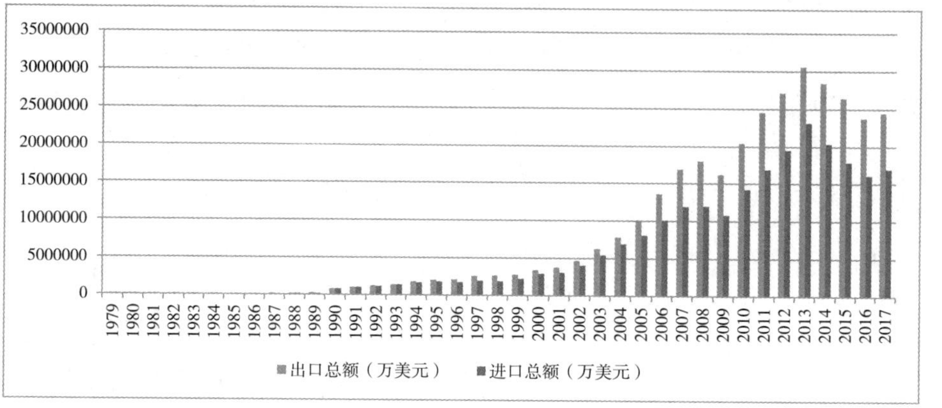

图3–17　深圳历年对外贸易结构变化情况

资料来源：历年深圳市统计年鉴、统计公报

（2）深圳利用外资情况分析

外商投资是深圳国际化的一个重要组成部分。从深圳历年吸引外商直接投资的项目数量来看（图3-18），1993年前后和2007年前后形成了两次外商投资的高峰，签订协议的投资金额往往和项目数量成正比，增幅大体保持一致，但实际投资额未出现较大的波动，除2004年出现了明显的下滑外，其他年份保持较平缓的增长。从单个项目的投资额来看，深圳的外商直接投资也出现过几次高峰，一是特区建立初期，特区开始大规模的全面建设，1981年平均每个项目合同额达到1234万美元，实际投资金额为123万美元；二是20世纪90年代中期，深圳高新技术产业开始崛起，1996年平均每个项目合同额达到168万美元，实际投资金额为205万美元，实际金额超过合同金额；三是近几年来，深圳的转型升级和创新驱动进入了新的层次，2016年平均每个项目合同额达到1263万美元。

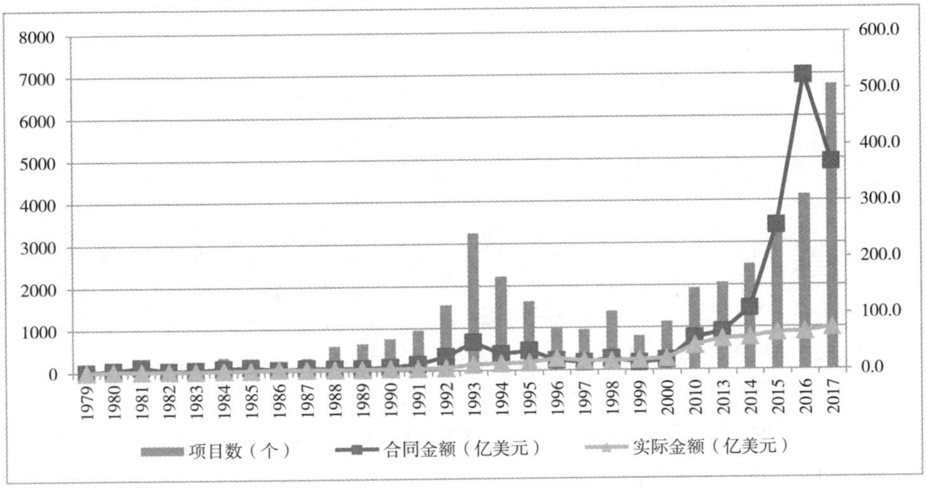

图3–18　深圳历年外商直接投资的数量和规模

资料来源：历年深圳市统计年鉴

从实际利用投资的来源看（图3-19），香港和澳门地区始终处于压倒性地位，大多数年份占据全部国际投资的50%以上。在1996年以前，日本是深圳的第二大投资经济体（第一为港澳地区），此后所占比例逐渐下降，并被美国、法国和英国等国家超越。法国从1998年至2002年连续五年投资强劲，随后投资力度放缓；其他国家的投资历年波动较大，未呈现明显的时间集聚现象。随着经济全球化的日益加深和深圳国际化程度的加一步加强，国际投资的来源日益多元化，投资项目的规模不断扩大，层次不断提高。数据显示，截至2016年末，外商投资企业工商登记数达42621家，投资总额达2630.1亿美元，注册资本达1984.1亿美元，其中外方占比超过60%①。至2017年底，已累计有280家世界500强企业在深圳投资兴业②。目前，深圳已经成为中国大陆经济外向度最高的城市。

① 深圳统计年鉴 2017.

② 深圳市投资推广署 2017 年工作总结和 2018 年工作计划。

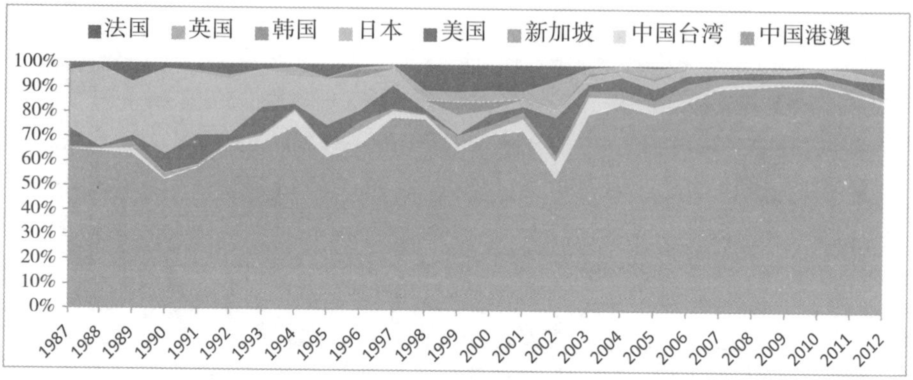

图3–19　深圳历年主要区域国际投资占固定资产投资比重

资料来源：历年深圳市统计年鉴

2. 深港合作的历程与模式分析

毗邻香港是深圳最显著的区位特征和最独特的资源优势，多年来深圳不断争取在最大程度上集聚和利用香港的创新资源，探索了多种合作模式，积累了宝贵的经验，也加速深圳的国际化进程。总体来看，深港创新合作大体可以分为三个阶段（表3-8）：

第一阶段（1980年—1996年）的深港合作主要表现为“前店后厂”的垂直分工体系。这一时期，利用制造业转移的契机，深圳做制造业产业链的生产、加工和组装环节，香港做研发、设计和销售环节，合作的企业多以“三资”和“三来一补”为主。随着合作的深入，不少香港企业将整个生产线、全部制造环节迁移深圳，而香港此时也几乎是深圳唯一的进出口地区，深圳外贸总额的86%以上通过香港转口①。至90年代初，深港合办超过2500家“三资”企业（占深圳全市“三资”的85%）和4200家“三来一补”企业②，这些企业的密切合作也带来了深港两地人员的往来和技术、观念的

① 魏志达等．深港国际大都会形成机理研究 [M]. 北京：中国城市出版社，2008：60.

② 林源昌等．深港经济合作回顾与构想 [J]. 亚太经济，1991（02）.

溢出。

第二阶段（1997年—2003年）的深港合作主要表现为以深圳单方面为主的经贸合作。随着香港回归，深港之间的合作关系由国际关系转变为国内的区域关系，使深港合作的障碍减小，机会增多。但亚洲金融危机的到来，暴露了香港经济的深层次问题，同时传统的合作模式也难以满足深圳的产业升级，一定程度上导致了深港合作陷入了困境①，双方都开始寻求更高层次的合作。1999年8月，港科大联合北大与深圳市共建“深港产学研基地”，成为深港科技合作的一个重大突破，促成了多项产业发展项目和教育项目合作，如深圳北大生物谷、深圳互联网企业孵化中心、中国（深圳）高科技基金、深圳北京大学香港科技大学医学中心等。利用这个平台，短短两年时间吸引了210家香港软件企业落户深圳②。

第三阶段（2004年至今）的深港合作已上升为全面的高层次创新协作。随着中国加入WTO和深圳经济与科技实力大幅增强，提高了双方合作的信心。2004年6月，深港两地政府签署了推动两地合作的历史性协议——以《关于加强深港合作的备忘录》为总则的9项合作计划。2007年5月深港政府签署《“深港创新圈”合作协议》，加强两地的科技合作，实现两地创新人才、设备、项目信息资源的交流与共享。“深港创新圈”促进了两地教育、科技、文化全面的融通，香港的各著名大学来深圳（或联合）办学，其中仅虚拟大学园内的香港高校与内地高校共培养博士生、硕士生等各类专业人才就多达4620多名③。2012年，前海深港现代服务业合作区正式获批，为深港创新合作提供了新的契机和更加广阔的空间。

---

① 谭刚 . 深港合作：发展历程与总体评述 [J]. 中国经济特区研究，2008（01）.

② 钟晓山等 . 深港经济合作新变化及展望 [J]. 港澳台视窗，2000（10）：38-41.

③ 蒋玉涛等 .“深港创新圈”发展及其推动珠三角产业转型升级研究 [J]. 科技管理研究，2013（12）：80-84.

表3–8　深港创新合作发展模式总结

	第一阶段	第二阶段	第三阶段
合作时间	1980年—1996年	1997年—2003年	2004年—至今
合作背景	改革开放、设立深圳经济特区、优惠政策、香港制造业结构调整	香港回归、亚洲金融危机、政策普惠化	中国加入WTO，深圳经济与科技突飞猛进
合作主体	民间经济力量：市场、企业个人	民间经济力量、深圳市政府	深港政府与民间经济力量
官方合作程度	深圳单方提供环境支持，政府之间无对话	深圳单方积极合作，政府之间偶有对话	深港政府积极合作，签订多项合作协议
合作领域	经贸领域	主要集中在经贸领域，高科技领域合作有实质性进展	经贸、教育、科技、基建等全面合作
合作形式典型案例	加工制造业“前店后厂”，垂直分工体系	深港产学研基地	“1+8”合作计划、深港创新圈
经济绩效	香港：二三产业结构调整；深圳：实现工业化、外向型经济	香港：经济发展陷入困境；深圳：工业结构升级、二三产业结构调整	香港：经济复苏；深圳：二三产业结构调整、开放型经济
合作目标	产业上的优势互补	深圳单方面提出经济一体化、同城化、共建国际都市	双方共建国际大都会

资料来源：根据相关资料整理

3. 政企联动打造城市国际化品牌

（1）政府主导打造国际化城市品牌活动

深圳的国际化，离不开政府的推动。为扩大影响力和知名度，深圳市政府搭建了诸多国际性的会展、会议和赛事等交流平台。1999年7月30日，深圳成功举办了第一届高交会。经过10多年的发展，深圳已连续举办了20届，成为中国规模最大、影响力最高的科技类展会。深圳还积极参与国际性重大赛事来进一步提高国际化水平。2011年，深圳举办第26届世界大学生夏季运动会，按照国际先进标准，进行场馆建设、赛事筹备，共有来自152个国家的13000名选手参加。以此为契机，深圳又积极筹办世界教育博览会、世界大学生科技创新博览会、世界名校校长峰会等项目活动，进一步提升国际知名度。

国际化城市建设是一项长期和系统的工程，需要加强顶层设计和制度创新。为此，深圳在2011年出台了《深圳市推进国际化城市建设行动纲要》，明确规划了各阶段的发展任务和目标，进一步强化未来的国际化发展战略。一系列政企联动下的城市营销取得了很大成绩，截至2013年底，131个国家和地区的企业在深投资，累计设立境外企业和机构近2300家，深圳已成为外国人旅游投资的热门城市。

（2）企业“走出去”战略提升城市国际影响力

企业在发展壮大后，为进一步开拓市场，实现跨区域布局与资源整合，开始实施“走出去”战略。从国内主要城市和省份非金融类对外直接投资流量来看（图3-20），2009年以来都得到大幅增长，广东省处于领先优势，深圳2012年达到33.68亿美元，占广东省63.7%，处于全国大中城市的首位，超过江浙各省的体量，略低于山东省。从对外直接投资的存量来看（图3-21），深圳同样实现了高速增长，2004-2012年均增速达57%。2012年，深圳对外直接投资存量达132亿美元，占广东省52%、全国11%，略低于上海，但高于山东、江苏和浙江各省的体量。

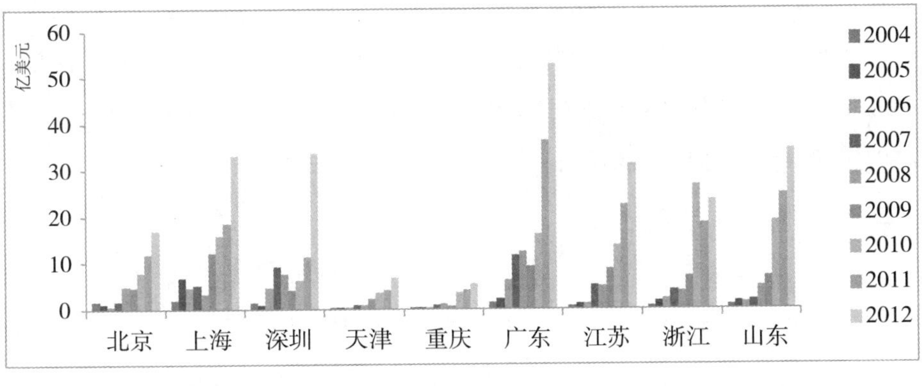

图3-20　2004-2012年中国主要城市和省份非金融类对外直接投资流量情况

资料来源：中华人民共和国商务部；中华人民共和国国家统计局；

国家外汇管理局. 2012年度中国对外直接投资统计公报[M]，北京：中国统计出版社，2013：46

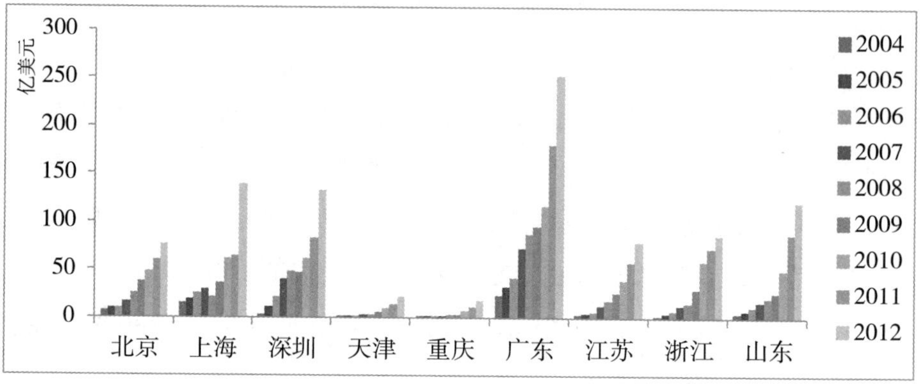

图3-21　2004–2012年中国主要城市和省份非金融类对外直接投资存量情况

资料来源：中华人民共和国商务部；中华人民共和国国家统计局；

国家外汇管理局编. 2012年度中国对外直接投资统计公报[M]，北京：中国统计出版社，2013：47

在多年的"走出去"战略中，华为、中兴、中集、比亚迪、迈瑞等一批行业龙头企业积极进行全球布局，成为对外投资的深圳群体，在跨国经营中驾驭大项目的能力不断提高，千万级美元以上的重大项目频繁出现。同时，深圳企业对外投资方式逐渐多样化，从最初主要为设立海外营销网络，转变为跨国并购、参股、股权置换、资本运作等灵活多样的方式并存，生产型、研发型、贸易型、服务型、资源开发型等境外企业不断涌现[①]。在企业国际化过程中，伴随着企业内部的物质、信息和能量与国际市场发生交换和转移，一方面提升深圳城市的国际影响力，强化其在国际经济格局中的地位；另一方面在交换过程中，也能够把国际惯例、国际规则吸收到深圳，促进深圳与世界的接轨。

① 深圳对外投资额占全省半壁江山 [N]. 深圳特区报，2012.10.17：A01.

第四章　新常态下深圳经济发展形势研判

未来一段时期，随着粤港澳大湾区建设的全面推进，深圳面临重要的发展机遇，但也存在人才、土地、政策、城市竞争等多方面不利因素，需要站在更高角度审视深圳的发展前景。

第一节　深圳经济发展阶段判断

从经济发展、产业结构、就业结构、城镇化水平等多方面判断，深圳已经处于发展的高级阶段。

1. 多维角度下经济发展阶段判断

随着区域自然条件、社会环境及经济增长方式的变化，区域经济发展将呈现出明显的阶段性特征。目前，国际上关于经济发展阶段的划分有很多标准，比较通行的方法包括采用经济发展总体指标、经济结构指标作为经济阶段划分的主要依据，从人均GDP、产业结构、就业结构、城乡结构等分项指标的变化来判断区域经济所处的发展阶段。

从经济发展总体指标判断。根据H· 钱纳里等经济学家的研究，按照人均GDP水平将经济发展分为初级产品生产阶段、工业化阶段、发达经济阶段三个阶段以及对应的6个等级（表4-1）。在运用H· 钱纳里理论方法划分经济发展阶段时，要考虑美元自身贬值对判断结论的影响。2017年，深圳常住人口1252.83万人，地区生产总值22438.39亿元，人均GDP2.71万美元，继续位居全国内地副省级以上城市首位。参照H·钱纳里的划分标准，深圳总体上已经处于发达经济阶段的高级阶段，开始迈向高质量的发展阶段。

表4-1 钱纳里人均经济总量与经济发展阶段的关系

经济发展阶段	经济发展阶段	人均GDP（美元）
初级产品生产阶段（前工业化阶段）	初级产品生产阶段	530-1200
工业化阶段	初级阶段	1200-2400
	中级阶段	2400-4800
	高级阶段	4800-9 000
发达经济阶段（后工业化阶段）	初级阶段	9000-16600
	高级阶段	16600-25000

从产业发展结构变化判断。赛尔奎因等学者研究认为，区域产业结构的变化具有一定规律性：在前工业化阶段，一产比重较高，二产比重较低；在工业化初级阶段，一产比重一般大于20%，二产比重上升较快但低于一产比重，三产比重缓慢提高；在工业化中级阶段，一产比重下降到20%以下，二产比重逐渐上升超过三产且占比最大；在工业化高级阶段，一产比重下降到10%左右，二产比重上升到最高水平；在后工业化阶段，一产比重降到10%以内，二产比重低于三产，三产比重最高。深圳自2008年开始，三产比重已超过二产，近三年三产比重维持在60%左右，2016年更是达到60.1%，已进入工业化后期阶段（表4-2）。

表4-2 深圳市2007-2017年三次产业结构

年份	一产	二产	三产
2007	0.1	50.2	49.7
2008	0.1	49.6	50.3
2009	0.1	46.1	53.8
2010	0.1	46.2	53.7
2011	0.1	46.3	53.6
2012	0.1	44.1	55.8

（续表）

年份	一产	二产	三产
2013	—	43.2	56.8
2014	—	42.6	57.4
2015	—	41.2	58.8
2016	—	39.9	60.1
2017	0.1	41.3	58.6

数据来源：《深圳市统计年鉴2017》。

从就业结构发展变化判断。就业结构是一个区域经济发展阶段的重要标志。赛尔奎因与H·钱纳里等人研究认为（表4-3），工业化发展过程即是由劳动密集型产业向资本、技术密集型产业转移的过程，必将驱动就业者不断从第一产业向二、三产业转移。随着工业化进程推进，一产就业比重将不断下降，二产、三产就业比重不断提高；当工业化发展到一定阶段，尤其是进入后工业化阶段后，一产就业比重下降到10%以内，三产就业占据主导。从深圳近年来三次产业就业结构来看（表4-4），三产就业比重已远远超过二产，2016年就业人数达到507.82万人，已进入后工业化时代。

表4-3　赛尔奎因与钱纳里工业化不同阶段一产就业比重

指标	前工业化阶段	工业化实现阶段			后工业化阶段
		工业化初级	工业化中级	工业化高级	
第一产业就业人员占比（就业结构）	60%以上	45%-60%	30%-40%	10%-30%	10%以下

表4-4　深圳市2013-2016年三次产业就业结构

	2013	2014	2015	2016
就业总人数（万人）	899.24	899.66	906.14	926.38
一产	0.13	0.12	0.13	0.11
二产	437.33	431.93	422.58	418.45
三产	461.78	467.60	483.43	507.82

数据来源：《深圳市统计年鉴2017》。

从城镇化发展阶段判断。城镇化与工业化相辅相成、互促发展，工业化带动城镇化，城镇化的集聚效应反过来促进工业化的发展。一般认为（表4-5），前工业化阶段城市化率在30%以下；工业化初级、中级、高级阶段城市化率在30%-75%；后工业化阶段城市化率在75%以上。目前，深圳城镇化率已达到100%，处于发达经济的高级阶段。

表4–5　工业化不同阶段城市化率划分

发展阶段	发展等级	城市化率
前工业化阶段	前工业化阶段	10%-30%
工业化阶段	工业化初级阶段	30%-50%
	工业化中级阶段	50%-60%
	工业化高级阶段	60%-75%
发达经济阶段	初级	80%以内
	高级	80%以上

综合以上不同维度的指标判定（表4-6），对深圳经济发展所处阶段的基本判断是：处于发达经济阶段（后工业化阶段），正在向高级阶段迈进。

表4–6　不同维度深圳经济发展阶段判定

不同维度	经济阶段
人均GDP	发达经济阶段（高级）
三次产业结构	发达经济阶段
就业结构	发达经济阶段
城镇化率	发达经济阶段（高级）

2. 新形势下深圳面临发展新机遇

当前，深圳已进入发达经济阶段，发展动力相较于建区初期已发生了深刻变化。然而，伴随国际、国内发展环境的变化，以及新技术、新业态、新模式的不断涌现，将为深圳的经济社会发展带来新的机遇和空间。

（1）“深圳国家自主创新示范区”批复和“粤港澳大湾区”建设带动城市能级提升

2014年，深圳国家自主创新示范区获国务院批复，是首个以城市为基本单元的示范区，面积达到397平方公里，涵盖了全市10个行政区和新区的产业用地。对深圳而言，是一个难得的机会，意味着深圳特区进入国家创新驱动战略的第一梯队，其在科技创新领域的先行先试将得到进一步的巩固和加强。在具体支持政策上，比照中关村国家自主创新示范区的各项试点政策执行，更重要的是，深圳将结合自身特点，在科技金融改革、新型科研机构建设、深港经济科技合作新机制等方面进行积极探索，在我国科技体制改革、科技成果转化等重要领域的创新发展发挥“试验田”作用，并做出有效示范和推广。

2017年3月5日，国务院总理李克强在政府工作报告中提出要加快粤港澳大湾区规划发展。从国际上看，发达的湾区经济是世界一流滨海城市的显著特征。以国际知名的旧金山湾区为例，“粤港澳大湾区”就与其有较大的类比性，发展经验具有一定程度的可复制性。一是旧金山不是传统的经济、政治中心，而是依靠科技发展起来的世界创新中心，深圳与之非常相似（曹钟雄，2014）；二是旧金山湾区有硅谷作为区域发展的核心动力，拥有谷歌、惠普、苹果、思科等世界顶级科技型企业，而深圳湾区以深圳高新区为龙头，聚集了中兴、腾讯、迈瑞、TCL、长城科技、大族激光等100多家上市公司，将在粤港澳大湾区中发挥重要的创新引领作用[①]；三是旧金山湾区集聚了斯坦福大学、加州理工等国际知名高校作为区域知识创新的支撑能力，而粤港澳大湾区内的深圳拥有深圳大学城、深圳国际大学园、深圳大学、南方科技大学、深圳虚拟大学园等高校集聚区和具有深圳特色

① 深圳“掘金”湾区经济 [N]. 深圳特区报，2014.03.17：A03.

据统计，2013 年，深圳高新区以占全市 1.17% 的工业用地、占全市 4.35% 的从业人口，实现了高新技术产品产值 2844.12 亿元，占全市高新技术产品产值的 23.9%。园区万元工业增加值能耗 0.095 吨标准煤，相当于全市 GDP 能耗平均水平的 20%。

的高水平大学。

当前，深圳正处于后工业化阶段（高级阶段），要充分利用建设粤港澳大湾区的新机遇，不断推进区域产业转型升级、促进深港合作，加快提升国际化发展水平，发挥经济辐射力和引领作用，为迈向高质量发展阶段培育新动能。

（2）新兴科技创新范式为创新驱动战略实施创造条件

近年来，以深圳清华大学研究院、中国科学院深圳先进技术研究院、深圳华大基因研究院和深圳光启高等理工研究院为代表的新型科研机构，日渐成为深圳源头科技创新和发展战略性新兴产业的先锋力量，将深圳的基础研究、科技创新和产业化提升到一个新的高度，在践行我国教育与科技体制改革率先迈出了有力的步伐。这种新兴的科研模式使各个新型科研机构在基础研究、应用研究、试验开发和商品制造等领域成绩斐然①，但更重要的意义在于其体制机制创新对传统科研模式带来的变革和冲击。

新型科研机构最主要的特征在于其本身对科技创新链的延伸。它们涉及知识链中的研究定位，不仅有大量的应用研究，甚至包括基础研究，同时又要面向市场、催生产业成果，包括衍生企业、孵化企业或服务于企业发展。因此，它们具有一般科研机构的作用，又不仅仅局限于科研活动，而是将科研的目标指向催生产业化的前沿研究，并直接创立、衍生公司。这种新型的科研组织可以视为“创业型科研机构”（图4-1），实现了对知识和财富追求的统一，致力于将人才培养、资本和商业模式等多方面结合起来，逐渐形成“科技+产业+资本+教育”四位一体的新兴科研模式。创业型

① 如清华研究院已获得多个国家和省部级科技奖项，创办和投资了180多家高科技企业，15家上市公司；中科院先进院已签订工业委托开发及成果转化合同近200个，总收入过亿元；华大基因研究院在Nature、Science、Cell等国际一流期刊上发表了数十篇学术论文，目前成为世界基因组学领域研究人员最多、平台规模最大、测序能力最强、产生数据最多的研究机构，其测序能力稳居世界第一；光启理工研究院在至2012年底，全球专利申请已经超过2000件，完成了超材料领1229项底层知识产权覆盖，占全球超材料领域知识产权申请量的80%以上。

科研机构的集群式崛起和发展，将对深圳源头技术创新和新兴产业的发展产生不可估量的影响。

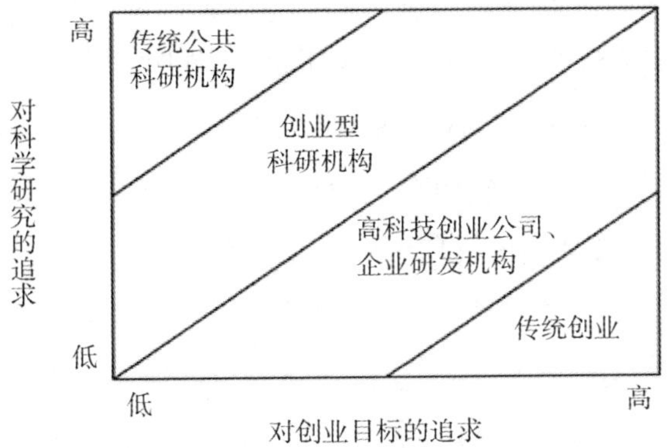

图4–1 科技创新相关组织机构的不同定位

资料来源：曾国屏，林菲. 走向创业型科研机构—深圳新型科研机构初探[J]. 中国软科学，2013（11）：56.

（3）产业“外溢式”发展为深圳转型升级拓展新空间

产业加速转移成为我国大城市经济发展的新动向，历史上深圳经历过两次产业转移。第一次是在改革开放时期，主要表现为：承接发达国家，如日本、美国、欧洲等大量的劳动密集型产业；第二次是20世纪90年代以来，广东、四川、重庆、福建、江西等高科技产业纷纷落户深圳。新时期，随着经济全球化和市场一体化加速推进，国际上的交流合作日趋加深，区域间联动发展成为大势所趋。2009年以来，国务院相继批复了一系列大区域整体发展规划[①]，我国以合作共建园区为主要手段的产业“外溢式”发展加速。以高新技术园区为主要载体的异地产业转移，对整合资源、加速发展、引领区域都产生了积极影响。

深圳顺应产业转移的大趋势，将前两次的“吸收式”转移逆转为当前

① 注：包括“珠江三角洲地区”“关中 - 天水经济区”“江苏沿海地区”“辽宁沿海经济带”“图们江区域”等大区域规划。

的“外溢式”转移，一批企业和低端产业环节逐步被迁出，更有一批企业和民营科技园由于土地空间不足、运营成本提高、拓展外部市场的需要，纷纷主动选择迁出（或部分环节迁出）到外地布局。其中，深汕特别合作区是一个由深圳和汕尾政府共同建设的具有代表性的产业转移承载体。2011年2月18日，广东省委、省政府批复《深汕（尾）特别合作区基本框架方案》，设立深汕特别合作区（以下简称“合作区”），同时设立党工委、管委会作为省委、省政府派出机构，享有地级市一级管理权限，深圳市主导经济管理和建设，汕尾市负责征地拆迁和社会事务。2017年9月21日，广东省委、省政府批复《深汕特别合作区体制机制调整方案》（粤委〔2017〕123号），对合作区体制机制进行调整，明确由深圳市全面主导合作区的经济社会事务，以深圳市一个经济功能区的标准和要求建设合作区，合作区党工委、管委会调整为深圳市委、市政府派出机构，至此，深汕特别合作区相当于深圳的第11个区，这给空间资源极为紧缺的深圳未来发展提供了巨大的“想象空间”。此外，类似的合作还有深圳与潮州、深圳罗湖与河源源城、深圳龙岗与吴川、深圳福田与和平、深圳南山与龙川、深圳盐田与东源等省域内城市共建的产业转移园，有力支撑深圳实现产业有序转移，对产业承接地也具有积极的引领带动作用，提升其基础设施建设、招商引资和经济发展水平，带动城市的整体功能升级。这种“外溢式”产业转移，为新兴产业发展赢得更多发展空间，通过跨区合作，进一步促进深圳向产业高端升级。

第二节　现阶段的深圳发展困境

在创新发展过程中，深圳也面临人口环境、创新资源、土地资源等内外部约束，制约城市发展和转型升级。

1．内部发展的制约

（1）人口资源环境与经济社会发展不协调，城市可持续发展面临挑战

近年来，深圳大力提高城市建设和管理水平，推动经济社会发展取得了长足进步，但在快速发展的同时也面临着一些突出的问题，尤其是人口规模的快速膨胀带来的资源环境与经济社会不协调问题日益凸显。2016年，深圳常住人口1190.84万人，人口密度遥遥领先，是北京、天津的5倍多，是杭州的近10倍（图4-2）。同时，深圳的人口自然增长率位于全国首位，约是北京、天津的5倍，武汉、杭州的4倍。可以预见，随着人口规模的不断扩大，区域资源和环境的承载压力将不断加大。实际上，深圳作为移民城市，户籍人口与非户籍人口结构严重倒挂，实际管理人口远远高于常住人口。广东移动大数据应用创新中心在一份《基于移动大数据的深圳市人口统计研究报告》中指出，2017年11月，每天生活在深圳的人数都超过了2500万，平均达到了2567.2万人[①]。

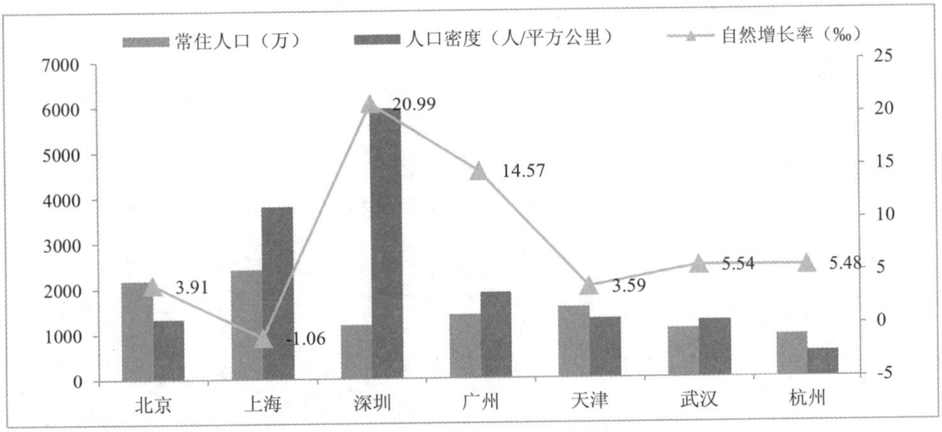

图4–2　我国重点城市2016年人口发展状况

资料来源：各城市2016年统计年鉴

随着人口的快速增长和城市的扩张发展，水、电基本资源和能源的消

① 参见：深圳到底有多少人口？大数据揭开了谜底 . https://www.sohu.com/a/216415283_807518.

耗逐年上升（图4-3），2017年深圳用电量比2006年增长81.5%，供水量增长39.1%。尽管在产业结构的不断调整下，深圳万元GDP和万元工业产值的用电量和用水量在逐年下降，但仍然是全国七大严重缺水城市之一，70%的供水量依靠外调，人均淡水资源占有量仅为全国平均水平的1/4和广东省的1/5[①]。

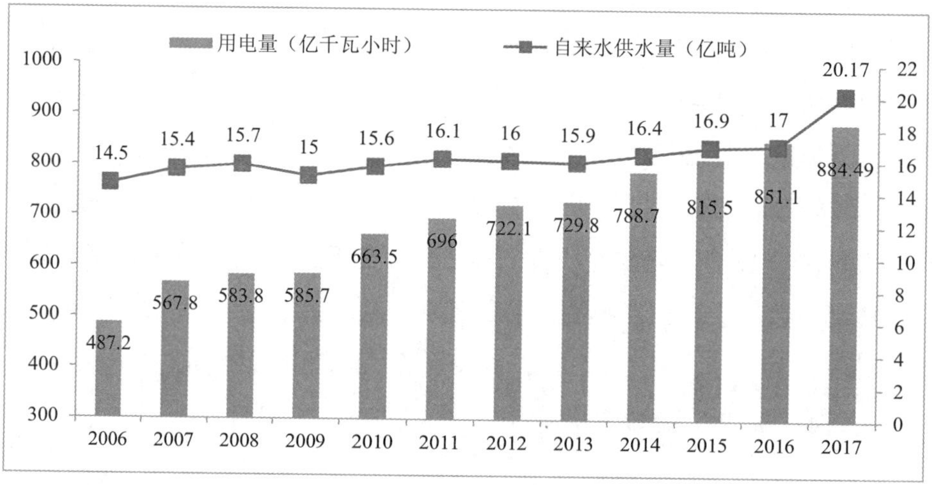

图4-3　2006-2016年深圳用电量和供水量情况

资料来源：《深圳统计年鉴2017》《深圳市2017年国民经济和社会发展统计公报》

在人口资源环境对城市发展形成硬约束的情况下，资源分布不合理、地区发展不平衡成为全市经济社会发展不协调的重要因素。深圳人口分布存在较大的不均衡，福田和罗湖两区遥遥领先，但从地均GDP来看，福田、罗湖和南山远高于其他地区和全市平均水平（表4-7）。特区内外“二元”格局由来已久，虽然近几年特区一体化进程不断加快，但特区内外的资源分布不均、发展不平衡迄今仍未得到根本解决，人口资源环境与经济社会协调发展的任务依然艰巨。

① “绿博士”环保科普问题解答．深圳特区报，2016.10.30 http://sztqb.sznews.com/html/2016-10/30/content_3648758.htm

表4–7　2017年深圳各（新）区若干指标对比

	人口密度（人/平方公里）	土地面积（平方公里）	地均GDP（亿元/m^2方公里）
全市	6273	1997.27	11.23
福田	19847	78.66	48.57
罗湖	13044	78.75	27.44
盐田	3166	74.91	7.82
南山	7599	187.47	24.55
宝安	7940	396.61	8.69
龙岗	5870	388.22	9.94
光明	3399	175.58	4.84
坪山	2574	166.31	3.64
龙华	10317	155.44	13.70
大鹏	495	295.32	1.12

资料来源：《深圳市2017年国民经济和社会发展统计公报》

（2）创业成本显著上升，对深圳创新活力带来一定挑战

作为移民城市，创业氛围是深圳吸引全国胸怀梦想的年轻人的一张名片，也是构筑深圳成为中国最具活力民营经济体的重要动力。据统计，2016年有超过38万的企业在深圳新生，有累计超过152万的企业落户深圳，深圳每千人就拥有134家企业，创业密度连续四年全国第一[①]。但在人才储备、知识产权保护等方面，深圳与我国其他重点城市相比短板明显，尤其是随着近年来土地、人才等要素成本的快速上升，在一定程度上削弱了区域创业活跃度与创业吸引力。

根据《深圳与国内其他主要城市创业成本比较研究》[②]，在人力资源方面，深圳与北京、上海、广州、武汉的差距可见一斑。2015年，武汉普通高等学校在校学生数量达到107万人，每万人拥有1008名在校大学生（含研

① 海博威咨询．深圳创业研究报告 2016. http://www.sohu.com/a/130095776_216443

② 陈勇．深圳与国内其他主要城市创业成本比较研究．海峡科技与产业，2017（7）：53-55.

究生），排名全国第一，是深圳的12.5倍；在知识产权保护方面，2014年深圳共审结各类侵权案件10827件，审结率为74.74%，显著低于北上广；人力成本明显偏高，2015年在岗职工平均工资达81034元/年，仅次于北京、上海，全国排名第三；甲级写字楼成本近年来大幅上升，约为3032.7元/m^2方米·年，仅低于北京、上海。此外，受贷款余额限制，深圳商业银行的贷款门槛比较高，导致融资成本上升，仅低于北京，全国排名第二。

（3）高端创新载体不足，制约了创新型企业的引进与承载能力

从深圳创新载体来看，2017年，深圳重点实验室、工程实验室、工程中心、企业技术中心等各类创新载体达到1682个，绝对数量大，但高端创新载体数量少，国际性、国家级创新载体差距较大。根据2018年5月科技部发布的《2016年国家重点实验室年度报告》和《2016年省部共建国家重点实验室年度报告》，北京市拥有国家重点实验室79个，广东省11个，深圳的数量更少；在企业国家重点实验室方面，北京市37个，深圳市5个，差距十分明显。同时，深圳也缺乏国际性高端创新载体，与国际知名大学、机构合作的研发机构数量少。长期来看，创新载体在规模和质量上若得不到有效的突破，深圳的持续创新能力会受到严重的限制。

2. 外部环境的约束

（1）政策红利消失，对国内外高科技企业吸引力逐渐弱化

毋庸置疑，深圳早期的超常规发展很大程度上得益于经济特区的“政策红利”。近年来，虽然市委市政府力图继续使用政策杠杆再次撬动深圳高速发展，如在2010年实现了将经济特区范围扩大到整个深圳市①，并成功争取了前海深港现代服务业合作区和国家自主创新示范区的批复，但是产业

① 2010年6月，国务院就广东省《关于延伸深圳经济特区范围的请示》作出批复，同意将深圳经济特区范围扩大到深圳全市，将宝安、龙岗两区纳入特区范围。

界、企业界人士甚至深圳市民，都不认为深圳拥有实质上的“特区”地位。实际上看，在某些领域深圳的政策优势甚至弱于其他地区，如北京市先后推动两轮服务业扩大开放，在支持服务业发展、对外文化贸易、海关监管等方面创新举措，中关村在外国人才政策等方面走在全国前列，这些试点政策节约了行政手续的办理时间和成本，大大改善了营商环境，吸引高端要素集聚，都对政策红利本已终结的深圳形成了强大的“政策挤压”。

（2）城市竞争激烈，对国际高端人才的吸引力不断受限

如果说自身政策红利终结削弱了深圳集聚外来企业的吸引力，那么外部日益加剧的竞争环境则让深圳集聚全球高层次人才面临更加严峻的挑战。事实也证明，在吸引全球领军型人才方面，深圳的吸引力还远不及北京、上海。比如，截至2016年底，北京累计吸引“千人计划”1653名[①]，上海累计吸引676名[②]（至2016年11月），深圳截至2017年7月仅有274人，还有较大差距。从“2016魅力中国-外籍人才眼中最具吸引力的十大城市”评选来看，深圳排名第6，落后于上海、北京、杭州、青岛、天津5市。

除高端人才外，深圳对中端人才的吸引力也不断弱化。受生活成本、城市感受、专业所长等综合因素影响，很多在深圳学习工作过的人，最终选择离开这个城市，如清华和北大深圳研究生院毕业留深的学生也仅为三分之一。有企业反映，北上广等地的很多优秀毕业生不愿来深圳工作，而深圳的企业也往往成了人才的“入职培训场”和“转场驿站”[③]。今天，深圳赖以吸引人才、留住人才的因素已经发生了深刻变化，亟待提升城市吸引力，加强城市对高端人才的吸引力和聚集力，重现新时期的“孔雀东南飞”，已经成为深圳必须要面对的重大问题。

---

① 2016 年北京市科技创新对经济增长的贡献率超过 60%. 中国工业信息网，2017.7.7 http://www.587766.com/news5/42684.html

② 上海市人才发展“十三五”规划，沪委办发〔2016〕27 号 .

③ 深圳要以自身独特优势吸引留住人才 [N]. 深圳特区报 . 2013.08.06.

总结分析深层次的原因，既有自身发展的内部制约，也有教育、医疗、生活配套设施不完善因素的影响。深圳的高等教育、中等职业技术、小学的数量远低于我国其他重点城市（图4-4），而普通中学的数量也仅略高于苏州。从医疗资源看（图4-5），深圳的医院数和床位数均低于其他城市，在十大城市中排名最后，医生人数略高于西安和苏州。总体上看，与北京、上海和广州等主要城市相比，深圳公共配套服务资源的规模数量有很大差距，服务质量、水平和品质也不在同一层级。

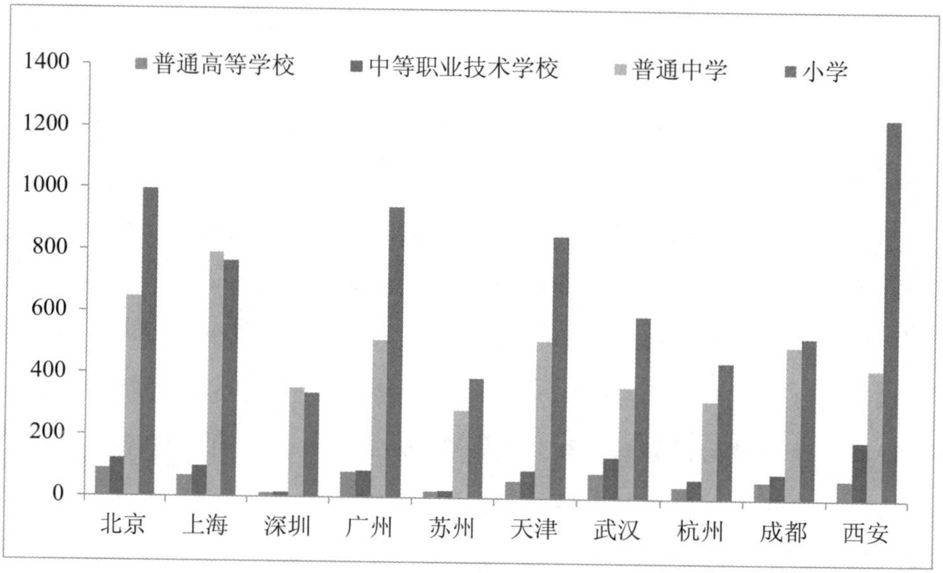

图4-4　我国重点大城市教育资源情况（单位：所）

资料来源：《中国城市统计年鉴2016》《深圳市统计年鉴2017》，深圳市为截至2016年底数据，其他城市为截至2015年底数据。

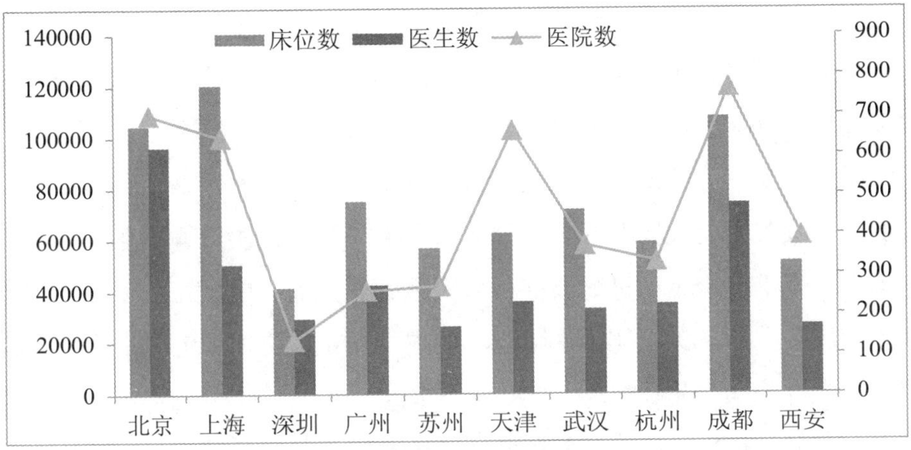

图4–5　我国重点大城市医疗资源情况（个；人）

资料来源：《中国城市统计年鉴2016》《深圳市统计年鉴2017》，深圳市为截至2016年底数据，其他城市为截至2015年底数据。

3．面临的真正挑战

在国际形势错综复杂而瞬息万变时代背景下，随着国际产业转移、中美贸易战、国内经济发展方式转变、人口资源协调发展任务加剧等发展环境变化，深圳也将难免出现经济放缓或下滑，从而可能引发具有连锁效应的经济社会新问题，带来一系列新的挑战。综合来看，主要表现为以下几个方面。

（1）制造业企业盈利水平降低，或将导致财政压力增大

随着制造业成本上升，市场需求增长的放缓或市场萎缩，外贸摩擦不断增加，这将对占据深圳40%的制造业企业带来较大的冲击。同时，作为我国外向度最高的城市之一，深圳已经连续25年占据全国外贸出口额的首位[①]，在取得骄人成绩的同时也表明，很多企业是以加工贸易出口为导向的发展，受到外部经济波动影响比较大，一旦出口需求下降，企业就会受到

① 深圳外贸出口连续25年居内地大中城市首位．中国产业经济信息网，2018.1.19 http://www.cinic.org.cn/xy/gd/418345.html

较大的影响。此外，深圳的部分企业处于较低端产业或行业，竞争力不强，以规模取胜，一旦出现由于各种原因导致的需求减少，将严重影响企业的盈利能力甚至生存能力。

企业作为第一纳税主体，盈利水平下降，经营规模萎缩，将直接影响政府财政收入，而政府在社会管理中的统筹、协调、决策、服务职能的发挥很大程度上恰恰是通过财政杠杆来实现的。当前，中国正处于深刻变革期和矛盾多发期，深圳作为深化改革的先行城市，更需要充分发挥政府职能，在提供公共产品和服务、维护社会安定、提高二次分配水平等方面需要更多的财政投入。然而，除企业经营困难带来的财政减少外，依托一定程度的地方融资和土地财政的增长模式也将难以持续。

（2）土地资源严重不足，可开发利用土地空间受到制约

近年来，深圳的产业空间日趋紧张，土地资源已成为制约城市可持续发展的突出瓶颈。深圳土地总面积1997.27平方公里，可开发利用土地不足50%，与国内其他大城市的土地资源相比，存在较大差距。从行政区域面积看，我国若干主要大城市远大于深圳（图4-6），比如北京、杭州是深圳行政区划总面积的8倍，重庆更是高达深圳的41倍[①]；从城市建成区面积看，深圳目前的建成区面积已超过天津、苏州、武汉、杭州、成都等地，未来可供大规模开发的土地资源极为有限。

① 注：重庆行政区域面积 82829 平方公里，为不影响其他数据在图中的可观性，未在图中标出。

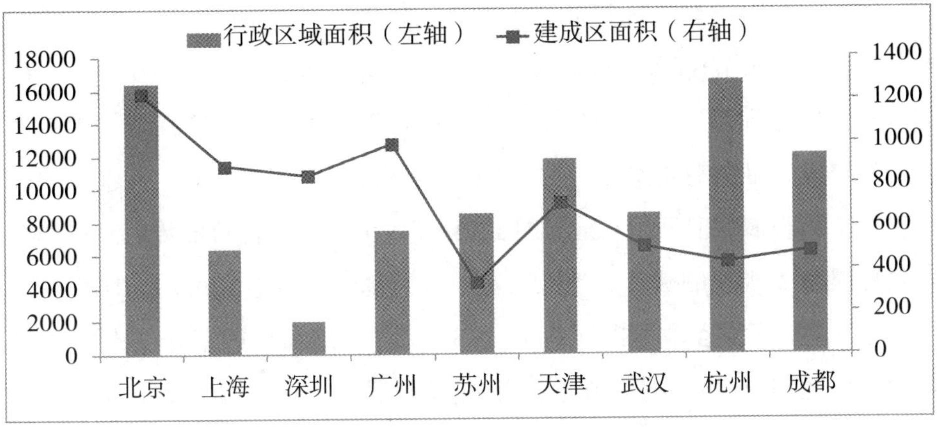

图4–6 我国若干大城市土地面积情况（单位：平方公里）

资料来源：《中国城市统计年鉴2016》

从深圳现有的建设用地看，土地利用情况不容乐观。到2020年，深圳建设用地上限是976平方公里，截至2015年已使用940平方公里，仅剩30平方公里的新增建设用地指标。这也就意味着从2016年起，平均每年仅6平方公里新增建设用地配额①。土地资源的规模和利用状况会影响创新型企业的承载能力，创新载体的规模和层次也将决定研究型人才的容纳程度。

（3）新兴技术快速发展，产业升级带来发展阵痛

在中美“贸易战”进一步加剧、经济增速放缓、金融管制日趋严格、税制改革导致部分企业赋税加重等诸多原因将不可避免的影响企业的盈利水平，若经济形势过于严峻，则可能导致企业大规模亏损甚至倒闭。这种情况若发生，直接引发的后果就是出现大面积的失业浪潮。实际上，2007年源自美国的次贷危机所引发的全球金融和经济危机对中国大量的外向型企业和出口加工业企业都带来了很大的负面影响，大量的工厂关停，大规模的工人失业返乡。而若在本土发生危机，则是一种更直接的催化效应，其危害程度要比在全球性危机的间接影响下还要大。

① 深圳工业用地争议：是否该守住30%红线？ 中证网，2018.2.7 http://www.cs.com.cn/cj/fcgs/201802/t20180207_5703112.html

同时，在科技创新日新月异的全球化时代，技术不断取代人的直接劳动。当前，随着3D打印、机器人、人工智能等技术的出现和广泛应用，机器生产的效率和精度将不断超越人工生产水平。深圳是一座高新技术产业和传统工业产业并存的城市，在传统产业升级和自动化技术不断进步的双重作用下，很多企业开始布局“机器换人”，失去竞争优势的传统制造型企业可能爆发大规模的破产和工人失业。统计部门的数据显示，2016年前10个月，深圳市亏损企业亏损额总计138.8亿元，同期增长15.3%，整体工业企业亏损面达到27.5%。近年来，一些国际知名跨国公司制造环节相继搬离深圳，比如飞利浦照明2016年关闭了飞利浦家居灯饰制造公司，霍尼韦尔关闭其子公司——霍尼韦尔安防（中国）公司在中国深圳福永的工厂，富士康、富士施乐、高通、华为、中兴等知名企业也正在推动或考虑将生产基地迁出深圳。

第五章　深圳跨越探索的战略选择：改革和创新

深圳因改革而生，基于对全球未来15年的发展判断以及深圳的战略选择，政策改革和创新仍是深圳的战略重点，在产业发展、社会发展、国际发展等继续改革步伐，加快创新发展。

第一节　前瞻深圳未来的高质量发展

1. 深圳当前至 2030 年经济增长研判

深圳未来的经济增长与中国整体的发展环境和发展状况密切相关。关于中国未来10年或20年经济增长趋势的判断，国内外的专业机构和学者进行了广泛深入的研究，得出了基于各自立场的研究结论。如前世界银行首席经济学家兼高级副行长林毅夫（2014）将中国大陆的情况与日本、新加坡、中国台湾和韩国从20世纪50年代到90年代的发展相比较，认为中国GDP在未来20年有潜力保持8%的年增长率。国务院发展研究中心课题组（2015）认为，未来十年中国GDP增速约为6.2-6.5%左右；中国社科院亚太与全球战略院发布的《亚太蓝皮书》(2014）指出，未来10年中国经济增长率将可能由7.5%的水平逐渐下降至6.0%左右，蔡昉、陆旸也认为中国经济增长率在2016-2020年将会下降至6.08%的水平①。

① 未来 10 年中国经济增长率可能由 7.5% 降至 6%. 人民网，2014.2.28 http://www.people.com.cn/24hour/n/2014/0228/c25408-24494862.html

关于深圳城市经济增长趋势的研究并不多，代表性的有中国综合开发研究院城市资源平衡与产业发展研究中心主任辛华（2010）等（表5-1），通过模型计算推测，到2020年深圳GDP规模将达到15000-25000亿元，人均GDP达到1.5-3万美元；到2030年底，GDP规模将达到25000-35800亿元，人均GDP达到3-3.7万美元。

表5-1　深圳2020年和2030年经济增长趋势预测

		2020年底		2030年底	
		指数平滑法	计量模型法	指数平滑法	计量模型法
GDP（亿元）	全市	15000	25000	25000	35800
	特区内	7500	9200	10000	15000
	宝安区	3900	6000	5700	11000
	龙岗区	3500	5200	5400	9600
人均GDP（万美元）	全市	1.5	3.0	3.0	3.7
	特区内	2.0	3.0	2.5	4.6
	宝安区	1.0	1.7	1.3	2.8
	龙岗区	1.4	2.5	1.6	4.0

数据来源：辛华. 资源平衡、承载力与产业升级——对深圳与珠三角未来发展趋势研究[M]. 北京：中国经济出版社，2010：54-64.

2005年颁布的《深圳2030城市发展策略》提出的目标是："力争未来25年，深圳GDP年均增长率保持在7%以上，到2030年，达到目前最发达国家城市的平均水平"。若按此增长率标准（7%）计算（以2013年数据为基期），到2020年GDP将达到2.3万亿元，2030年达到4.58亿元；人均GDP若按6%的增长来计算[①]，到2020年人均GDP将达到33213万美元，2030年将达到59479

① 2013年深圳人口自然增长率为0.8%，一般情况下GDP增长率＝人均GDP增长率＋人口自然增长率。按照国际大城市发展经验，当城市发展逐渐成熟时，人口增长率会逐渐减小。因此，本书守推测，当GDP增速达到7%时，人均GDP为6%是合理的。

万美元[①]。按照《深圳2030城市发展策略》的设想（图5-1），2010-2030年间深圳经济发展将划分为3个不同的发展阶段。2015年之前属于高速增长期，并培育产业发展新动能。2016-2020年属于高效增长期，提升城市密集发展、资源集约利用的水平。2020-2030年为精明增长期，经济发展步入成熟时期，经济、社会和环境稳定和谐。

以深圳目前的经济发展现状和趋势来看，基本沿着这一设想的轨迹在发展，但在时序上有所提前，如在“十二五”初期，深圳就提出“深圳质量”，并加强“深圳效益”，经过几年的努力，“有质量的稳定增长”已呈现明显成效。

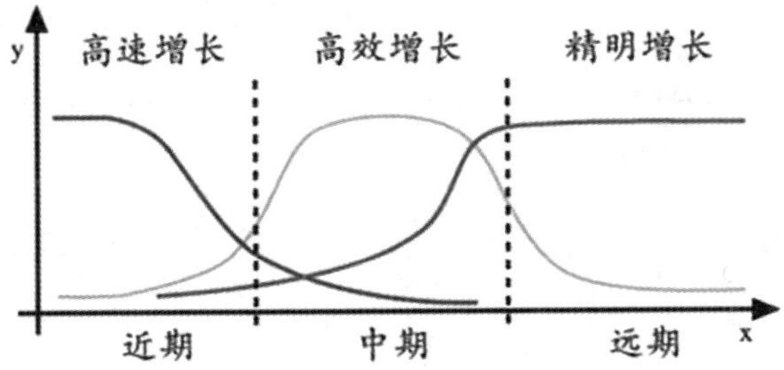

图5–1　深圳未来经济在不同阶段的发展策略

资料来源：《深圳2030城市发展策略》

2. 当前至2030年是深圳全面发展的战略关键期

截至2017年底，深圳常住人口1252.83万人，地区生产总值22438.39亿元，人均GDP2.71万美元，已突破了2万美元。然而，以常住人口计算人均GDP并非十分恰当，以实际人口更为准确，因为未纳入常住人口统计的农民工群体、临时外来务工人员同样对深圳的经济发展做出了贡献。实际上，

① 若按一般文献通常赋予的以8.0的美元汇率计算，则深圳在2020年的人均GDP将达到25740万美元，2030年将达到46096万美元。汇率按2013年的平均值约6.2来计算，未考虑未来人民币升值等情况。

在经济社会发展没有大幅波动情况下，特大城市的人口往往呈现递增趋势。若以前文提到的平均每天有2567万实际人口计算，那么深圳2017年人均GDP则为11728美元，从国际经验来看（表5-2，对比时考虑到不同年代的购买力、通货膨胀和物价水平等因素），这一水平也存在经济停滞甚至倒退的可能性。

表5-2　各国人均收入绝对水平陷入停滞的时期

国家	发生时段	持续时间（年）	当时人均GDP（1990年国际元）
发达资本主义国家			
美国	1929-1940	12	6899
	1944-1963	20	12333
英国	1943-1954	12	7744
德国	1913-1926	14	3648
	1944-1956	13	6084
日本	1940-1956	17	2874
法国	1929-1949	21	4710
意大利	1918-1938	21	3392
	1939-1952	14	3505
西班牙	1929-1955	27	2793
荷兰	1928-1949	22	5720
前苏东国家			
波兰	1978-1997	20	6111
捷克	1990-2000	11	8895
罗马尼亚	1979-2005	27	4148
匈牙利	1988-2000	13	7031
哈萨克斯坦	1990-2003	14	7458
俄罗斯	1990-2006	17	7779
拉美国家			
阿根廷	1929-1944	16	4367
	1948-1957	10	5252
	1974-1996	23	8334
	1998-2005	8	9155

（续表）

国家	发生时段	持续时间（年）	当时人均GDP（1990年国际元）
哥伦比亚	1995-2004	10	5400
秘鲁	1975-2005	31	4326
墨西哥	1981-1998	18	6717
委内瑞拉	1957-1967	11	10058
	1977-2008	32	11251
智利	1929-1945	17	3455
	1971-1988	18	5597
巴西	1980-1995	16	5195
古巴	1985-2005	21	3049
亚非国家			
菲律宾	1982-2002	21	2421
泰国	1996-2002	7	6883
印度尼西亚	1997-2004	8	3704
伊朗	1976-2006	31	6691
南非	1981-2006	26	4480

数据来源：刘世锦等著. 陷阱还是高墙？中国经济面临的真实挑战和战略选择[M]. 北京：中信出版社，2011：81-82.

以史为鉴，发达国家在向更高发展阶段迈进的过程中，由于两次世界大战和1929年开始的经济大萧条等原因，造成了经济增长较长时间的停滞。深圳当前所达到的水平和所处的状况，并未完全脱离曾陷入经济停滞的一些国家的情形，不能排除未来在一些外部环境和偶然事件的影响下出现经济停滞或倒退的可能性。自2008年的金融危机以来，美国、日本和欧盟等经济体出现了经济增长乏力和财务负担沉重的恶性循环，而政治对立情绪和人口老龄化又强化了这样的循环。

当前，全球经济复苏较为缓慢，中美贸易摩擦加剧中国经济下行压力明显，金融危机后全球加快催生了新一轮科技革命和产业变革，也出现了一些以社交化、网络化、开放式、融合式为特征的新兴业态、新型商业模式。在世界经济处于大变革、大调整的进程中，深圳面临重要的发展机遇。

在人口资源环境强约束的条件下，只有加快转变经济发展方式、大力实施创新驱动战略，方能在未来抢占全球竞争制高点。

3. 城市未来发展战略的国际观照

城市发展战略关系到城市未来经济、社会、环境等长期性、全局性的发展，一个适宜的城市战略将发挥积极的引导作用。在经济全球化背景下，以纽约、伦敦、东京、巴黎为代表的“世界城市”备受瞩目，对一国的经济社会发展影响越来越大。沙森（2005）总结出全球城市具有四方面的基本特征：（1）高度集中化的世界经济控制中心；（2）金融及专业服务业的主要所在地；（3）包括创新生产在内的主导产业的生产场所；（4）作为产品和创新的市场①。伴随世界竞争格局的不断演变、新一轮科技与产业革命的兴起、生态环境保护和可持续发展的愈加迫切，纽约、伦敦等多个世界城市纷纷作出2030年的战略规划，超前部署未来发展。

产业是促进城市经济发展的支点和动力，从全球若干国际都市的产业长期规划来看（表5-3），各城市充分结合自身的特色优势并着力突破发展障碍，以新兴产业（尤其是绿色产业）、高技术产业和现代服务业为主导方向进行布局。

表5-3　若干世界城市2030年产业战略规划目标

城市	规划名称	2030产业发展目标导向
纽约	《更绿更美好的纽约—2030纽约规划》	①注重绿色环保，开发绿色能源，发展低碳经济；②新兴产业如新能源产业（如风能、太阳能等）、节能环保产业（如电动汽车、节能楼宇等）、绿色产业（如绿色食品等）等将得到快速发展
伦敦	《更宜居的城市—2030伦敦规划》	①强化金融业、航运业、旅游业、商业、文化产业、创意产业、咨询服务业等的国际竞争力，提升英国产业领域资源配置能力和国际话语权；②“在不侵占其开发空间的前提下，满足伦敦增长”，提升产业发展能级和密度，未来产业将走向集约化、复合化、融合化

① ［美］丝奇雅·沙森．全球城市：纽约、伦敦、东京［M］，上海：上海社会科学院出版社，2005：1-2.

（续表）

城市	规划名称	2030产业发展目标导向
东京	《首都圈巨型城市群—2030东京规划》	①重点扶持和培育支撑大都市发展的产业，如“城市机能活用型”产业、“社会问题解决型”产业、信息传播产业和信息家电（电子设备）等；②支撑东京未来的创新城市型产业带动日本整体经济
巴黎	《确保21世纪的全球吸引力—2030大巴黎规划》	①强化巴黎大区的经济支柱产业服务经济；②在世界规模的第三产业市场中，总部设址集中，科技研究潜力形成强有力支持，不断上升的动力应该享受到更好的接纳和发展条件
首尔	《全球气候友好城市—2030首尔规划》	①到2030年包括私人投资在内，首尔将总计投资450亿美元用于削减温室气体排放，削减幅度较1990年下降40%；②重点发展氢燃料电池、太阳能电池、IT电力、绿色建筑、LED照明、绿色IT、绿色汽车等十大绿色技术，建立规模达1700亿美元的绿色市场，创造100万个绿色就业岗位，使城市提前具备适应气候变化能力
新加坡	《挑战稀缺土地—2030新加坡规划》	鼓励和支持高附加值、高技术含量产业的发展，依靠尖端技术，实现高附加值产业和现代服务业“双轮”驱动，将新加坡打造成国际竞争力的大都市
香港	《亚洲国际都会—2030香港规划》	①改善相关“软件”，拓展人民币业务范围、促进市场开发、提升金融市场质素及推广本港品牌；②提供极具吸引力的办公环境；③利用亚太航运中心的枢纽地位，依托发达的转口贸易和巨大腹地经济资源，大力推进贸易、物流和航空服务业的快速发展；④发展旅游会展业，并推动贸易、零售等商业的快速发展；⑤发展文化及创意产业，增强就业和经济基础，创造适宜人才发展环境
台北	《生态城市—2030台北划》	①重点发展绿色环保产业、文化产业、信息产业、商业、医疗卫生服务体系等产业，其中绿色环保产业将是台北发展的重中之重；②充分利用地下空间，尤其是地铁周边的地下空间，发展地铁商业街
悉尼	《永续性悉尼：2030年展望》	①与1990年相比，2030年城市温室气体排放减少50%，2050年减少70%；②到2030年，本地发电满足100%的需求，本地水源保证10%的水供应；③到2030年，至少有46.5万个就业岗位，其中9.7万个为新增就业岗位，金融、高级商业服务、教育、创意行业和旅游产业等就业岗位增加

资料来源：黄苏萍，朱咏. 全球城市2030产业规划导向、发展举措及对上海的战略启示[J]. 城市规划学刊，2011（5）：13.

在社会、民生、文化等领域，从与深圳一湾之隔的香港和全球城市发展程度最高的纽约来看，深圳的长期战略规划与这两个港口城市有着共同的趋势，但具体策略有所差异（表5-4）。

表5-4　深圳、香港和纽约中长期发展战略规划的共同趋势

		深圳	香港	纽约
可持续发展	远景	可持续发展的全球先锋城市	可持续发展前提下的亚洲国际都会	21世纪第一个可持续发展的城市
	策略	节能型城市等	根据可持续发展的指导性准则制定5个方案	绿色纽约等
城市文化	目标	强化城市文化活力	使香港继续作为一个具备独特文化体验的世界级旅游目的地	——
	策略	文化立市：弘扬先进文化，壮大文化事业，推进文化制度改革，加强文化基础设施建设和文化遗产保护等	发展建筑、艺术、设计等11种创意产业；丰富多元文化，发展文化设施，推广文化活动，增强就业和经济基础	——
宜居城市	目标	坚持花园城市、生态城市的理念	提供优质生活环境，归纳优质生活环境8特征	所有纽约人居住在公园“10分钟步行圈”
	策略	保障全体市民皆能安居乐业，让深圳成为最适合居住和创业的城市	善用空间及建筑布局，改善环境质素，确保适时提供充足的房屋用地	从土地、空气、水、能源、气候以及交通运输方面制定措施
可支付住房	目标	——	——	为大约100万新增纽约人创建家园
	策略	安居工程，特别重视低收入人群的居住和工作，防止贫民窟现象	为有需要的家庭提供可负担的租住房屋，确保社会所有成员公平使用城市的基建及设施	开展有针对性的经济适用房项目，如强化中等收入家庭的购房救助计划

资料来源：陈可石等. 国内外比较视角下的我国城市中长期发展战略规划探索——以深圳2030、香港2030、纽约2030、悉尼2030为例[J]. 城市发展研究，2013（11）：36-37.

国际经验与现实发展均表明，城市发展战略规划的制定和调整至少应保持两点原则：一是连续性。在城市发展过程中，若未出现对城市重大的影响或机遇时，一般不宜对城市的发展方向和战略进行大的变动；二是适应性。长期规划一般为数十年，在发展过程中可能存在诸多的不确定性，影响战略的顺利实施和预期目标的实现，因此需要结合实际发展情况进行与时俱进的调整。而作为深圳跨越探索、实现新一轮创新发展的战略制定，要充分借鉴国际同类的先行经验，符合城市发展战略和总体部署的共性要求，但也要注意结合深圳发展实际。

第二节 改革与创新决定深圳未来发展质量

1. 深圳未来改革创新的顶层设计

从深圳的发展历程和发展特点可以看出，改革和创新是深圳发展的双引擎，是驱动深圳发展的核心力量。新时期，要深化贯彻落实党的十九大关于深化改革、创新驱动发展的战略部署，以新发展理念引领新常态，以“深化改革、创新驱动、先行先试、引领示范”为宗旨，以推进供给侧结构性改革为主线，坚持深圳质量、深圳标准，围绕深圳国家自主创新示范区、中国特色社会主义示范市、国家创新型城市建设，持续发挥特区敢闯敢试、开放创新的优势，以科技、产业、社会、生态、文化“五位一体”的有效统筹和多点支撑为抓手，按照习近平总书记对广东“四个坚持、三个支撑、两个走在前列”的重要批示，在粤港澳大湾区建设中推动深港深度合作，完善创新创业创富机制，将深圳建设成为现代化国际化创新型城市和国际科技、产业创新中心。

在新时期深圳改革创新的发展过程中，要注重凸显以下几个方面的战略原则：

一是市场开路、法治护航。坚持“市场化”改革方向，使市场在资源配置中起决定性作用。加快转变政府职能的深刻变革，减少政府对资源的直接配置，加快建立平等交换、公平竞争的现代市场体系。大力建设“一流法治城市”，率先形成一套“系统完备、科学规范、运行有效”的制度体系，确立法治在市场经济和社会管理中的基础性、规范性、保障性作用。

二是立足使命，创新引领。坚持使命优先理念，紧紧围绕国家赋予深圳市的探索全面深化改革与体制机制创新的使命，继续解放思想、敢为人先，在经济发展、科技创新、社会民生、民主法治、生态环境、先进文化等领域进行全方位、系统化的先行探索和大胆实践，以改革创新精神引领深圳的未来发展。

三是链接高端，辐射全国。坚持国际化发展战略，以世界城市为发展标杆，通过高水平开放来倒逼经济社会文化领域的国际接轨和良性变革；以硅谷、以色列等国际先进创新地区为创新驱动样板，着力链接高端创新资源，集聚人才、技术、资本和先进经验，吸引跨境创业，推动技术转移，面向全国形成自身区域辐射。

四是统筹协调、有序推进。坚持全市一盘棋思路，统筹资源、整体谋划、超前布局，综合运用财政、税收等经济杠杆，有效实现政策集成，引导特区经济一体化和特色化发展，突出各区域主体功能与产业特色，避免同质化竞争，把握时序，重点突破，以重点领域的改革创新带动城市共同发展。

2. 深圳未来改革创新的路径谋划

（1）适时转换经济增长动力，建立质量导向和社会参与的发展机制

新时期，深圳的发展已经由增量向提质转变，重点发展领域也由以经济为主导向经济、社会、生态等协调发展转变。因此，要及时调整发展思路和转换经济增长动力，包含两层含义：一是全面确立和强化创新驱动在推动城市经济社会发展的地位和作用，并努力实现由模仿式创新、渐进式创新、封闭式创新、独立创新向自主创新、破坏式创新、开放式创新和协同创新转变，有效提高经济增长质量。二是经济增长的动力逐步由政府推

动向社会（个人）推动转换，进一步盘活存量、挖掘社会潜力，创造良好的投资环境，撬动社会资本源源不断地进入实体经济领域，在减轻政府债务的同时，使更多社会投资者获得经济发展的收益。

（2）提升创新资源的引进力度和利用水平，形成世界高水平的研究基础和研发体系

深圳要建设创新型城市，必须在创新驱动发展方面走在全国前列，而创新驱动最主要的力量是以大学、科研院所为主导的知识创新体系和以企业为主导的技术创新体系。要进一步完善激励各类主体加强创新活动的体制机制，依托虚拟大学园、深圳大学城、国际大学园、新型科研机构、特色学院、深圳大学、南方科技大学等平台，进一步集聚一批海内外高水平的大学（分支机构）、研究机构、创新团队、高层次人才，并加强创新资源的利用水平。要进一步提高企业的自主创新能力，重点支持一批事关深圳未来竞争力的大型民营企业，加强对“瞪羚企业”“独角兽企业”的培育和支持力度，着力推进产学研合作，形成开放式协同创新的研发体系。

（3）着力推进产业转型升级和高端引领，提升产业发展能级

结合深圳目前的产业转型发展实际和未来需求，要实施几个方面的重点任务：加强优势传统产业的结构优化与升级，推动相关企业向产业价值链的高附加值端攀登。加强与周边和更大区域范围的产业链整合，将更多的总部、研发、设计、品牌、营销、结算等环节布局深圳，以市场机制促进跨区域资源配置。进一步推进战略性新兴产业高端发展，瞄准前沿，紧跟国际产业最新发展态势，培育和扶持一批领军型企业和瞪羚企业，打造若干创新型产业集群。加大未来产业培育力度，努力突破一批关键核心技术，实现在若干产业领域具有控制权和话语权。进一步提升现代服务业的规模和水平，充分利用前海机遇，提高资源吸附与优势再造水平，加强政府购买服务与机构服务企业力度，促进现代服务业持续、高效发展。

（4）建立系统性社会调节机制，着力化解社会风险并促进包容性创新

近年来，深圳社会建设取得了长足进步，但随着外部发展形势的变化，

区域发展也面临着新的社会风险和挑战，要注重解决好改革时期出现的系列不平等问题。社会问题是一项系统工程，需要系统化的解决方案，重点探索在社会保障、收入分配、社会管理、矛盾调处、社会疏导等方面的调节机制，通过有效引导，实现利益平衡，化解不满情绪，消除社会隐患。进一步推进包容性创新，通过有效的社会调节和资源分配，使各种创新活动更多地惠及中低收入群体，为其创造更多的福利和良好的发展机会，增强社会认同感和归属感，进而增强城市创新发展的参与率和创造力，使中低收入群体在创新活动中充分发挥作用、创造价值。

（5）构建强有力的环境治理与生态建设机制，加强法律约束和源头治理

大气、水源等生态环境防治与保护是大区域联动发展的共同责任，要协调周边城市通力协作，呼吁和统筹相关部门与研究力量，编制粤港澳大湾区城市群环境污染防治条例，将空气污染、水污染、固体废弃物污染、土壤污染等全部纳入防治范围，提请全国人大常委会审议通过，提高对环境保护各相关主体的法律约束力。建立大气排污收费制度，运用经济杠杆，加强对大气污染物排放调控，研究制定建筑扬尘、汽车尾气、工业废气等排放收费办法，提高排污成本，促进大气污染减排，让“深圳蓝”成为“新常态”。提升自然资源保护与利用效率，探索建立林地、绿地红线制度，对城市林地、绿地实施“先补后占、占补平衡”，加大违法惩罚力度，从源头上提高生态保护水平。

第六章　增创制度红利，拓宽深圳未来的前进道路

在特区政策红利早已终结的今天，深圳的高质量发展，应基于全国深化改革的总体部署，加快供给侧结构性改革，找到自身发展短板，针对性地开展体制机制改革。

第一节　新时期国家和区域改革的总体要求

1. 国家启动新一轮全面深化改革部署

在1978年的中共十一届三中全会上，改革开放作为一项新的伟大决策正式问世，开启了中国发展的历史新征程。经过40年的发展，党中央带领全党全国各族人民，以前所未有的智慧和勇气，创造出一个又一个令世人称赞的“中国奇迹”，经济面貌、社会面貌、城市面貌发生了深刻变化，“中国脚步”改变了世界的历史进程，改革红利提高了中国人民的幸福感、获得感。然而，改革不是“一时之举”，也不可能一蹴而就，是一项长期的、艰巨的、繁重的历史事业，需要一代又一代人报以革命的精神努力坚持下去。当前，中国正处于改革的深水区和攻坚期，正在向着更宽的领域、更大的广度、更深的层次迈进。

在我国改革发展的关键阶段，党的十八大胜利召开，确立了以习近平同志为核心的新一届中央领导集体，开启了中国历史上新一轮改革开放的

伟大征程。尤其是十八届三中全会以来，习近平总书记关于全面深化改革开放的新思想、新理念、新论断陆续形成，提出了“改革开放是实现中国梦的关键一招”“改革开放是当代中国最鲜明的特色”“改革开放是决定当代中国命运的关键抉择”等一系列旗帜鲜明的思想和战略，为全面深化改革指明了方向，同时也为深入推进全国各方面、各领域的改革做出了新的部署。

2013年12月30日，中共中央全面深化改革领导小组正式成立，简称“中央深改小组”。由中共中央总书记、国家主席、中央军委主席习近平任组长，3位中央政治局常委任副组长，改变了过去由国家发展和改革委员会统筹各方面改革工作的局面。截至2017年底，中央深改小组共召开了39次会议（表6-1），审议通过了诸多政策性、制度性文件，做出了系列重大指示。2017年11月20日，习近平总书记主持召开了十九大之后中央全面深化改革领导小组第一次会议。

表6–1　中央深改小组召开会议及审议文件情况

时间	会议次数	审议通过文件	改革任务落实情况
2014年	8次	37个	中央深改组确定的80个重点改革任务基本完成，中央有关部门完成108个改革任务，共出台370条改革举措。
2015年	11次	65个	中央深改组确定的101个重点改革任务基本完成，中央有关部门完成153个改革任务，各方面共出台改革成果415条。
2016年	12次	106个	中央深改组确定的97个年度重点改革任务和128个其他改革任务基本完成，中央和国家有关部门还完成了194个改革任务，各方面共出台改革方案419个。
2017年	8次	——	——

资料来源：根据网络资料整理

为贯彻落实十八大关于全面深化改革的战略部署，2013年11月，党的十八届三中全会通过了《中共中央关于全面深化改革若干重大问题的决定》，成为指导我国各项改革工作的总框架、施工图。按照新一轮全面深化改革的总目标，党中央以大局视野、勇者担当，准确把握改革方向，超前谋划布局，狠抓经济体制、政治体制、文化体制、社会体制、生态文明体制中的核心关键环节，全方位推动改革向纵深方向延伸，一系列具有关键性和标志性的改革政策文件陆续落地，新时期全面深化改革的主体框架基本形成，取得了阶段性的成果。具体来看：

一是经济体制领域改革。经济体制改革的核心是正确处理政府和市场的关系，发挥好市场在资源配置中的决定性作用，释放新的经济活力和动能。适应新的经济常态和发展形势，中央政府以去产能、去库存、去杠杆、降成本、补短板“三去一降一补”为总基调，以供给侧结构性改革为引领，大力推进国有企业、金融体制、科技体制、经济项目审批等领域的改革，重点解决经济发展体制中的结构性制约因素，有效解决国有经济发展中的各种矛盾和问题，推动经济保持中高速增长。

二是政治体制领域改革。政治体制改革是全面依法治国的核心与本质，是推进国家治理体系建设和治理能力现代化的重要内容和支撑。司法体制改革方面，连续出台了《关于完善人民法院司法责任制的若干意见》《关于完善人民检察院司法责任制的若干意见》，通过制度改革进一步保障司法环境的公开、公平、公正。社会主义协商民主制度方面，2015年3月，最高人民检察院、司法部联合下发《深化人民监督员制度改革方案》；2016年，全国人大常委会办公厅印发了《关于完善人大代表联系人民群众制度的实施意见》，不断推进社会主义政治制度自我完善和发展。

三是文化体制领域改革。文化是民族的灵魂，是国家进步的标志，也是综合国力的重要组成部分。党的十八大以来，习近平总书记高度重视文化建设，突出强调顶层设计，制定了《深化文化体制改革实施方案》《国家“十三五”时期文化发展改革规划纲要》，明确了深化文化体制改革的总体框架。在宏观战略的总体部署下，围绕媒体融合发展、新闻单位采编播管岗位人事管理制度改革、文艺评奖改革、国际传播能力建设等领域和方向，出台了近50项改革性文件，对文化体制改革做出了更深层次、更宽领域的拓展，激发文化创新和创造活力，为社会主义文化大繁荣、大发展创造了良好的制度和政策环境。

四是社会体制领域改革。从内容上看，社会体制改革涉及方方面面，但出发点都是保障和改善民生，最终的落脚点也是让更多的改革成果惠及人民群众，提高人民生活的获得感和幸福感。户籍制度改革不断深化，2014年国务院印发《关于进一步推进户籍制度改革的意见》，提出了3个方面11条具体政策措施，切实保障有能力的农业转移人口在城镇就业的合法权益，有序推进城乡统筹、均衡发展。教育制度改革取得明显进展，国务院先后印发《关于统筹推进城乡义务教育一体化改革发展的若干意见》《关于深化教育体制机制改革的意见》，以基础教育为核心的教育制度体系不断完善。医疗、卫生、养老领域改革迈出新步伐，以国务院名义先后出台了《关于整合城乡居民基本医疗保险制度的意见》《关于全面放开养老服务市场提升养老服务质量的若干意见》，为社会资本参与养老市场建设创造了良好的制度环境。

五是生态文明体制领域改革。习近平总书记曾多次强调“绿水青山就是金山银山”，坚持把生态文明建设摆在更加突出的位置，作为一项长期的民族事业来抓。中央全面深化改革领导小组第十四次会议审议通过了《环境保护督察试行方案》，改革中更加突出顶层设计。为更好地落实生态文明建设任务，加强责任机制完善和评价考核，出台了《关于健全生态保护补偿机制的意见》和《生态环境损害赔偿制度改革方案》，推动各方面改革举措真正落到实处。

2. 国内其他城市积极谋划改革发展

贯彻落实党的十八届三中全会精神，全国各地政府积极部署，将全面深化改革作为谋求新一轮跨越发展的重要抓手和工作内容，特别是一些经济发达地区的大城市，纷纷出台具有突破性的重大改革措施，破除城市发展中的制度性障碍，形成全面深化改革的良好政策支撑。

（1）北京：立足首都发展治理，再求改革新突破

作为大国首都和特大型城市，北京在新的历史时期所承担的改革责任更加重大，改革内容更加具有示范性。按照中央“五位一体”的改革总体部署，2014年初北京市率先做出了《中共北京市委关于认真学习贯彻党的十八届三中全会精神全面深化改革的决定》，明确了未来一段时期全市深化改革的多项要求和任务，开启了首都改革的新篇章、新征程。《决定》发布后，北京市成立了全面深化改革领导小组，由市委书记任组长，市委、市政府的主要领导任小组组员。根据对改革任务的细化分解，在领导小组的统一部署下，围绕经济体制、城市治理、新型城镇化、区域协同发展等领域，设立了14个专项小组，联合市级责任部门，共同承担相关改革任务的落实和推进工作。从专项小组的职责看，主要包括两个方面：一是结合纵向改革任务和分工，统筹研究各领域、各方向的重大改革问题，比如区域协同改革小组重点负责协调京津冀一体化发展；二是根据相关调研和改革问题研究，提出具体的专项改革方案、政策及相关措施，并向领导小组上报申请，经批准后负责组织深化和实施。

从北京市新时期全面深化改革的具体部署看，首都特色十分突出，特别是立足城市现阶段的发展特征和实际需求，围绕大城市病治理、现代市场体系建立、区域创新体系建设等重点领域和关键环节，实施一系列新的改革任务和重大举措，力求集中力量攻破难关，取得新一轮的改革发展。具体来看，为破解城市病的难题，北京市提出创新特大城市可持续发展的体制机制，重点通过人口调控机制、大气污染防治机制、交通治堵机制、城市精细化管理体制机制等四个方面的改革突破，切实提高城市治理能力和水平，努力让改革的成果惠及每一位市民。再如，为更好地服务和支撑国家创新体系建设，北京市在重点建设中关村国家自主创新示范区的基础上，进一步强化了企业技术创新主体地位，健全技术创新的市场机制，突

破科技创新中的一些涉及改革的体制机制问题，营造良好的区域创新环境，这也是北京全面深化改革的一大亮点和特色。

（2）上海：以自贸区建设为突破口，再领改革风气之先

回顾历史，上海始终走在改革的前沿。如今，作为全国改革开放的排头兵、科学发展的先行者，上海正处于发展的转型期、创新的战略期，迫切需要主动改革、深化改革，以适应新的发展形势和要求。新的机遇又在眼前，能否抓住改革红利，实现新一轮率先发展，既是历史责任，也是时代要求。继续当好排头兵、先行者，这是新一届党中央领导集体对上海的新要求。肩负着新的时代使命，上海市委市政府聚焦国家交付的自贸区建设、司法体制改革、地方群团改革等多项改革试点任务，大胆尝试，攻坚探路，奋楫争先，深入推进各领域的体制机制创新，为建设具有国际影响力的世界性大都市、科技创新中心创造了有力的制度保障。

开创性地推进自贸试验区改革。2013年9月，上海自由贸易试验区（简称“上海自贸区”）正式挂牌成立，这是国家在上海设立的国内首个自由贸易试验区。目前，上海自贸区涵盖七个海关特殊监管区域，区域面积120.72平方公里。为发挥好上海自贸区改革试验田的作用，2015年国务院印发了《进一步深化中国（上海）自由贸易试验区改革开放方案》，从投资管理、贸易监管、金融创新等方面提出了25项主要改革任务和措施。经过近3年的试验，上海自贸区的制度创新在驱动经济发展的作用逐步显现，进入向更深层次、更广领域改革拓展的新阶段。结合新的形势和要求，2017年3月，国务院又出台了《全面深化中国（上海）自由贸易试验区改革开放方案》，对照国际最高标准、最高水平的自由贸易区，提出加快健全投资、贸易、金融和事中事后监管4个制度体系，既是对前一阶段改革创新的系统深化，也是实现新时期功能定位、服务国家改革战略的重要支撑内容。

率先开展司法体制综合配套改革。2014年，中央确定了上海、广东、吉林、湖北、海南、青海、贵州7个全国首批司法体制改革试点省市。按照国家的总体部署和要求，同年中央深改组审议通过了《上海市司法改革

试点工作方案》，上海市司法改革工作正式拉开大幕。作为国家重大经济社会改革的实践者和见证者，上海市牢牢把握改革方向，以试点先行为导向，明确司法改革工作思路，有重点、有步骤地推动各项改革工作，取得了重大突破性的改革成效。打破了入额法官检察官终身制，减少了事务性审批，增加了基层办案人员，全市有85%以上的司法人力资源投入到了办案一线，但基层办案的责任和担子更重了。新时期，为进一步发挥上海市司法体制改革的引领带动作用，2017年8月，中央深改组审议通过了《关于上海市开展司法体制综合配套改革试点的框架意见》，从规范权力运行、深化科技应用、完善分类管理、维护司法权威等各方面提出了25项改革举措，共有117项改革任务。这也是经中央授权批准，上海市又一次在全国率先开展司法体制综合配套改革。

（3）广州：推动750项改革任务，重塑发展新优势

作为我国改革开放的前沿阵地，广州始终坚定不移地全面深化改革，充分解放思想，勇于创新探索，经济社会发展取得了巨大的成就。当前，广州新型城市化发展已经进入关键阶段，面临诸多新的体制机制障碍，城市治理体系亟待完善，治理能力亟待提高，改革发展的任务十分艰巨。2012年底，习近平总书记视察广东，提出了“改革不停顿、开放不止步”的工作要求，要在全国新一轮改革开放中继续发挥好“先行军”“排头兵”的作用。党的十八大以后，广东省委对全省改革工作也做出了新的部署，指出广州市要更好地发挥引领带动作用，大胆先行先试，突破传统的思想观念和机制瓶颈，争取走出一条全面深化改革的新路子。

落实中央和省委赋予的改革重任，广州市抢抓机遇，率先行动，在2014年的全市第十届委员会第五次全体会议上，通过了《广州市贯彻落实中央关于全面深化改革若干重大问题决定的意见》，明确了“增创改革新优势，抢占发展制高点”的改革发展思路。2015年初，为更好地承接中央和省级的改革试点，市委市政府又印发了《广州市推进改革先行试点的实施方案》，对新时期全面深化改革工作做出了更详细、更系统的统筹安排。从

改革的主要内容看，主要涉及政府职能、市场规则、财政体革、科技创新、文化体制机制、生态文明制度等多个重点领域和改革任务，通过更加精细化、精准化的改革举措，突破一些转型发展的掣肘、利益固化的藩篱，力争在法治化国际化营商环境、产业竞争、城乡发展一体化、社会发展、文化发展、生态城市建设等领域增创新的优势，培育新的核心竞争力。

三年多来，广州市按照顶层设计、统筹部署的工作安排，累计部署了近750项改革任务，在部分重大领域和关键环节取得了突破性的改革成果。其中，2014年重点围绕13个方面，部署了226项改革任务；2015年聚焦7大领域，部署推进197项改革任务；2016年的工作重点是6大领域的181项改革任务；2017年集中在7大领域，重点实施145项改革任务。截至目前，各个时期部署的改革任务全面完成和阶段性完善90%以上。南沙自贸试验区是广州市全面改革发展的重要标志，自2015年正式挂牌以来，以建立与完善国际投资贸易通行制度为导向，已累计实施形成了239项制度改革成果。其中，13项在全国复制推广、56项全省复制推广、74项在全市推广实施。

3. 深圳站在引领改革开放的新原点

深圳近40年的改革历程波澜壮阔，一路发展异彩纷呈、可圈可点，为国家改革开放和现代化建设做出了重要贡献。但正如习近平总书记所强调的，“容易的、皆大欢喜的改革已经完成了，好吃的肉都吃掉了，剩下的都是难啃的硬骨头”①。对深圳而言，随着改革不断深化和时代背景的变化，也正在逐渐走向改革的深水区，未来改革的难度越来越大，改革的动力如何？改革的方向在哪里？都是摆在地方主政者和改革者面前的一道又一道难题。曾经一度有专家和学者提出了“特区不特”论，深圳特区光环已经消退、改革即将陷入停滞、政策红利即将终结等相关言论不断出现，将深

① 习近平说“改革该啃硬骨头了”，如何啃？人民网，2014.2.12 http://cpc.people.com.cn/pinglun/n/2014/0212/c241220-24335444.html

圳推向了改革的十字路口。

对深圳而言，所处的时代背景今非昔比，改革的动力和方向也发生了深刻变化。过去的改革，更多的是考虑在当时的环境下，如何创造生存的条件，如何保证城市经济社会稳定发展下去；现在的改革，更多的是担负的一种时代责任和使命，如何能够在新时代实现高质量发展，如何能够在实现中华民族伟大复兴的中国梦中体现更大的价值。

站在新的历史起点，深圳继续发扬“敢闯、敢试、敢为天下先”的探索精神，于2014年初制定了《中共深圳市委贯彻落实<中共中央关于全面深化改革若干重大问题的决定>的实施意见》(以下简称《实施意见》)。作为推进深圳新一轮改革的行动纲领,《实施意见》提出了11个重点领域的53项改革任务，涉及综合创新生态体系、开放型经济体制、金融改革创新综合试验区、文化体制机制创新等诸多内容，既突出了改革的系统性和整体性，又体现了先行先试的特区特色，深刻描绘了未来一段时期深圳全面深化改革的蓝图和框架。从更深层次上看,《实施意见》的出台，既是对中央“五位一体”的改革思路和战略布局的全面落实，又结合了深圳现阶段的改革发展实践和需求，把改革内容扩展到更广泛的领域，充分展示了深圳在国家新一轮改革开放中再争先锋、再立新功的坚定信心。

此外，粤港澳大湾区建设是当前深圳引领我国改革开放、促进区域协同创新，构建更大的开放新格局的历史性机遇，同时这个区域由于“一国两制”的存在，形成了“一个湾区、两种制度、三个独立关税区、四个核心城市”的复杂格局，城市间深度合作面临诸多的体制机制、政策法律等现实障碍。为此，中央牵头成立了由中共中央政治局常委、国务院副总理韩正任组长，香港特首林郑月娥及澳门特首崔世安均担任小组成员的规格空前的粤港澳大湾区建设领导小组，协调推进粤港澳大湾区城市群在建设发展、区域合作中的重大事项。目前，深圳在西部的前海、中部的河套地区分别布局了国家层面支持发展的以金融服务业和科技创新为核心的深港合作领域，东部地区缺乏政府层面的系统布局，随着广深港高铁香港段通车、深圳-惠州-汕尾时速350公里铁路即将开工建设等重大交通利好的出现，未来可考虑依托深汕特别合作区这一重要空间载体，打造粤港澳大湾区的“雄安新区”和深港合作的东部发展腹地，依据“国家所需，香港所长，深圳所能”，把握各方利益诉求，找准合作切入点，实现腹地空间的高效利用和本地产业的快速发展，同时一定程度上为香港解决产业结构单一、土地空间不足、住房紧张、就业岗位不足等现实问题，促进人心回归，发挥和彰显深圳在我国新一轮改革开放和维护香港长期繁荣稳定中的无可取代的重要作用与价值。

第二节　深圳未来发展需着力解决的若干问题

罗马不是一日建成的。深圳在未来发展中，面对改革中出现的新问题、当前面临的新挑战以及外部环境的不确定性，依然需要在改革中创新、在创新中发展，着力解决城市发展中的若干重要问题，以关键领域改革带动全局发展。具体而言，主要包括以下几个方面。

1. 能否在全球化、信息化的“扁平化”时代，继续集聚和培育大规模创新型人才

“国以才立，业以才兴”。早在深圳建市之初，这座普通的边陲渔村只有两名技术人员，一个是拖拉机维修员，一个是兽医[①]，创新人才更是不敢奢望；38年后的今天，深圳已成为中国人才“拥挤”的城市，聚集了约2000万人口，有企业主体214万户，每千人拥有企业位居全国之首。深圳的实践充分证明，唯有人才是经济社会发展的第一资源，没有人才优势，产业优势、创新优势、发展优势也就无从谈起。在各地人才争夺和人才政策竞争

---

① 深圳人才驱动创新启示录：“最最关键是把人才用好”. 新华网，2016.8.15 http://www.gd.xinhuanet.com/newscenter/2016-08/15/c_1119394168_2.htm

加剧的情况下（表6-2），深圳一直将人才工作作为谋发展、促转型的第一要务，高度认识和推进“创新人才政策，建设人才强市”战略，从2008年高层次人才“1+6”政策，到2010年海外人才“孔雀计划”、2016年“对标国内最高标准”的《关于促进人才优先发展的若干措施》（深发〔2016〕9号），逐渐形成了完整清晰的人才政策格局，也体现了深圳人才战略的高度和深度。

表6-2　近年国内重点区域出台的人才专项政策

区域	政策简称	发布时间
上海	“人才新政30条”	2016年9月
杭州	“人才新政27条”	2015年1月
南京	“创业南京”人才计划（26条）	2015年11月
苏州	“人才新政40条”	2016年9月
武汉	“揽才9条”	2017年6月
西安	“23条人才新政”	2017年5月
成都	“人才新政12条”	2017年7月
济南	“人才新政30条”	2017年7月
合肥	“人才新政20条”	2017年6月
长沙	“人才新政22条”	2017年6月
郑州	“智汇郑州30条”	2017年11月
广州黄埔区	聚集“黄埔人才”实施办法（美玉10条）	2017年5月
上海徐汇区	光启人才行动计划（2017—2020）	2017年9月
杭州经开区	人才新政“黄金八条”	2017年11月

资料来源：网络资料整理

知识就是力量，人才就是未来。在全球化、信息化背景下，研发与生产体系的国际分工促进了人才、技术、资本在全球范围内的加速流动和重组。人才资源作为生产要素的第一资源，其配置规律是向能够实现自身价值最大化和利益最大化的地方流动，而且有从一线城市向二三线城市流动的趋势。为更大程度吸引人才，2016年以来，从东部到西部，从一线到二线，一度爆发了“抢人大战”，国内许多省市都出台了人才优惠政策，如上海的“人才新政30条”、苏州的“人才新政40条”、成都的“人才新政12

条”，支持的力度大、方式多、链条长，人才竞争越来越激烈。在全球人才竞争白热化的新时期，深圳能否形成一套行之有效的人才引进和培育体系，为创新型人才提供良好的科研、创业、宜居环境，加速人才集聚，减少人才流失，是关乎深圳未来创新发展的长久问题。

2. 能否营造高效竞争的卓越市场环境，培育一批更具有引领性和竞争力的创新型企业

作为经济特区的主体，作为实体经济的根基，深圳的企业发展始终受到全国的高度关注。在先行先试的特区政策下，在领先发展的市场经济下，深圳的创新创业活力得到了充分释放，大批高科技企业和创新型企业异军突起，引领改革开放不断走向更高层次、更高水平。相关数据显示，深圳90%以上的研发创新、发明专利、资金投入都来自企业，“特区”的光环为在深企业创造了前所未有的发展机遇，提供了非常优越的制度环境和政策保障。近三年，深圳新增国家级高新技术企业步伐加快（图6-1），2017年总量达到10988家，占广东省总量的49%，成为继北京之后、全国第二个国家级高新技术企业数量破万的城市。

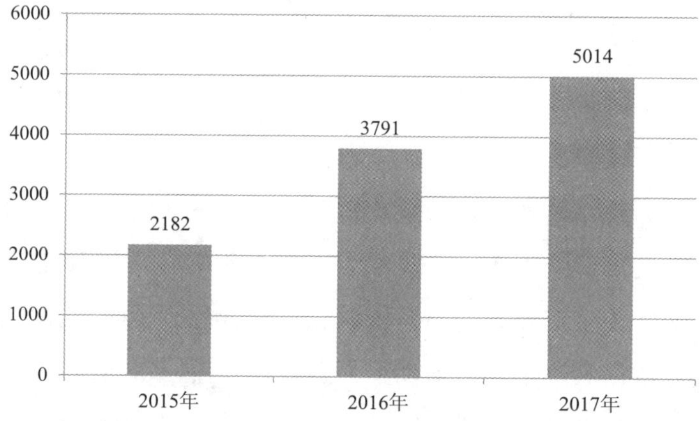

图6-1　2015–2017年深圳市国高新企业新认定数量（单位：家）

数据来源：深圳国家级高新技术企业总数将突破1万家. 人民网，2017.11.7 http://sz.people.com.cn/n2/2017/1107/c202846-30894901.html

任何政策都是一把双刃剑，深圳的经济特区政策也不例外。在特区长期优惠政策为企业带来高速增长的同时，也要注意到与此并存的一些深层次问题，比如特区政策带来的市场竞争不充分、过度呵护市场等问题，导致部分企业存在“等政策”“靠政策”“要政策”的意识，一定程度上削弱了企业的可持续创新动力和意识。未来，要保持经济活力，关键是能否构建一个充分、公平、有效的市场环境，以使市场经济高效有序运行，打破行政垄断、部门垄断和行业垄断，为各类市场主体提供一个鼓励自由和竞争的土壤，培育一批领军型创新企业和大量的中小微科技企业，催生一批有广阔前景的新兴业态和新型商业模式，产生一批具有长期国际竞争力的自主创新技术和产品，这将是深圳经济转型和深化改革所面临的重要挑战。

3. 能否通过深化改革与开放式创新，打造满足创新型城市所需的教育与科研体系

受城市发展模式、市场经济体制、先行先试政策等诸多因素的影响，深圳正在逐渐形成具有突出特色的教育模式与科研体系，教育科技资源集聚效应日益显现，为建成现代化、国际化创新型城市提供了重要的智力支持。具体来看，社会办学方式丰富多样，政府支持教育政策体系健全，中小学科技教育能力不断提升，优质、特色的教育体系逐步成熟。截至2017年底，全市各级各类学校总数达2437所，成为各类人才培育的摇篮和蓄水池（图6-2）。其中，幼儿园1683所，小学337所，普通中学342所，普通高等学校12所，近年来呈现稳步增长的态势。从科研体系建设看，依托清华大学、北京大学、香港中文大学、中国科学院等国内一流高校院所异地合作办学资源，深圳科研创新载体加快建设，截至2017年12月，全市共拥有各级创新载体1688个（图6-3），与2011年底的563个相比，数量上达到其3倍，年均增速达到了20%以上。其中，重点实验室、工程实验室、工程中心、企业技术中心四类合计1370个，占创新载体总量的81.5%，是全市创新创业活动的核心力量。

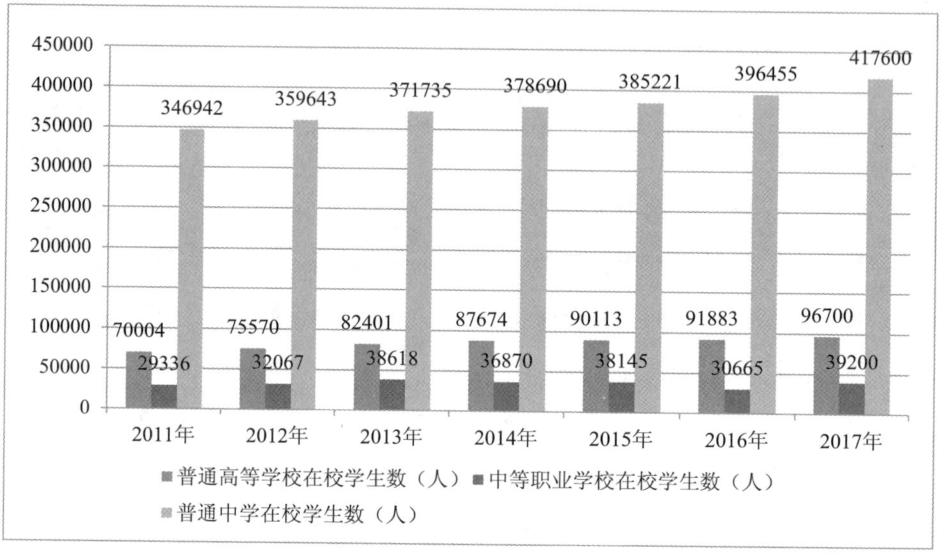

图6-2　2011年—2017年深圳市各类教育在校生人数

数据来源：深圳市2017年统计公报

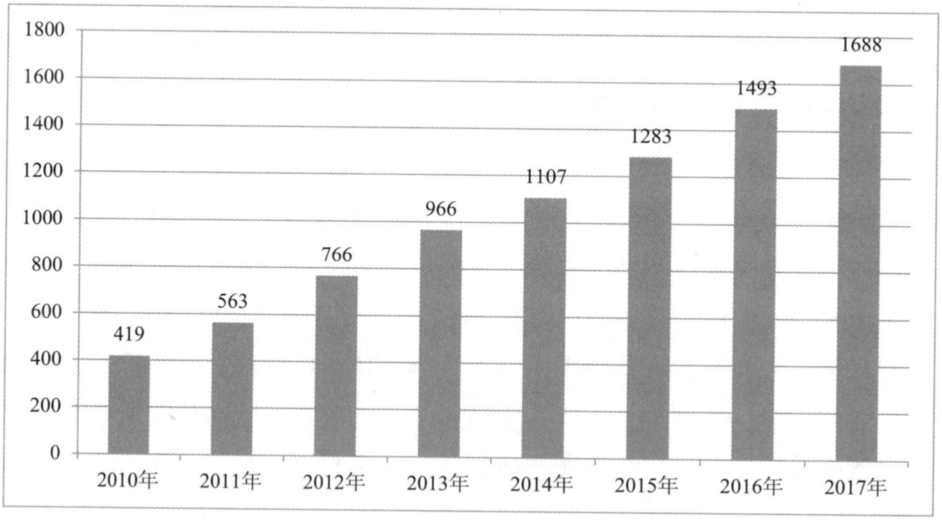

图6-3　2010年—2017年深圳市创新载体数量增长情况（单位：个）

数据来源：历年深圳市统计年鉴、统计公报

适应时代和社会发展需求、富有创造力的教育与科研体系是现代经济社会创新发展的基础，也是高质量发展阶段创新型城市的重要标志。受我国现行教育和科研体制制约，深圳科技创新教育体系中存在一些比较突出的问题：一是与高速增长的经济体量和人口规模相比，教育资源相对匮乏，本土高校严重不足，基础教育学位缺乏，尤其是与北京、上海、广州等其他一线城市相比，相差甚远；二是以引进外来院校或者合作办学为主，仅仅依靠政府资源建设教育体系具有一定的滞后性，也很难满足日益增长的市场需求；三是高校与科研院所的行政化、官僚化特征比较明显，科研考核评价体系不够科学。因此，必须大力推进科教体制改革与开放式创新，探索以社会需求为导向的人才培养和科学研究机制，深化产学研结合与协同创新，尽快适应创新型城市的建设需求。

4. 能否在统筹特区一体化发展的基础上，加快推进外来移民获得真正意义上的市民身份

曾几何时，深圳是淘金的代名词，无数人怀揣梦想来到这里。深圳是中国最具代表性、最完全、最大的一座移民城市，目前全市常住人口超过了1200万人，其中户籍人口435万人（图6-4），占常住人口的比重34.7%，有将近70%的庞大人口不具有真正意义上的深圳“市民”身份。对比更早期的数据，在建立特区之前，深圳本地原住民（包括边防部队）还不足30万人，也就是说现有人口中95%以上的人口都是“新移民”，正是这些来自五湖四海的外来移民创造了深圳辉煌的过去，深圳的现在和未来都还将有赖于这一最广大的群体力量。作为一个移民程度很高的城市，深圳的历史积淀太单薄，文化底蕴不丰富，给人的印象“太物质、太现实、节奏快”，但同时也充满着各种机会和希望，各种可能性随时都会发生。

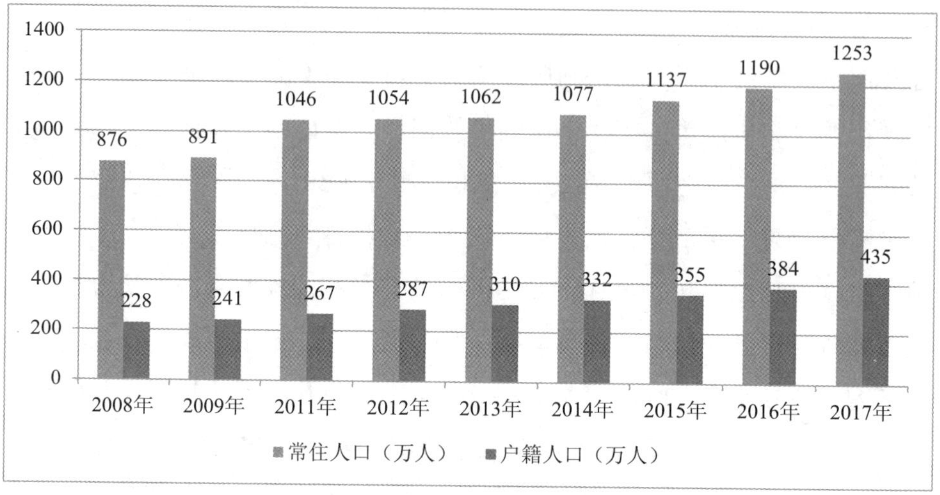

图6-4　2008-2017年深圳市常住人口、户籍人口变化

数据来源：近年来深圳市统计年鉴、统计公报

就城市化程度而言，深圳的城镇化率达到了100%，是中国城市化水平最高的城市。但深圳也有着明显的特征，近40年来“深圳人”主要是指代城市中的少数原住民和户籍人口，庞大的外来移民未获得真正的市民身份认可，甚至相当部分的外来务工人员并未与城市居民享有同等的公共服务和社会保障。未来，随着越来越多的“深二代”“深三代”人口的出生，将产生两种市民身份认同需求：一方面，长期居住的外来移民将不再满足在深圳“流动”的生存，寻求能够体现自我价值的认同感、归属感，迫切需要给予真正意义上的市民身份；另一方面，大规模的外来人口迁移和集聚，也将带来城市文化、生产生活方式、经济结构等方面的深刻变化，影响着整座城市的社会转型，迫切需要探索新的城市治理模式，改善居住人口结构。

5. 能否通过促进高质量就业、调整收入分配、增加透明度等制度性改革，保障社会长治久安、增强民众幸福感

居民幸福感是衡量一个城市或地区人民福祉的核心指标，也是一个区域保持稳定与和谐发展的重要保障。深圳最大的发展特征就是民营经济发达，在过去尤其是2010年之前，时间就是金钱，速度就是财富，单纯追求经济增长的发展模式较为突出，率先成为国内先富起来的城市和地区。2017年，深圳市城镇非私营单位从业人员年平均工资为99139元，高于全国平均水平，相比1979年的769元，增长了128倍（图6-5）。就居民收入和生活水平而言，相比改革开放前有了翻天覆地的变化，其中一部分人的财富积累已经达到了发达国家水平，率先实现了富裕的小康生活。根据胡润研究院发布的《2017年胡润财富报告》，深圳千万资产高净值家庭为70500户，比去年增加4500户，仅次于北京、上海、香港，位列全国第四。但在经济高速增长的背后，依然存在贫富差距的负面效应，生活成本高，竞争压力，生存环境严峻，导致青年人群的幸福感降低，尤其是社会弱势群体生活中还有很多困难。

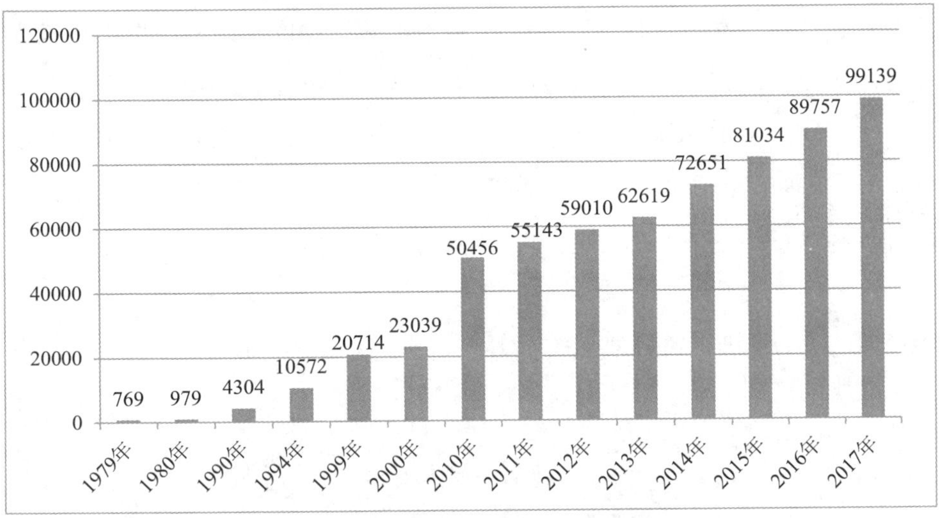

图6–5　1979–2017年深圳市城镇非私营单位从业人员年平均工资变化（单位：元）

数据来源：深圳市历年统计年鉴及深圳市统计局网站

稳定对城市发展同样重要，被称为社会的“稳定器”、分配的“晴雨表”的中等收入群体发挥着重要作用，中等收入群体的比例越大，社会的稳定性越强，收入分配的公平性也就越高。在深圳迈向高质量发展阶段的过程中，需要从保障民生、稳定发展的视角，进一步深化社会制度性改革，增加社会的公平性和透明度，不断扩大中产阶级群体，减少低收入人群规模，形成稳定和谐的“橄榄型社会”，尽可能化解和消除社会民众的不满情绪，对城市创新驱动、拉动内需、促进消费、缩小收入差距、保障社会长治久安、增强民众幸福感具有根本性意义。

6. 能否通过市场激励、公共投资、有效监管等生态文明制度建设，推动人口资源环境可持续发展

在深圳近40年的高速经济发展中，自然生态承载力大大减弱，城市汽车尾气排放、部分河段污染、空气质量污染等问题一度比较突出，面临着极大的人口资源环境可持续发展压力。为营造良好的人居环境，多年来市委市政府高度重视生态文明建设，通过一系列制度改革和政策引导，坚决淘汰落后产能，大力治理重点行业污染，不断优化产能结构，取得了较为显著的成效。2017年，全市推进生态文明体制改革任务30项，涉及大气环境、水环境、土壤环境、自然生态保护等多个领域，环境质量总体保持良好水平。比如，2017年全市空气质量指数（AQI）达到国家优良级水平以上的天数共343天（图6-6），占全市监测有效天数（366天）的94%，空气质量领先于全国大多数城市。尤其是近几年来，以“深圳蓝”为代表的良好生态环境已成为深圳不可或缺的软实力。

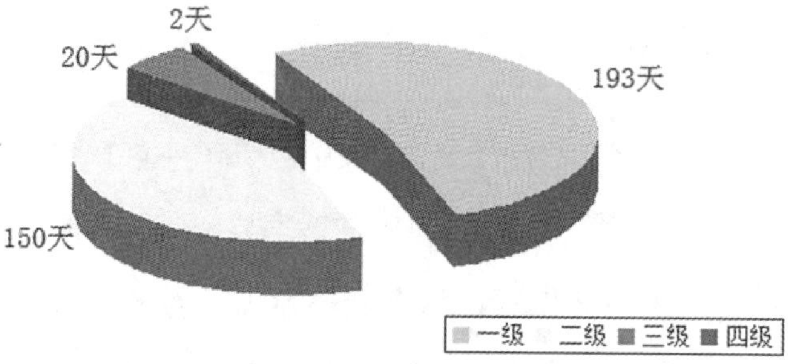

图6-6　2017年深圳市空气质量级别天数

数据来源：2017年度深圳市环境状况公报

习近平总书记指出：环境就是民生，青山就是美丽，蓝天也是幸福[①]。良好的城市生态环境也是城市吸引高端要素、发展高端产业的基本条件。相比发达国家和城市，深圳各项生态环境指标仍有较大的提升空间，比如2017年全市细颗粒物（PM2.5）平均浓度为28微克/立方米，而世界卫生组织公布的PM2.5准则值为10微克/立方米，美国标准为15微克/立方米，欧盟标准为25微克/立方米。同时，公众对生态环境质量要求越来越高，对环境安全越来越关注，而一旦发生环境安全问题或将引发群体性事件。按照中央和广东省的部署，深圳市也提出了“高标准打造国际一流生态环境质量，争当生态文明新时代排头兵”的总体目标。因此，深圳生态环境建设还需付出更大的努力，继续强力推进“环境质量提升行动计划”，而能否形成绿色发展的体制机制，将有助于应对面临的资源环境挑战，并创造新的经济增长点。

第三节 以新一轮关键领域改革释放发展新动能

作为中国改革开放的“排头兵”，在过去近40年中，深圳始终坚持把改革放在更加突出的位置，迎难而上，真抓实干，在改革的道路上取得了令人瞩目的成就，为国内其他地区以改革谋发展做出了示范和表率。进入新时代，改革任务仍很严峻，深圳依然担负着引领改革发展的责任和使命，尤其是围绕“率先建设社会主义现代化先行区”的战略目标，在重要领域和关键环节谋划改革新突破，在改革开放的新征程中再创新辉煌、新优势。

---

① 习近平：环境就是民生，青山就是美丽，蓝天也是幸福．人民网，2018.2.23 http://cpc.people.com.cn/xuexi/n1/2018/0223/c385476-29830095.html

1. 改革不公平、不充分的市场竞争环境，最大程度调动市场主体的创新活力

作为经济特区，充满活力的企业群体一直是维持深圳经济快速增长的关键组成，也是未来转向高质量发展阶段的中坚力量。然而，从发展实践来看，由于存在一些体制性和制度性的约束，对市场竞争环境产生了深刻影响。比如，国有企业相对于民营企业，在深圳的市场经济中仍占有特殊地位，在获得银行贷款、政策支持以及重大商业机会方面，往往具有无可比拟的优势，但同时受到的外部控制或监管却相对有限。种种隐性壁垒减少了市场总体的竞争程度和创新机会，而且部分市场化的产业和金融政策无法及时跟进，导致各类市场化创新主体的创造力很难得到有效发挥。对于广大的中小微企业来说，由于各种力量的左右和其他种种原因，一些产业政策和金融支持政策也未能取得预期的效果。整体上看，深圳以市场为导向的营商环境依然存在一定的优化与改革空间，迫切需要消除不充分、不公平的市场竞争，实现市场在资源配置中的决定性作用。

深圳未来的市场环境改革，需要以继续优化营商环境为抓手，重点做好几个方面的工作：一是坚持“深圳质量”“深圳标准”的发展导向，规范市场主体准入许可，进一步放宽市场准入门槛，完善不符合要求、不符合条件的市场退出机制，维护市场正常秩序，最大程度激发市场活力。二是改革市场监管方式，整合监管服务资源，增强市场主体责任意识，完善行业组织自律和社会监督机制，严惩行业垄断、虚假宣传、价格欺诈、商业贿赂等不正常竞争行为，建设现代市场体系。

2. 改革政府与市场的关系，建设“市场决定的有为政府”

在近几年的改革发展中，深圳开展了诸多先行先试的探索和实践。比如，为贯彻落实党的十八届三中全会精神，进一步优化政府与市场之间的关系，自2013年3月1日起，深圳率先开始实施商事登记制度改革，坚持

“政府权力做减法、市场作用做加法”的基本原则，大力推进行政审批事项“瘦身”，改革与简化一切冗杂的体制机制，政府大幅度简政放权，切实发挥市场在资源配置中的决定性作用，最大限度地释放市场活力。为更充分地释放改革红利，自2017年10月1日起，深圳启动新一轮深化商事制度改革，在原有“多证合一”的基础上，再推行外商投资企业设立备案、检验检疫报检企业备案、原产地证申领企业备案登记等多项新措施，提高商事服务水平和质量。

从后发地区和“追赶型经济体”的发展经验看，政府在区域发展中的作用是不容忽视的，但在经济发展到一定阶段或市场调节较为充分的时候，政府职能若得不到正确的发挥，很可能会成为经济发展的阻碍。当前，在我国许多城市和地区，政府在市场中干预过多、监管不力的现象时有发生，其根本原因是在实践中未能明确划分政府与市场的边界。就深圳的实际情况而言，虽然经过了近40年的改革发展，但依然存在政府与市场关系不平衡、市场作用发挥不到位等问题，在部分领域甚至出现“内地化”倾向，建设市场决定的有为政府仍是努力的方向与目标。在新的发展阶段，政府应由偏经济主导型向公共服务主导型转变，更多地在改善民生、提供基本公共服务、营造公平的竞争环境和个体发展机会等方面着力加强，将对深圳的长久发展产生深远的积极影响。未来，要着力巩固市场的作用，进一步简政放权，凡是市场机制能有效调节的经济活动一律取消审批，同时加强监管职责，完善食品药品、资源环境、安全生产领域的监管体制。政府要逐步退出竞争性领域，相关组织、机构和单位做到“不与民争利”，同时推进事业单位“去行政化”，加强政府购买公共服务，争做有为政府。

3．改革与优化社会体制，打造宜居宜业、文明和谐的现代化国际大都市

宜居、和谐、幸福是最广大人民群众的根本愿望，也是社会体制创新的终极目标。从我国社会主义社会发展规律的客观要求看，加强社会体制创新，全面推进社会治理，是人民安居乐业、社会安定有序、国家长治久安的重要路径和抓手。党的十八届三中全会，提出全面深化改革的总目标，首次提出“国家治理”的概念，强调以人民群众利益为出发点，加强政府、社会与市场“协同治理”，使人民群众生活的更有幸福感、获得感。党的十八届五中全会再次强调，加强社会治理创新，以精细化的思路和要求，开展各项社会治理任务，构建全面共建共享的社会治理格局。党的十九大报告指出，社会主要矛盾已经由“人民日益增长的物质文化需要同落后的社会生产之间的矛盾”转化为“人民日益增长的美好生活需要和不平衡不充分的发展之间的矛盾”，新时代的任务对国家治理体系和治理能力现代化提出了更高的要求。

多年来，深圳市一直高度重视社会治理工作，大力推行基层社区管理、低收入人群保障、失业人口培训等一系列特色治理模式，特别是在社会治理标准化、精细化方面取得了突出的成效，具有较强的借鉴意义和推广价值。进入新时期，随着城市人口规模扩张，尤其是外来务工人口增加，社会问题与矛盾变得越来越复杂，社会管理的任务也越来越严峻，“深圳佳士工人维权事件”等重大劳资纠纷、各类维权等群体性事件对社会管理提出了越来越高的要求。在总结前期工作经验的基础上，需要进一步做好社会管理的顶层设计，明确常态管理服务和应急管理服务的总体框架，围绕城市管理、社会服务和综合治理等大方向，建立重点突出、层次清晰的社会管理系统。同时，要加强社会管理运行机制建设，重点从平台创新、精细管理、利益协调、权益保障等方面，提高社会建设和管理效率，有力促进社会和谐，保障城市平稳有序运行。

4. 改革科技管理和教育体制，以最优的资源投入激发最大的创新效能

从多年来的实践经验看，创新驱动是深圳经济取得高速增长的内在动力，也是未来高质量发展阶段的核心战略。未来发展要围绕“现代化国际

化创新型城市”的城市定位和建设目标，结合当前教育、科研、创新等领域存在的体制机制障碍，进一步深化改革与创新，挖掘创新驱动、转型升级的先发优势，激发各类创新主体和资源的潜力，形成由创新大国向创新强国迈进中的“深圳模式”“深圳特色”。下一步，需要重点推动两个方面的改革发展：

一是改革科技管理体制，成为全国创新驱动发展的全面引领者。创新科技计划管理方式，借鉴重庆等地区的经验，探索科技部门管理与第三方监理相结合的科技计划项目管理机制，以加强重大科技项目的“过程管理”和监督跟进。完善科技经费管理制度，优化评审程序与组织方式，建立竞争性经费和稳定支持经费相协调的投入机制，探索以科研成果效用为导向的支持方式，加强公用研发投入强度和基础研究投入比例。推进重大科技基础设施、科技资源的共享和运行制度，以打破现行高校院所等科研机构的“个体户”性质。改革研发资金投入和税收、财政支持方式，引入创投机制，发挥财政资金引导和杠杆作用，撬动更多社会资本投向科技创新领域。

二是改革教育管理体制，以国际通行的先进理念和运行机制实现高标准治学。总体来看，深圳乃至我国的高等教育效果不够理想，大学缺少一定的自治，教育行政化问题突出，教师职称评定、教学量化考核、研究项目评审等方面都存在较大缺陷。因此，需要对整个教育管理体系和相应机制进行深刻反思和大力改革，以深圳国际大学园、清华-伯克利深圳学院等中外合作办学为契机，建设现代大学制度，强化教授治学，实现学术权力和行政权力的相对分离，按照国际化教学标准，探索启发式、讨论式、实践式的教学模式，创造宽松的学术研究环境，严抓教学质量，培育一大批高质量、高层次人才。

5. 改革土地管理制度，为深圳未来科技与产业发展增加集约高效的新空间

为推进土地市场化配置，1988年深圳率先在全国取消了土地划拨，启用协议出让模式，从此出让代替划拨，成为供地尤其是经营性用地的主要模式。土地出让制度，大大提高了土地利用效率，减少了“圈地”“占地”等市场行为，更加凸显土地的资产属性和融资功能，为深圳高速城市化和经济增长提供巨大的空间支撑。直到2014年8月31日，国家土地大限政策出台以后，深圳取消了“一对一”的协议出让，所有经营性用地改为“招拍挂”模式，但同时也在不断探索PPP、非营利性项目自主融资等多元化土地供应模式。高效的供地方式迎合了大量营利性、公益性项目的落地需求，助力深圳经济高速增长，但不能否认的是，也在逐渐压缩这个面积最小（1997平方公里）大城市的开发进程。特区成立以来，深圳年均供地约30平方公里，最先逼近50%的开发强度警戒线，不得不进行存量空间的改造与盘活。

从全国新一轮资源竞争的趋势看，杭州、成都、武汉等许多城市凭借低成本优势，大规模吸引人才、招揽企业，空间成本优势是其中最关键的竞争条件。随着产业、人才、项目等资源要素的原始积累，深圳是名副其实的“一线”城市，高房价、高成本逐渐成为制约创新的主要因素，引进项目、留住人才面临巨大挑战。同时，在长期大规模的土地开发过程中，也遗留下来了许多问题。2015年7月15日，深圳市公布《市规划国土委关于查违和历史遗留违建处理工作的汇报》，截至2014年底，深圳市违法建筑37.30万栋，4.28亿平方米，在城市化过程中产生了基数庞大、增速惊人的违法建筑，也导致土地利用效率低下。土地在中国城市化进程中一直是敏感问题，亦多是矛盾引爆点，深化土地管理制度改革考验着政府的智慧与决心。未来，要进一步完善土地产权制度，探索利益共享机制，以市场化推进土地的供应、流转和定价，实现利益相关者多方共赢。

6. 改革财政体制，完善有利于促进效率与公平、增强可持续性的财政管理体系

财政是一个国家或地区运行的基础，合理的财政体制是维护市场稳定、优化资源配置的重要保障。作为财政体制的核心内容，财政支出结构受政治、经济、文化等诸多因素影响，并随着经济发展水平的变化，呈现不同的结构特征。比如，同一个国家或区域，在不同的经济发展阶段，财政支出结构也存在明显的差异，各个领域的支出比例可能会有很大的不同。从发达经济体的经验看，在由中等收入阶段向高收入、高质量发展阶段迈进的过程中，随着政府职能的不断变化，财政支出结构也将发生调整，往往会增加在社会、环境、科技等领域的财政支持，呈现社会性支出重、经济性支出轻的“福利型”财政结构特征。当今，发达国家的财政基本上都属于所谓的“福利型”财政，即社会保障性支出在财政支出中占有较大比例。

就深圳而言，随着由经济高速增长阶段向高质量发展阶段转型，从长远来看，要不断优化财政支出结构，在R&D投入、社会保障、环境保护等方面加大支持力度，促进基本公共服务均等化。同时，也要增加财政收入来源，如加大国企社会分红与上缴利税幅度，探索碳排放税、房产税、遗产税等，保障财政预算收支均衡。此外，要进一步深化市区财政体制改革，一方面改进预算管理制度，实现地方政府财权与事权的合理匹配，提高区级财政保障水平。另一方面，改革财政专项资金使用方式，探索建立跨年度预算平衡机制，加强对区级财政预算监管与绩效评估，强化区级预算主体问责制，推进预算公开，提高政府效率和财政杠杆的有效性。

第七章　夯实创新动力，再造新的“深圳奇迹”

面对全球新一轮的科技革命、产业革命，深圳应找准在国家创新发展中的定位，通过“五位一体”的发展思路，培育新动能，实现高质量发展。

第一节　全球科技创新呈现新的阶段特征

科技创新与产业发展紧密相关，每一次产业变革都伴随着科技创新和重大技术革命。科技创新的全球化趋势日益明显，深圳作为全球科技创新的重要节点城市，应紧密关注全球科技创新的方向，引进全球高端创新要素，融入全球科技创新，引导科技与产业发展深度结合。

1. 全球科技创新和产业变革的历程

习近平总书记强调，自古以来，科技创新就以一种不可逆转、不可抗拒的力量推动着人类社会向前发展。18世纪以来，全球共发生了多次科技革命，每一轮科技革命都会催生一批新的技术和产业，成为带动全球经济发展的新增长点。总结来看，大致可以分为四次科技革命（工业革命），每个阶段都取得了重大的科技和技术突破，呈现明显的阶段性特征。

（1）第一次科技革命（18世纪30年代-18世纪末）

第一次科技革命发生在18世纪初的英国。1689年，英国议会通过了《权利法案》，确立了资产阶级的统治地位。随着“圈地运动”的大规模兴起，产生了大批雇佣劳动力，工场手工业取得了快速发展，以纺织业为代表的手工业领域积累了丰富的生产技术，在海外贸易市场急剧扩张的条件下，进一步催生了纺织机和纺织技术的改革。1784年，瓦特改良蒸汽机的投入使用，使机械化生产真正冲破了自然条件的限制，以机器代替人力、以大规模的工业生产代替个体工场手工生产，人类从此进入“工厂时代”“机器时代”“蒸汽时代”。

产业革命与科技革命的发展进程息息相关。随着纺纱机、蒸汽机等大批新机器的发明、制造与使用，不仅大幅度地提高了纺织业的劳动生产率，也使得工业发展突飞猛进。18世纪80年代以后，机器越来越多地运用到化学、采掘、冶金、机器制造等领域，普遍地改变着各行业的劳动方式和生产效率，引发了以机器大工业为标志的产业变革。继英国之后、法国、德国、美国等西方国家在19世纪也相继完成了产业革命，促进了资本主义生产力的迅速发展，提高了生产社会化的程度，为西方资本主义制度统治地位的建立奠定了物质基础。到19世纪末期，日本的产业革命也基本完成，至此全球范围内的第一次科技革命也正式结束。

（2）第二次科技革命（19世纪70年代-20世纪初）

进入19世纪以来，西方资本主义制度的统治地位进一步巩固与扩大，在全球范围内积累了大量的原始资本，自然科学取得了突破性进展，工业科学技术体系飞速发展。延续第一次科技革命的方向，以能源为代表的动力要素成为新一轮技术变革的焦点，以电机的发明和电力的广泛应用为标志的“电力革命”应运而生，也就产生了“第二次科技革命”。在现代社会，电是人类不可缺少的能源，但在19世纪之前，人类对电的认知极为有限。所谓“电力革命”，就是从19世纪60年代开始，一系列电气发明相继出现，主要包括大型发电机、各式各样的电动机等动力传输设备，以及电报、电灯、电话等信息传输设备两个领域，标志着电力作为一种新兴能源，开始在社会经济生活中普遍应用。美国1860年工业生产规模居世界第4位，产值仅为资本主义世界的10%。随着电力技术在工业领域的广泛使用，1890年超过了英国，成为世界头号强国。

（3）第三次科技革命（20世纪中期开始）

二战结束以后，全球科学技术呈现出了新的格局和趋势。由于世界大战的推动，军事科学技术有了突飞猛进的发展，战后大量的军用技术迅速转为民用，带动了工业领域的技术创新。同时，在自然科学领域，以爱因斯坦相对论为代表的基础研究理论取得了重大突破，并开始在一系列重要领域进行应用实践。而且，这一时期科学与技术结合得到了先进资本主义国家政府的高度重视，投入大量的财政资金用于支持工业技术改革与科技创新，为科技革命的产生与发展创造了重要条件。在良好的物质环境与技术基础下，原子能、电子计算机、高分子合成材料、空间技术等高科技相继出现，拉开了第三次科技革命的序幕。

从第三次科技革命的技术标志看，涌现出了原子能技术、计算机技术、生物工程技术、激光技术、空间技术、新能源技术、新材料技术等一批高新技术，但最为核心的是电子计算机技术的产生和广泛应用。第三次科技革命是人类文明史上的又一次重大科技创新飞跃，总结其特点，主要表现为：一是科学技术转化为直接生产力的速度加快，电子计算机尤其是自动化、信息化技术的应用，替代了原有的部分人工劳动，增强了生产的自动化程度，提高了劳动生产效率和社会生产力水平。二是科学技术各个领域间相互渗透明显，随着电子计算机技术的普遍应用，有力支撑了工业体系的发展，催生了电子计算机工业、半导体产业、航天工业、生物工程、核工业等一批新的产业领域和部门，形成相互结合、相互促进的现代产业格局。三是科技进步对国家或区域综合发展的贡献突出，科技革命不仅推动了技术、产业、管理等经济领域的变革，也在影响着政治、文化、社会领域的组织方式，助推人类社会向更高级、更现代的层次和体系迈进。

（4）第四次科技革命（21世纪开始）

进入21世纪以来，以互联网产业化、工业智能化为标志的第四次科技革命已悄然发轫兴起。与前几次科技革命相比，新一轮科技革命的技术革命性与颠覆性特征非常突出，机器人使人类感受到空前危机，电子商务正在改变人们的生活方式，无人驾驶汽车如约而至，网络约车、共享单车模式风靡一时，互联网、物联网、大数据、云计算、智能化、传感技术、虚拟现实等新兴技术层出不穷，以新一代信息技术、生命科学、新能源、新材料等为代表的战略性新兴产业快速发展，并通过不同领域间的技术交叉融合催生了数字化制造、智能电网和新能源汽车、3D打印等新的产业内容，这些新的产业内容将再次深刻地改变世界。

以3D打印为例，3D打印技术作为制造业智能化革命的一项重大突破，最初应用在模具制造、工业设计等领域用于制造模型，后来逐渐到珠宝、建筑、汽车、牙科和医疗、航空航天、土木工程等领域。当前，3D技术发展已经成为各国竞争焦点之一。例如，美国生产的工业和民用3D打印机逐渐打开全球市场；日本、荷兰已成功运用3D打印技术制造人体组织器官，用于医疗事业发展等。

2. 全球先进地区科技产业演进经验对深圳的启示

每一轮科技革命都会产生一批新的技术和产业，成为带动全球经济发展的新的增长点。硅谷作为全球首屈一指的科技和产业创新创业中心，其科技与产业发展历程和演化规律值得挖掘。从硅谷发展来看（图7-1），其产业的演进很大程度上就是全球科技和产业的演进，代表着全球领先的产业与技术方向，并呈现出在“硬件+软件”深度结合基础上的类似“双螺旋”式上升的模式。20世纪60-70年代，仙童、国家半导体、惠普等为代表的硅谷企业，以“集成电路+计算机编程”的方式，引领人类进入半导体时代；70-80年代，以IBM、英特尔、微软等为代表，以“计算机硬件+操作系统”的方式，开创了个人电脑时代；90年代以来，以苹果、谷歌、FaceBook、Twitter等为代表的硅谷企业，以“智能手机+移动互联网”的方式，引领了互联网时代的到来；今天，以Tesla（特斯拉）、Google（无人驾驶）、Uber（优步）、Airbnb（空中食宿）、WeWork（联合办公）等为代表的硅谷企业，正在探索以“智能硬件+工业智能云”的方式，开创人工智能时代，重新定义制造与服务的内涵与方式。

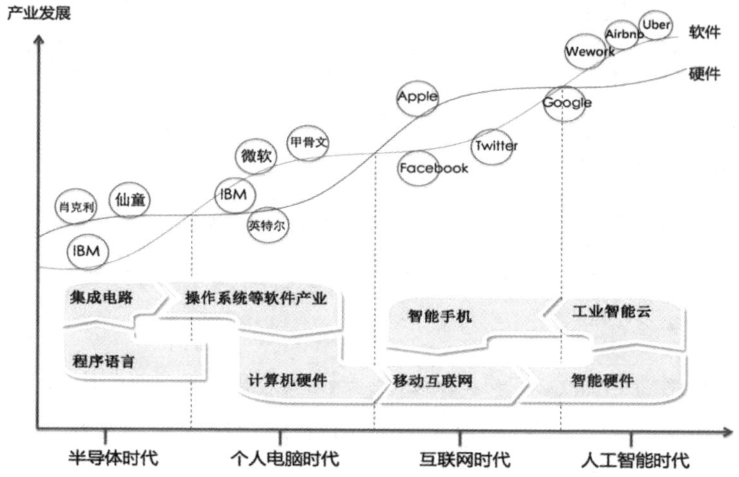

图7-1　硅谷主要产业演进历程示意图

从全球来看，新一轮科技创新呈现新的发展态势和特征：新兴学科加快发展，学科交叉融合更加深入，颠覆性技术不断涌现；基础研究、应用研究、技术开发和产业化边界日趋模糊，带动众多学科和技术群体跃进，变革突破的能量不断积蓄；信息、生物、新能源、智能制造领域不断突破和相互融合，成为产业变革最重要的技术方向；新一代信息技术向网络化、智能化、泛在化方向发展，推动产业结构向高级化演进，成为提升产业竞争力的技术基点；移动互联、云计算、智能终端快速发展，大数据呈指数级增长，催生大量新型服务与应用，等等。在新一轮科技与产业革命驱动下，新产品、新业态不断出现，成为全球新一轮产业竞争的制高点与经济发展的新增长点。

从科技革命发展规律看，一些引领性、标志性、颠覆性新技术的出现和集群式应用往往与生产组织变革相互交织、形成共振，促进生产效率不断提高，从而对经济社会发展产生全局性、系统性的影响。在新一轮科技与产业革命的推动下，以现代信息技术广泛嵌入和深化应用为基础，以新技术、新产品、新业态、新模式为代表的“四新经济”也逐渐成为发展新常态，蕴含了广阔的发展空间。深圳要紧抓新一轮技术革命和产业变革的重要机遇，充分认识新技术、新变革、新趋势，遵循和把握规律，瞄准智能硬件、工业智能云等国际前沿技术领域，努力以“四新”的思路和理念，打造开放融合的创新创业生态环境，鼓励企业实现具有国际影响力的重大技术突破，并从技术维度的单一创新逐步转向“新技术、新业态、新模式、新产业”的集成创新，以新技术催生新产业，新模式引发新业态，形成深圳“四新”交互融合的发展格局，整体提升深圳产业发展竞争力与综合实力。

3. 新一轮科技革命的全球竞争与主要趋势

从世界历史看，大国崛起呈现“科技强国-经济强国-政治强国”的历史规律。世界经济中心几度转移，其中有一条清晰的脉络，就是科技创新一直是支撑经济中心地位转移的强大力量。如果单靠经济规模或疆土领地的扩张，而没有强大的科技创新作为支撑，是无法成为强国的。纵观世界历史，不同时期的一些国家抓住科技革命的重大机遇，实现迅速崛起，改写了当时的经济版图和世界格局：英国在第一次科技革命后，依靠完整的科技体系和持续创新能力，成为世界上第一个工业国家；德国在以内燃机和电气化为代表第二次科技革命后崛起成为欧洲工业强国；美国抓住以电子信息等为代表的第三次科技革命机遇成为世界头号强国；日本、亚洲四小龙等依靠科技创新实现赶超成为发达经济体。

三度普利策奖得主、《纽约时报》专栏作家托马斯·弗里德曼[①]指出，当今世界处于一个“平整的世界”，已经进入创新全球化的新时代，创新全球化不仅对全球科技创新带来深刻影响，同时也对国际政治、经济、军事、

① ［美］托马斯·弗里德曼．何帆，肖莹莹，郝正非译．世界是平的：一部二十一世纪简史[M]．长沙：湖南科技出版社，2008.

安全等领域产生深刻影响，甚至改变国家力量对比，成为重塑世界经济结构和竞争格局的关键。新世纪以来，随着新一轮科技革命和产业变革加速推进，科技创新再一次成为各国综合国力竞争的战略利器，为抢占未来竞争制高点，在新一轮国际经济再平衡中赢得先发优势，世界主要国家都提前部署面向未来的科技创新战略和行动。美国从奥巴马总统上台后连续三次推出国家创新战略；德国连续颁布三次高技术战略，在此基础上又制定了工业4.0计划；日本、韩国以及俄罗斯、巴西、印度等新兴经济体，都在积极部署出台国家创新发展战略或规划。

从全球创新版图来看，发达国家的创新优势依然明显，科技顶尖人才、专利等创新资源仍以发达国家为主导，但已呈现版图东移趋势。目前美欧占全球研发投入总量的比例由61%降至52%，亚洲经济体的比例从33%升至40%①，新兴金砖国家占比显著提高。由此可见，第三次科技革命与第四次科技革命叠加的新一轮科技革命和全球产业变革正在孕育兴起，将对世界经济结构和竞争格局产生重大影响。从新一轮科技革命的主要特征看，以信息化、智能化社会的重大需求为牵引，重点推动生命科学、泛在网络、人工智能、新型材料等领域的技术突破，并通过学科交叉融合及科学技术螺旋上升，带动其他科技领域快速跟进，形成多点群发的创新态势。从新一轮科技革命与技术创新的发展趋势看，可能将呈现以下几个方面的演变特征：

一是以移动互联网为核心的新一代信息技术发展将带动众多产业变革与创新。自从第三次科技革命以来，以计算机应用为代表的信息技术深刻地影响了全球产业发展。当前，随着移动互联网、智能终端、大数据、云计算等新兴技术发展，新一代信息技术率先渗透到其他产业领域，涌现出了人工智能、虚拟现实、增强现实、3D打印等一批新兴领域和业态，带

① 万钢：全球科技创新发展历程和竞争态势.
人民网：http://theory.people.com.cn/n1/2016/0310/c40531-28187356.html

动了电子商务、文化创意、现代物流等行业的商业模式变革，有力推动信息化与工业化、信息化与服务化深入融合，成为引领新一轮产业革命的主导技术。从各国的发展实际看，为抢占信息技术竞争的制高点，美国早在2009年就出台了《国家宽带计划》，2012年发布了《大数据研究和发展倡议》，2016年，美国白宫发布《大数据白皮书》，同时也很重视信息技术在各个领域中的前沿应用技术发展；2010年3月，欧盟公布了《欧洲2020战略》，提出优先发展信息技术，在财政紧缩的形势下，持续加大对信息通信技术的投资；2016年4月19日，欧委会举行新闻发布会正式启动欧盟云计算行动计划。2013年，我国也出台了《“宽带中国”战略及实施方案》，旨在通过战略引导和系统部署，推动我国信息基础设施快速发展；2017年，中共中央办公厅、国务院办公厅印发了《关于促进移动互联网健康有序发展的意见》，在完善市场准入制度、信息基础设施演进升级、核心技术系统性突破、推动产业生态体系协同创新、知识产权运用和保护等方面加强支持。

二是新能源、气候变化、空间开发、海洋开发的技术创新将更加密集。随着煤炭、石油、天然气等传统能源长期大规模开发和应用，能源供应规模和能力吃紧，全球气候变化加速，资源环境制约问题凸显，这些都迫切需要通过能源科技变革加以解决，世界能源格局面临深度调整。从全球能源科技的发展趋势看，新一轮能源技术革命正在孕育兴起，新兴能源技术正以前所未有的速度加快迭代，海洋油气勘探技术、风电技术、太阳能技术、生物质能技术等能源科技成果不断涌现，能源多元化供应结构逐步形成。近年来，主要能源大国纷纷加强部署，加快能源科技创新，实现了新一轮科技革命和产业变革的突破。2014年5月，美国发布了《全面能源战略》，之后陆续出台了太阳能、清洁电力、化石能源等战略计划，致力于打造完整的能源科技创新链条。2017年1月，特朗普总统上任以来，又发布了“美国优先能源计划”，开发美国丰富的能源资源，推动经济增长，增加就业，实现能源独立。2016年，我国发布《能源技术革命创新行动计划（2016-2030年）》，围绕煤炭清洁高效利用、非常规油气勘探、深海油气开发等领域，部署了15项重点技术创新任务，争取到2030年进入世界能源技术强国行列。

三是绿色经济、低碳技术等新兴产业蓬勃兴起。十九大报告指出，建设生态文明是中华民族永续发展的千年大计。过去几十年里，我国经济发展取得了巨大成就，但经济增长主要源自物质财富生产，也就是先污染后治理的传统工业化模式。随着数字时代的来临、绿色理念的兴起，发展理念将发生革命性的变化，由以传统工业化逻辑为主导转向以生态文明建设为主，有其内在必要性，也具有新的时代意义。从本质上，绿色经济并不代表一种新的技术形态，而是一种新的发展范式，更加注重自然资源的开发、综合利用和保护，注重清洁生产技术、低碳技术创新。从全球绿色经济发展趋势看，无论发达国家还是发展中国家，都正在谋划经济发展方式转变，加大绿色能源技术、低碳技术创新支持，催生具有比较优势的绿色低碳产业，缓解资源能源压力，有效改善能源供给结构，培育新的经济增长动力。

四是生物技术的快速发展将带动形成生命健康、生物能源、生物制造等大生命科学体系。作为21世纪发展最快的学科，与生物学相关的技术深刻改变着人类生产方式和生活方式，引发农业、能源、健康、制造等领域的产业革命。特别是以基因工程为主导的现代生物技术，正在加速向药物、农业、医疗应用领域渗透，直接带动了基因测序、重组DNA技术、蛋白质工程等新一轮“基因革命”，缓解人类可持续发展面临的食品、环境、健康问题。随着我国科技实力的积累提升，生物技术迎来了突飞猛进的发展，系统研究能力整体提高，部分领域取得重大突破，在国际市场的地位得到极大的提升。2016年，我国生物技术产业规模已突破8000亿元，是全球增长最快的区域（图7-2）。连续5年论文发表量和专利申请量位居全球第2位，仅2015年发表的生命科学论文就达8万多篇，申请生物技术专利2万多件。从国内各地区的发展布局看，形成了一批具有代表性的生物医药产业聚集区，未来有望成为国内产业发展的新增长点。

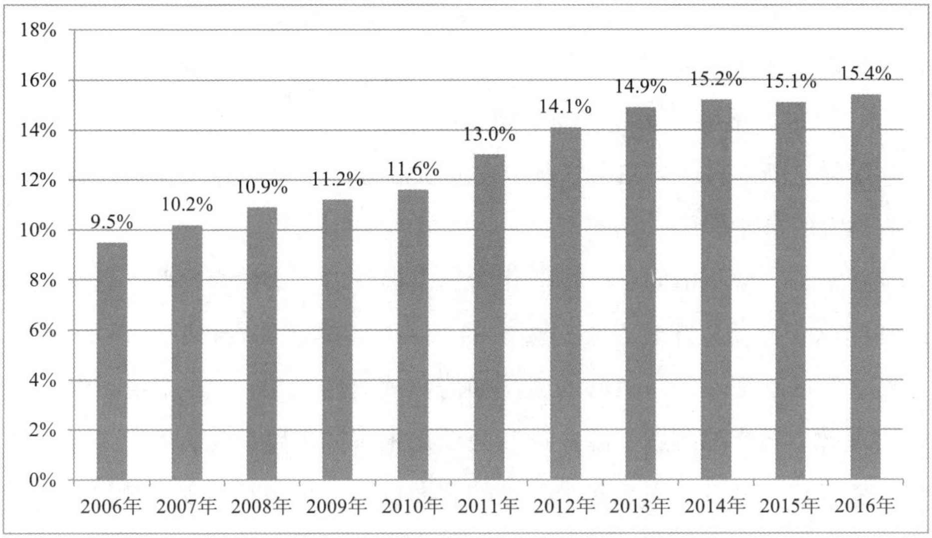

图7-2　2006-2016年中国生物技术产业占全球比重的变化（%）

数据来源：根据前瞻产业研究院资料整理

综上，面对发达国家加紧实施再工业化和发展中国家加速工业化的形势，以及新兴产业的加速变革，深圳既面临赶超跨越的难得历史机遇，也面临差距进一步拉大的风险，必须紧紧抓住新一轮科技革命和产业变革的重大机遇，强化科技创新，力争成为新规则的制定者和新赛场的主导者，牢牢把握发展的战略主动权，在全球科技创新格局中抢占优势地位。

第二节　当前深圳创新发展的机遇与基础

1. 国家层面：加快适应发展新常态的系列创新部署

党的十八大之后，以习近平总书记为核心的党中央作出了我国经济进入新常态的重大战略判断。2015年，党的十八届五中全会胜利召开，会议强调：“破解发展难题，厚植发展优势，必须牢固树立创新、协调、绿色、开放、共享的发展理念”，首次把创新摆在了国家发展全局的核心位置。习近平总书记也多次强调创新的重要性，发表了“惟改革者进、惟创新者强、惟改革创新者胜”“抓住了创新，就抓住了牵动经济社会发展全局的‘牛鼻子’”“让创新贯穿党和国家的一切工作，让创新在全社会蔚然成风”等一系列新的论断，对适应和引领我国发展新常态，发挥创新的内生驱动作用，具有重大的指导意义。

新常态，就是不同于以往的相对稳定的状态，必然会面临一些新的情况和问题，也就意味着必须对过去的思维、方式、路径做出相应的改变。从新常态的特征看，最核心的就是如何实现速度变化、结构转化，就是如何实现动力转换的问题，解决这些问题最根本的出路就是创新，不仅是包括覆盖科技、制度、文化各个领域的全面创新，也包括覆盖资金链、产业链、创新链的全链创新，还包括面向区域、面向国际的全球创新。其中，科技创新是最核心的内容和抓手。2015年，《国家促进科技成果转化法》（修订版）、《深化科技体制改革实施方案》、《关于大力推进大众创业万众创新若干政策措施的意见》等政策密集发布，加大对科技创新的支持力度。2016年，国务院印发《国家创新驱动发展战略纲要》，提出到2050年建成世界科技创新强国，成为世界主要科学中心和创新高地。

过去几十年，我国科技创新实现了重大跨越，已成为科技大国，但远非创新强国。“大而不强”的核心在于科技与经济链接的通道不畅，科技成果转化成效不突出。2014年，习近平总书记在全国两院院士大会上指出，要围绕产业链部署创新链、围绕创新链完善资金链，聚焦关系国计民生和经济命脉的重大领域，集中科技资源，形成创新合力。2016年，国务院印发了《促进科技成果转移转化行动方案》，提出破除科技成果转移转化的关键问题和薄弱环节，加快国家科技计划成果应用，支撑区域产业发展转型升级。十九大报告指出，创新是引领发展的第一动力，是建设现代化经济体系的战略支撑。从技术生命周期理论看，创新链与产业链匹配互动的核心节点是科技成果转化，只有通过大批量科技成果的快速、高效转化，深化科技创新“供给侧”改革，才能真正实现科技与经济、创新与产业的有效结合。

同时，推动中国创新发展，必须树立开放的理念，主动开放、双向开放、全面开放，在开放中寻找新的创新机会，在开放中赢得更大的创新空间，在开放中加强国际创新合作。“一带一路”倡议，组建亚洲基础设施投资银行、金砖国家开发银行，设立上海、广东、天津、福建自贸区，都是我国构建全方位开放创新格局的重要内容，也将为区域加强国际合作创新、企业拓展海外空间提供更大的发展机会。

2. 区域层面：着眼于更大范围的创新战略布局调整

当前，区域协同创新已经成为区域之间创新合作的高级形态。相比个体化的技术创新而言，区域协同创新更加强调政府主导的宏观调控、创新体系的市场调整和创新系统的开放运行，是一项更加系统、更加复杂的行为活动。从重点区域的战略定位看，东部地区要增强以原始创新和集成创新为重点，加快实现创新驱动发展；中西部地区走差异化和跨越式发展道路，柔性汇聚创新资源，构建各具特色的区域创新发展格局。其中，京津冀区域、长江经济带、珠三角地区作为国内最具活力的创新型区域，迫切需要优化区域创新布局，探索协同创新模式与路径，全面推进协同创新合作。

作为我国改革开放的前沿阵地，珠三角地区尤其是包括香港、澳门在内的泛珠三角区域合作成效显著，合作深度不断拓展，合作水平不断提高，在国家区域发展总体格局中占据了重要的地位。新形势下，随着“一带一路”倡议和长江经济带建设，区域开放合作环境正在发生变化，泛珠三角区域合作需要以创新为突破口，寻找新的方向和领域，提高全方位开放合作水平，打造我国经济最具活力、创新最具潜力的地区。党的十九大报告指出，以粤港澳大湾区建设、粤港澳合作、泛珠三角区域合作等为重点，全面推进内地同香港、澳门互利合作。2017年7月，《深化粤港澳合作推进大湾区建设框架协议》正式签署，三地将在中央支持下，打造国际一流湾区和世界级城市群（图7-3）。与美国纽约湾区、旧金山湾区和日本东京湾区等三大湾区相比（表7-1），粤港澳大湾区已经具备成为国际一流湾区的物质基础。但从粤港澳大湾区的发展定位看，其中一个明显的转变是“创新”，以科技转化和成果应用为主，加强“广—深—港—澳”科技创新走廊布局，加强基础性和源头性创新，聚集国家重大科学装置、基础性研发设施，以点带面、以面拓线，打造链接广深、联通港澳的创新空间格局。

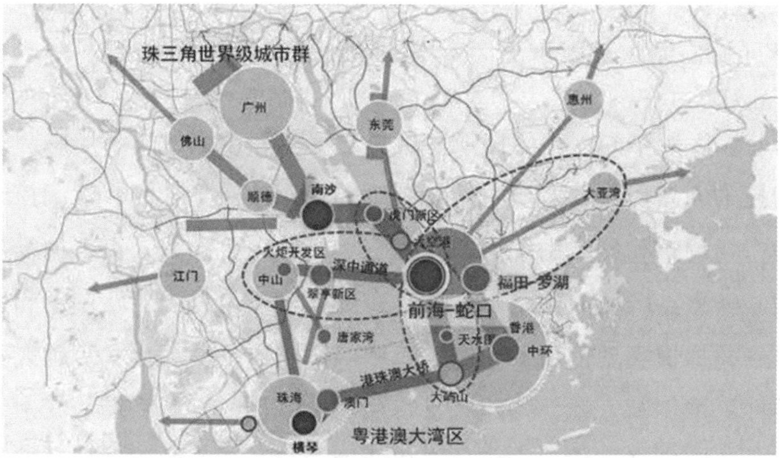

图7-3 粤港澳大湾区“9+2”城市布局体系

表7-1 粤港澳湾区与全球三大知名湾区比较

	东京湾区	纽约湾区	旧金山湾区	粤港澳大湾区
面积（万平方公里）	3.68	1.74	1.79	5.6
人口（万人）	4347	2340	715	6671
GDP（万亿美元）	1.8	1.4	0.76	1.36
人均GDP（万美元）	1.4	6.9	9.9	2
第三产业占比（%）	82.3	89.4	82.8	62.2
GDP占全国比重（%）	41	7.7	4.4	10.8
集装箱吞吐量（万TEU）	766	465	227	6520

（续表）

	东京湾区	纽约湾区	旧金山湾区	粤港澳大湾区
机场旅客吞吐量（亿人次）	1.12	1.3	0.71	1.75
世界100强大学数量（所）	2	2	3	4

在全球新一轮科技革命和产业变革的引领下，广东省2017年12月印发了《广深科技创新走廊规划》，依托广州、深圳、东莞三个创新重镇，构建多层次的创新空间格局（图7-4），加快形成以创新为引领的发展模式和经济体系，打造有能力对标美国硅谷的“中国创新增长极”。作为广深科技创新走廊的“核心引擎”，广州、深圳在强化创新引领作用、构建区域协同创新格局中担负着不同的任务和使命。其中，深圳主要是发挥高新技术企业集聚、市场化程度高的优势，加快建设国际科技、产业创新中心，打造具有全球竞争力的创新先行区。目前，深圳正在研究制定《深圳建设广深科技创新走廊实施方案》，将充分整合广深科技创新走廊资源，力争到2035年全面建成具有全球影响力的国际科技、产业创新中心，成为代表国家参与全球竞争合作的先锋力量。

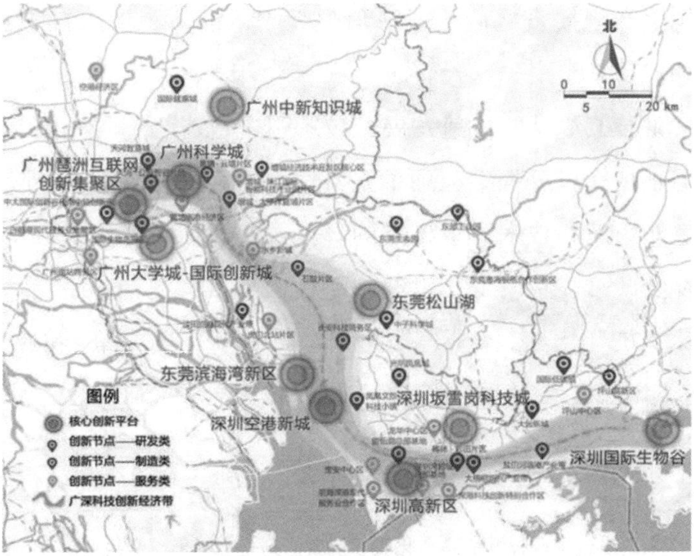

图7–4 广深科技创新走廊空间布局示意图

3. 深圳层面：多年来丰富的科技创新积累和实践

如果说改革是深圳城市的基因，那么创新就是深圳的城市符号与发展旗帜。深圳的科技创新从无到有、从有到强是一个动态集聚创新资源的过程。这其中，既有社会主体集聚和利用国际国内高端创新资源的成功，也有政府不遗余力地支持大学、科研院所、研发机构等各类创新载体的建设，共同成就了深圳自主创新占据主导地位的发展模式。

（1）以企业为主体集聚科技创新资源的模式分析

总体来看，深圳以企业为主体聚集创新资源的模式主要包括贸易加工、技术引进、专利购买三种模式。贸易加工模式方面，比如深圳长城开发科技股份有限公司①，公司成立时，外资以技术和市场入股（股权占34%），外方负责提供先进技术，并承担产品对外销售。随着合作的深入，长城开发的中方人员逐步拓展技术开发与市场营销领域，成立了产品研发部门。经过多年的发展，该公司以中方主导，产品已占据国际市场份额的20%以上。长城开发公司的成功经验说明，深圳的高科技企业在成立之初，一般利用加工贸易方式，与外资利益捆绑一起，利用外方最先进的技术和国际销售渠道，形成生产规模。之后，通过消化吸收再创新，形成自主知识产权，逐步占领国际市场。

随着深圳加工贸易的快速发展，技术引进也成为一种重要模式。外资高新技术企业在这一过程中起到了重要作用，它们大多从事制造业，技术多来自于境外经济和技术力量雄厚的母公司。深圳对外资的技术引进大体分为两个阶段，第一阶段是20世纪90年代初至21世纪初，主要形式是通过外商直接投资方式引进技术。这期间，深圳累计引进了约84项技术和装备，合同金额总计13.7亿美元②。引进技术的主体以合资企业为主，大量跨国公

---

① 根据相关访谈整理。

② 钟晓山．广东港澳台企业技术引进消化吸收创新研究——基于深圳地区的分析．经济前沿，2008（08）：22-28.

司来深圳建设工厂，也带来了先进的技术，逐步成为推动深圳工业高技术化进程的主角。第二阶段是21世纪初至今，深圳引进先进技术的水平逐渐提高，以往大规模成套设备引进逐渐被关键技术、关键设备的引进所取代。据统计，2001-2006年间，深圳累计引进技术合同共690项，金额达24.64亿美元，引进方式多样化，但以专有技术的许可或转让为主，占总合同数量的31.7%。这一时期，技术引进的结构也在不断优化，引进的目的逐步从单一生产技术的引进向以调整产品结构、提高附加值、增强创新能力的技术引进转变。

购买国外专利是深圳高新技术企业科技创新的又一重要途径。如中国国际海运集装箱（集团）股份有限公司（简称“中集集团”），1995年购买了德国专利，通过专利的吸收和改进，10年后实现了完美的“嬗变”。同样的方式，中集集团获得了英国UBHI、荷兰博格等业内国际著名公司的专利，成为全球最大的罐箱生产供应商。经过不断地引进、消化和再创新，截至2016年底累计专利申请量已高达5030件，已成为集装箱国际标准制定的“行业领袖”。实际上，类似专利购买，深圳还有通过技术服务、技术许可、合作生产等方式实现做大做强的企业，如华为在1999年2月斥资5000万美元购买了IBM的IPD（集成产品研发）的流程，通过IBM的咨询服务，变革了华为的研发管理体系，为华为今天的成功做出了巨大的贡献。

（2）以政府为主体吸引科技创新资源的重要举措

特区成立以来，深圳市委、市政府高度重视优质创新资源的引进，取得了显著成效。1985年，深圳市与中国科学院合作建立的深圳科技工业园为深圳引进高端创新资源拉开了序幕，由此演化而来的11.5平方公里的深圳高新区已成为全国首屈一指的创新创业高地，培育出了华为、中兴、腾讯、迈瑞、大疆等一批具有世界竞争力的高新技术企业。1996年，深圳市政府与清华大学合作创建深圳清华大学研究院，取得了巨大的成功，带动了更多外地知名高校的涌入。随着院校的增多，深圳市创造性地建立虚拟大学园，开创了异地高校在深科技成果转化的新模式，成为集聚国内外创新资源、以科技引领产业发展的新创举，很大程度上弥补了深圳科教资源不足的短板。为进一步利用境外机构的创新资源、建设创新型城市和国际化城市，2008年深圳建立了国际科技商务平台。截至2016年，平台已累计引入英国、美国、法国等41个国家和地区的74家境外机构、725个企业和项目以及336项境外先进技术；协助256家深圳企业在境外设立了公司或机构，帮助786家深圳企业、机构同境外建立科技商贸合作关系；引进3所境外知名大学入驻深圳虚拟大学园，邀请1421个境外代表团来深圳参加会议展览或商务考察；举办境外投资贸易环境和科技政策等方面的推介会、国际研讨会、论坛、讲座等2056次①。

（3）以科研机构为主体激发创新资源效能的成功实践

近年来，深圳积极探索、独辟蹊径，聚集了深圳清华大学研究院、中科院深圳先进技术研究院、华大基因研究院和光启高等理工研究院等为代表的一批新型科研机构（表7-2）。这些机构通过体制机制创新，以市场为导向、企业化运作，追求通过技术研发与创新形成新的技术垄断优势来获取丰厚经济利润。4家主要新型科研机构虽然具有不同的发展经历，处于不同的研究领域，具有不同的创新特色，但都定位于将具有良好产业前景的前沿科技探索与创新创业、产业发展紧密结合起来，构筑源头技术创新能力，可以说是国内以创新创业带动产业与经济发展的新模式、新范例。

表7–2　深圳主要新型科研机构发展情况

	深圳清华大学研究院	中科院深圳先进技术研究院	深圳华大基因研究院	深圳光启高等理工研究院
成立时间	1996年12月	2006年2月	2007年4月	2010年7月
机构性质	事业单位	事业单位	民办非企业（2008年成为事业单位）	民办非企业

① 数据来源：深圳国际商务科技平台网站。

（续表）

	深圳清华大学研究院	中科院深圳先进技术研究院	深圳华大基因研究院	深圳光启高等理工研究院
成立背景	清华大学寻求科技成果转化和产业化，深圳有良好的市场环境和强烈的技术需求	2006年深圳出台“一号文件”，强调努力提升源头创新能力，大力建设创新公共基础平台	2007年新一代测序仪问世，给基因组学带来发展机遇，北京基因组研究所部分人员南下创业	珠三角产业转型需要在源头上布局，光启团队带着技术和科学发现来深圳创业
主要领域	科技研发、企业孵化、产业投资	以集成技术为学科方向，主要从事前沿科学领域研发	基因测序和分析、功能基因组和应用基因组研究	新型尖端交叉科技——超材料的研发
占地规模	16000平方米	一期设计建筑面积5.3万平方米	——	12000平方米
人才集聚	200多名教授、博士、高级研究人员和海归学者	1529人，其中员工918人；“千人计划”入选者12人	现有4000多人，已培养博士50余人，硕士80余人，本科班100余人	300多人的科研团队，其中来深圳定居的外籍全职科研人员有40多位
特色运营模式	“四不像”理论	“科技+产业+资本+教育”四位一体	“三发”“三带”	民办公助、自负盈亏
政府支持	提供土地，初期出资6000万，赋予正局级单位	无偿提供77亩土地和1.8亿元建设资金，持续6年，每年无偿资助稳定运行经费1500万元	截至2011年底，获得的政府研发项目达111项，其中国家/部委重大项目就有60项	广东省给予4000万元的创新团队资助，深圳市政府提供免费12000平方米场地，及数亿元的各类资助
创新绩效	目前，技术创新产出价值100多亿元；已孵化企业600多家，其中15家已上市；在孵企业360多家，年销售额超过300亿元	截至2014年底，与企业签订工业委托开发和成果转化合同逾500个；近5年来申请专利2858件，其中发明专利占86%，转化过程中的专利占28.5%	至2017年底，已累计发表论文2363篇，被《自然》《科学》《细胞》等SCI收录的1933篇；建立了世界领先的大规模测序、生物信息、基因检测、农业基因组、蛋白组等技术平台和超级计算中心	2011年开始实施专利战略，已逐步形成以超材料技术为核心的技术专利池。截至2014年6月，光启申请核心专利超过2600件，占过去十年相关领域专利申请量的86%

资料来源：各个机构官方网站

目前，随着新型科研机构不断壮大和对特色人才的旺盛需求，尤其在政府的支持和推动下，各自依托专业领域的研究特色，整合全市特色教育资源，发挥“特区之特”建设深圳特色学院。该项重要举措，也是深化科技和教育体制机制创新、集聚国内外优质创新资源、实现深圳高等教育跨越式发展的重要途径。经过充分地筹备和建设，特色学院取得了较快的发展（表7-3）。

表7–3　深圳主要特色学院发展情况

	华大基因学院	深圳先进技术学院	深圳大学光启新材料特色学院	深圳大学（盐田）工业设计特色学院
成立时间	2011年10月21日	2012年8月30日	2012年12月19日	2013年1月21日
依托机构	深圳华大基因研究院	中国科学院深圳先进技术研究院	深圳光启高等理工研究院	深圳大学艺术设计学院
合作单位	香港中文大学等	香港中文大学、中国科技大学	深圳大学	深圳市灵狮文化产业投资有限公司
学院功能	学历教育（国内、国际）、培训（内部、外部）	人才培养	人才培养	人才培养
培养领域	生命科学	战略性新兴产业、支柱产业	新材料	工业设计
培养对象	本科生（本科创新班）、硕士、博士（联合培养）	硕士、博士、博士后	筹备中	筹备中
办学方向	建设世界一流产学研一体化创新独立学院	致力于集成创新、适应全球科技经济发展变化和区域需求为特色的新型学院	形成具有高度学科交叉与突破性创新的研究风格的特色学院	打造成教育水平领先、高度国际化的专业特色学院以及工业设计创新基地
办学特色	国际化联合培养、系统的学历与非学历教育体系	高层次、高起点、小而精、开放性、国际化、多学科融合	引进国际一流的教学理念和管理体制	小而精、开放式、国际化的企业运营、产学研一体化办学

资料来源：各个机构官方网站

第三节　“五位一体”推动深圳全面创新转型发展

2018年，是全面贯彻落实党的十九大精神的开局之年，也是中国全面改革开放40周年，具有深远而重大的历史意义。新时代、新气象、新作为，深圳正在积极谋划彰显特色的思路，持续推进以科技创新为核心的全面创新，在建设国际科技产业创新中心上实现新突破。

1. 深化实施创新驱动战略，建设国际科技产业创新中心

经过近40年的努力，深圳从以加工贸易起家的经济特区发展成最具代表性的创新之城，从缺乏传统科技资源的边陲小镇成为当今自主创新的先锋城市，先行一步闯出了体制改革、集聚资源、自主创新的成功经验，形成了独具特色的“深圳模式”。然而，与高速增长、日益多元的科技创新需求相比，仍存在一些亟待突破的“痛点”和“难点”。比如，科技型企业创业成本较高，在吸引和留住创业人才方面缺乏竞争优势；创新前端投入与政府投入不足，制约面向未来的源头创新能力；科技创新资源配置区域不平衡，影响全市创新能力的全面提升；现行科研体制难以实现资源共享和高效利用等。

当前，深圳正处于高位过坎、稳中求进的关键时期。面对日益复杂的全球科技创新环境，要牢记党中央对深圳的殷切期望和经济特区先行先试的历史使命，立足全球视野，服务国家战略，始终将科技创新摆在发展的核心位置，抢抓新一轮区域创新合作机遇，率先建成创新驱动型经济，成为代表国家参与全球科技、产业竞争合作的生力军，在建设创新型国家和世界科技强国新征程中发挥重要引领作用。这其中，要推进几个方面的工作：

一是瞄准世界科技前沿，补齐原始创新能力短板。由于缺少高水平大

学和国家布局的“大院大所”，原始创新能力薄弱一直是制约深圳创新水平的核心问题。在新一轮全球科技竞争中，深圳如何抢占创新制高点，关键是扬长“补”短，而不是扬长“避”短，要继续实施创新“十大行动计划”，启动大科学装置群建设，推进国家实验室、基础研究机构、重大科技基础设施布局，建设全球一流的科研机构体系，建设一批国际化开放式创新型大学，超前谋划影响世界未来格局的重大创新活动，超常规开展多学科交叉前沿研究，增强基础创新、原始创新等源头性供给，打造国家高水平科技创新基地。

二是大力集聚科技创新资源，建设世界级的研发型城市。深圳在从“科技沙漠”到“创新绿洲”的转变中，对海内外科技创新资源的“拿来主义”起到了重要的推动作用。未来，要把握创新要素全球流动的新趋势，主动参与“一带一路”建设，对接全球主要创新源区，探索链接利用全球创新资源的新机制，构建便捷高效的创新要素出入境通道，以更具前瞻性的战略、更加有力的举措，加速创新资源的集聚、交流和融合，成为富集全球高端创新资源的关键节点。坚持人才是创新驱动的第一资源，实行更加开放、更有吸引力的人才引进政策，大力落实“千人计划”“珠江人才计划”和“孔雀计划”，全球遴选和发掘前沿领域的战略科学家、科技领军人才和创新企业家，谋划布局深圳未来10-15年人才结构战略，打造国家创新人才高地。

三是完善创新创业投资孵化体系，促进科技成果加速产业化。以战略性新兴产业领域为代表的科技型创业具有高投入、高风险、高回报的特征，但由于其投资周期长、投资风险大、成功率低等原因，难以吸引各类金融投资机构的支持。未来，要围绕产业链、创新链部署资金链，完善科技与资本对接机制，丰富创投资金募集渠道，发挥政府引导基金等政策性基金的杠杆作用，探索打通境内外创投市场，构建多元化、多层次、多渠道的科技金融支撑体系。除资金外，空间、市场和服务也是支撑科技成果转化的核心要素，深圳要进一步厚植创新创业文化，通过搭建国际化创新创业平台，构建全链条的创新服务体系，集聚海内外创客资源，激发全社会创新创业活力，实现更高水平的创新创业。

四是主动引领粤港澳大湾区建设，提升深港创新合作水平与层级。深圳与香港地理位置接壤，两地的自然与社会要素接近，建立区域创新体系有着得天独厚的比较优势和资源禀赋，特别是随着两地经济与文化交流频繁、科技及产业条件互补、前海合作区的成立，以及长期积淀的广泛和深入的民间合作基础，使得“深港创新圈”建设成为顺理成章的任务。未来，要发挥深圳在粤港澳大湾区科技创新中的引领作用，与香港共同推动河套地区开发，推进深港科技创新特别合作区建设，加快编制出台《深港科技创新特别合作区总体发展规划（2018—2035年）》，尽快实行更加便捷的通关手续和入境安排，促进深港两地的人流、物流、资金流、信息流的“流量”增长和高效流动，拉近两地的物理和心理距离。同时，积极参与广深科技创新走廊规划、珠三角城市群协同创新体系建设，促进产业分工梯度布局，提升粤港澳大湾区的创新能级，共同打造国家创新驱动发展的战略支点。

2. 加大重点产业创新发展，培育高质量发展新动能

近40年的发展过程中，深圳的快速追赶和跨越式发展创造了多个“深圳速度”“深圳奇迹”。就其发展历程看，深圳始终坚持“产业第一”的发展战略，紧紧抓住世界产业转移的历史机遇，不断调整和完善自身产业结构。作为“特区”和“都市”一体两面的综合体，深圳也比国内其他地区更早面临产业创新发展的压力和挑战。自20世纪90年代以来，深圳开始大力提倡“二次创业”，通过发展高新技术产业，逐渐由以传统工业占主导转向以创新型现代产业为主导，并成为全国科技成果转化的沃土。目前，深圳基本形成了先进制造业、现代服务业和优势传统产业协调发展格局，高新技术、金融、物流、文化四大支柱产业快速增长，产业内部结构持续优

化。面向未来，深圳已经着手布局生命健康、军工、航空航天、机器人、智能装备等7大未来产业集聚区，预计总投资超2000亿元，再一次成为国家产业布局调整的重要试验区。

深圳的跨越式发展取得了令人瞩目的成就。但深圳总体经济发展水平与高质量发展的要求还存在较大的差距，实体经济发展压力还很大，生产经营成本偏高，土地空间十分有限，迫切需要构建以“高、新、软、优”为特征的现代产业体系，形成梯次发展的产业结构和新的竞争优势，实现有质量的稳定增长和可持续的全面发展。具体来看，有几个方面的内容需要加以重点关注：

一是探索以产业链、创新链为纽带的产业创新发展生态。发挥企业在整合创新资源、带动产业链整体创新方面的作用，搭建以企业特别是大型骨干企业为核心的开放式创新平台，吸引、整合上下游的产业资源、创新资源，实现市场化的集成。比如，通信设备领域的华为、中兴，医疗器械领域的迈瑞，电动汽车领域的比亚迪，发挥大企业的龙头作用和技术创新优势，参与制定共性技术和重要技术标准。同时，鼓励龙头企业资源开放，把企业的接口和平台面向深圳的其他企业开放，形成上下游紧密结合的产业链，形成大企业引领中小企业，与中小企业协同合作的格局。

二是瞄准未来产业领域，抢占全球科技创新战略制高点。随着全球新一轮科技革命的兴起，新技术、新模式、新业态的国际竞争日益激烈，特别是以美国、日本、欧盟为代表的发达国家正在大力实施面向全球、面向未来的战略部署，抢占全球科技创新竞争制高点。未来，围绕国际科技产业创新中心的战略定位，瞄准国际产业发展趋势和重大前沿技术，聚焦人工智能、物联网、新能源、新一代信息技术、新材料、生物和生命健康等未来产业领域，注重发挥大平台、大项目的牵引作用，在智能海洋工程、5G、工业互联网、人工智能等领域谋划建设一批具有国际影响力的制造业创新中心，加强源头性和基础性技术研究，开发具有技术主导权的关键技术和产品，推动一批处于国际领先地位的创新成果产业化，培育若干能够代表我国参与新一轮全球竞争的领军企业集群。

三是启动第二波全球化，促进国际价值链的逆向攀升。通常，为发达国家代工或外包的发展中国家企业的四种序贯式升级模式，即“工艺升级→产品升级→功能升级→链的升级”，大致可以判断深圳在国际竞争中已经进入功能升级和链的升级阶段。深圳要真正建立具有主导权的区域价值链分工体系，需要进一步鼓励和促进以本地企业为基础的总部经济发展，激励其由“外溢式发展”向“外溢式辐射”的模式转变。目前，深圳市境内总部企业的腹地资源不充分，可以考虑加大与珠江口东岸城市与地区的紧密合作，优化深圳与周边中小城市与地区之间（如东莞、惠州）的资源要素配置，引导不同类型产业的转移和外地工业园、产业园和科技园的建设，扩大市场资源和产业发展空间。

3. 探索社会创新机制设计，打造包容创新型社会

现代社会自工业革命以来不断发展变化，西欧与北美国家持续先行发展，不仅走在了生产力的前沿，而且走在了社会制度设计的前沿。后发的东亚新兴经济体，如亚洲“四小龙”，通过融会中西制度，探索出了经济和社会发展的新兴路径，形成了稳定、良性的社会体系。自经济特区正式成立以来，历届深圳市委市政府高度重视社会建设工作，以敢闯敢试精神不断推进社会管理创新，为全国其他地区提供了有益的经验。未来，深圳要持续探讨进一步完善和创新社会领域的制度设计，在社会领域“见贤思齐，见不贤而内自省”，调动社会公民参与创新的积极性，以最广大的创新力量再造新的“深圳奇迹”，这也是保障经济高质量发展的基石。

一是建设公民社会，凝聚每一个成员参与城市现代化建设的创造力。“公民社会”（Civil Society）又称“市民社会”，是近年来讨论热烈且争议较多的一个概念，学术上亦有不尽相同的解释，常见的一种是指“围绕共同的利益、目的和价值上的非强制性的集体行为”。就深圳而言，创新驱动发

展的一个重要任务就是充分激发社会成员参与城市建设的积极性特别是创造力，要着力破除“身份型社会”，打破一定程度存在的以出身、背景、权利、关系等因素来参与社会资源分配的格局，要通过创造公平的教育和就业机会、完善公共服务均等化、破除垄断等不正当竞争、完善知识产权保护等法治建设、提供鼓励创新创业的发展环境等系列措施，为社会各阶层群体提供机会均等的生存与发展环境，以及参与城市现代化建设的均等机会，以促成社会成员更大范围、更深程度、更高质量参与深圳的创新发展。

二是鼓励和引导新型社会组织，推进城市经济社会全面创新发展。深圳是我国社会组织最为活跃、最具规模和影响力的城市之一，社会组织对城市的科技创新、经济发展、环境保护、文化建设、民主政治、社会和谐等各个领域也产生了广泛而深刻的影响。新时期，要积极发挥社会组织的作用，前提是营造社会组织成长壮大的外部环境，要进一步放宽对民办非企业单位、行业协会、基金会、社会团体等社会组织的登记条件和审批程序，大力培育社会型组织登记，探索有中国特色的NGO（Non-Governmental Organizations）发展模式，加强在人才培训、社会保障、职称评定等方面给予优惠和指导，对于一些兼具公益和经营性质的社会组织要探索从税收和财政上加以扶持，加强政府购买服务力度，鼓励和支持专业类社会组织承担咨询研究、项目论证、技术评审、法律援助、医疗救助、监督与道德维护等各领域功能，大力宣传社会组织的地位和作用，倡导广大市民参与社会公益，促进社会组织发展壮大。

4. 全面践行绿色创新发展，塑造绿色低碳城市样本

按照国外学者研究，随着人均收入提高，环境污染的一系列指标将会出现“拐点”。90年代以来，深圳就进入了高增长、高污染的阶段，雾霾天气在90年代持续增长至年均80多天。深圳及时发现了经济发展过程中所存在的生态问题，并不断深化认识经济发展、资源约束和生态环境之间的

关系。

近年来，深圳市在大力发展经济的同时，也一直在加强生态环境保护，创造了闻名国内外的绿色创新发展“深圳特色”。2005年，深圳将49%的土地划入基本生态控制线，并出台了管理规定。2006年开始，深圳市陆续印发实施了《深圳生态市建设规划》（深府〔2006〕264号）、《关于加强环境保护建设生态市的决定》（深发〔2007〕1号）等一系列文件和方案。2013年，深圳市政府出台《深圳市大气环境质量提升计划》（深府办〔2013〕19号），随后2014年投资319亿元打造“蓝天工程”，极大地改善了城市绿色发展形象。2018年3月26日，深圳市政府印发《深圳市可持续发展规划（2017—2030年）》和《深圳市国家可持续发展议程创新示范区建设方案（2017—2020年）》（深府〔2018〕27号），以强化依靠创新突破城市发展瓶颈，加快推动科技创新与社会发展深度融合，探索可复制、可推广的超大型城市可持续发展路径，为中国乃至世界的其他城市提供示范①。此外，深圳绿色低碳发展也始终走在全国前列，尤其在碳市场建设方面取得了显著的成绩，为国内其他地区探索绿色创新发展提供了较好的示范和借鉴。

从国际发达国家和城市的可持续发展经验看，坚持绿色发展不仅是国家经济新常态下的新发展理念，也是深圳迈向高质量发展阶段需要始终遵循的战略指引。落实党的十九大报告“建设美丽中国”的战略部署，结合深圳当前的绿色低碳发展面临的问题，坚决打好污染防治攻坚战，全力寻求低污染、高增长的通道，破解经济社会高速发展中面临的生态难题。具体来看，有以下几个方面的重点任务：

一是践行绿色发展理念，打造更加和谐宜居的城市环境。和谐宜居是人类社会与自然界和谐共处、良性互动、持续发展的一种文明形态。多年来，深圳不断克服地域面积小，经济总量大，单位面积污染治理强度大的困难，努力营造青山常在、绿水长流、空气常新的生态环境，为广大市民

① 深圳政府在线：http://www.sz.gov.cn/zfgb/2018/gb1052/201805/t20180528_12002951.htm

带来了最普惠的民生福祉。未来，要进一步落实“美丽深圳”的发展定位，持续开展“世界著名花城”三年行动计划，并通过实施绿化提质工程、美化提升工程、亮化提标工程，完善绿色生态网络体系，努力让城市回归自然、回归生态，率先打造人与自然和谐共生的美丽中国典范。

二是深入推进碳排放权交易试点建设，倒逼传统产业转型升级。作为全国首批碳排放权交易试点之一，深圳创造了全国首单“碳债券”、全国首家向境外投资者开放的碳交易平台、全国首单跨境碳资产回购交易业务等纪录，对区域产业转型升级具有积极的影响。下一步，要充分借鉴发达地区的绿色低碳发展经验，结合深圳未来经济发展阶段的碳排放特点，研究谋划碳交易市场体系建设，以传统工业（制造业）、公共交通领域为突破点，探索与国际国内市场接轨的交易体系，创新建筑碳交易市场，抑制城市化和工业化后期产业快速发展过程中建筑能耗和碳排放增长的趋势，引导和推动全市产业转型和结构升级调整。

三是谋划重点领域的创新，强化绿色低碳发展政策支持。从国外成功经验来看，绿色低碳发展的关键是具备良好的经济体制及完善健全的法律法规和支持政策。低碳技术是低碳经济发展的关键，美国、欧盟、日本纷纷对低碳技术研发给予大量的财力支持。在今后的发展中，深圳首先需要加大低碳财政支出力度，包括低碳研发补贴及采购补贴政策，鼓励企业进行低碳技术研发，鼓励消费者购买低碳产品，促进低碳经济发展。其次，要建立完善的低碳金融市场政策体系，既包括对直接低碳金融市场的支持，比如低碳绿色信贷产品，还包括对低碳经济发展所需的间接投融资市场的支持，如低碳主板市场、创业板市场、债券市场等。同时，还要建立低碳金融风险评估与监测的管理信息系统，建立低碳金融风险预防制度，健全低碳金融市场监管体系。

5. 建设特色创新文化系统，构绘文化深圳新蓝图

20世纪90年代以来，文化问题已成为世界注意力的焦点，越来越多的学者、政治家、企业家及社会舆论都充分认识到文化与科技、经济和政治相互交融，深刻地影响着人类文明的历史进程和经济发展。创新文化是与创新活动相关的文化形态，是社会共有的关于创新的观念和制度的设置。它反映了社会的创新能力和对创新的态度，这种态度体现了一种价值取向，映现了社会是否对新思想、变革、风险成败都抱容许、欢迎乃至积极鼓励的态度。激发创造力是创新文化建设的目的，制度是创新文化的保证，价值观念是创新文化的核心。当代创新发展中，创新文化问题受到高度重视，人们常以硅谷为例研究创新文化的重要性问题。萨克森宁指出，硅谷文化的主要特点是平民化、组织扁平化、经验交流、知识共享、拥抱变革、挑战传统。他还强调，遍布全球的产业创新区、高技术园区都在模仿硅谷，但是创新文化却是很难移植的。

自改革开放以来，深圳以近40年跨越发展的实践，培养具有鲜明特点的创新文化，成为深圳自主创新的孵化器和助推器。这种创新文化核心理念是“锐意创新、彰显个性、追求卓越、宽容失败”，个人创新表达自由，企业创新主体地位突出，政府积极不干预，创新成为一种崇尚的集体意识和活动行为（张军，2012）。

从系统论和系统构建的角度看，目前深圳创新文化系统已经进入成熟阶段，即自主自强阶段。这个阶段的创新文化内容包括前四个阶段8个方面的要素，即冒险、宽容、开放、实干、模仿、学习、自强、自主，它们之间不再是层次关系，主要是要素之间的关系，是要素之间的同层级关系。在深圳未来的创新文化系统构建过程中，重点是如何处理好8个要素之间的关系，相互作用、相互影响，形成复杂的功能耦合网。

第八章　深圳实施跨越探索的全局意义

回顾近40年的先行探索，深圳的经济发展和社会进步取得了举世瞩目的成就，其意义与价值，不仅仅是对于国家经济上的贡献，更是在改革和创新层面上。因此，如果认为深圳特区的“特”只是体现在作为国家政策下的“经济特区”能够享受一些优惠政策和灵活措施，那么就拉低了深圳探索的价值。然而，如果将深圳特区的“特”定位于中国深化改革的试验田、对外开放的桥头堡、创新发展的风向标，“特”在带领全国人民摆脱贫穷落后、不断解放思想、实现共同富裕，“特”在成为引领中国率先从中等收入水平跨越中高收入陷阱、迈向高收入经济体的城市样本，这才体现了深圳的重要意义和价值。

近40年来，深圳凭借“摸着石头过河”进行了成功的探索，产生了全局性的积极影响：对世界，提供了后发且创新资源匮乏地区创造发展奇迹的范本；对中国，成为改革开放和城市自主创新的试验田；对自身，已有的发展基础和经验将为深圳未来再次“创业”开辟新征程。深圳发展到今天，也走到了一个关键节点，在延续“摸着石头过河”的传统的同时，未来要更加注重“顶层设计”，在中国全面深化改革的大背景下继续先行先试，创造一番新的作为，在这个意义上，深圳过去的探索和未来的新探索都将具有全局的意义，必将起到重要的示范和借鉴价值，主要概括为几个方面。

第一，深圳的探索表明，资源存量不是决定一个城市发展成功与否的关键因素，而重在体制机制的不断创新和对时代机遇的准确把握。深圳从在经济资源、科技资源、人才资源一片空白的小渔村发展成以自主创新为特征的现代化大都市，其关键在于制度革新和对时局环境的正确把握。凭借国际产业转移，深圳以“三来一补”奠定了工业发展基础，其后在国际产业发展趋势变化和自身发展模式局限的影响下，开始大力发展高新技术产业，再后来随着环境的变化，转变为建设区域创新体系，这期间，深圳伴随着无数的制度突破与创新，凭借着源源不断的“制度红利”“创新红利”，有效弥补了各类资源匮乏的天然短板，为城市创造了持续的竞争优势。

第二，深圳的探索表明，改革开放要超越于单纯的经济增长，必须推进经济、社会、政治、文化、生态等全方位的综合配套改革才能取得持续发展。深圳率先在经济领域改革撕开了一道口子，但始终伴随着各领域的配套改革，如“允许看，不争论，大胆地试，大胆地闯”——这种在改革开放过程中理论与实践关系问题的特殊解决方式就是思想和意识形态领域的重要改革；再如在全国率先打破“铁饭碗”、实现干部年轻化、创建义工团体等就是在政治和社会领域的改革。试想，如果缺失这些配套改革，如何调动每个劳动者的工作积极性，外部的人才、资金、技术和设备如何涌入特区，而深圳企业和产品又如何走出去，深圳如何得以发展？深圳通过大量实践证明，经济改革只有配合相应的社会全面改革才能取得成功。

第三，深圳的探索表明，敢闯敢试加之足够的智慧是促成改革深入推进并取得成功的重要基础。小平同志指出：“深圳的重要经验就是敢闯”①。改革开放初期，中央赋予深圳“杀出一条血路”的历史使命，这在当时实际上是对深圳突破现有体制和法律法规的合法授权，而深圳也即是运用了这样的“违法权”，突破了层层计划经济体制的束缚，进行了广泛深入的市场经济探索，如物价改革、劳动工资改革、全国第一槌卖地等等，创下了

① 邓小平．邓小平文选第三卷：在武昌、深圳、珠海、上海等地的谈话要点 [M]. 北京：人民出版社，2002：372.

全国改革之最。需要强调的是，改革需要勇气，更需要智慧。明确改革的“靶点”和拿捏好轻重缓急都很重要，而深圳的改革能够顺利推进并起到引领示范作用，避免了很多诸如历史上和国外经济社会改革出现的“翻船”现象，这与深圳对体制、对民族、对发展阶段的准确理解至关重要。

第四，深圳的探索表明，在改革成本最小的地方尝试并将成功经验推广，是引领我国改革开放探路成功的重要策略。还原到改革开放初期，在全国的发展思路、意识形态无论在高层还是在民间都未形成高度统一，同时计划经济体制还处于主导的情况下，改革破冰牵一发而动全身。在这种情况下，一定要在条件具备、阻力最小的地方先行先试，而深圳正是这样一个条件最成熟、社会震荡最小，同时毗邻香港这一发达资本主义经济体，有相当便利的条件来感受市场经济的新生事物和学习借鉴的机会。因此，深圳成为当时经济社会深层次改革最容易取得成功的地方。今天的深圳依然是历史包袱最少、制度成本最低的城市之一，依然最有资格在推进中国全面深化改革中发挥先锋作用。

第五，深圳的探索表明，改革与创新是永无止境的，必须与时俱进、顺应环境与形势变化方能立于不败之地。辩证唯物主义告诉我们，运动是永恒的。任何模式都不是一成不变的，城市发展也不例外，深圳以往的改革成功并非能够一劳永逸，其探索的发展模式也必须与时俱进，也正基于此，深圳适时推动经济增长动力转换，加强行政管理体制等配套改革，沿着自主创新的路径发展。但从目前实际情况看，中国的改革开放仍在进行，深圳的先行探路也还在途中，很多深层次和重大改革开放问题并没有解决，同时随着外部环境的变化和自身的发展，又出现了一些新的问题。面临这些没有解决的深层次问题和新问题，依然需要继续解放思想、改革创新，继续发扬深圳为全国探路的“传统”。

第六，深圳的探索表明，能够激发人们心中梦想的渴望、凝聚有梦想的人投奔深圳实现人生价值才是特区真正的特色与魅力。可以说，近40年的深圳是中国最大的梦工厂，创造了彪炳史册的城市发展成就，这份成就的原动力来自五湖四海的每一个移民心存的“深圳梦”。深圳梦就是现代移民的梦、是“敢闯敢试”者的梦，他们相信深圳是一座追梦之城、织梦之城、圆梦之城，正是每一个普通移民的追梦不息、奋斗不止，最终成就了自己，也成就了这座城市。当然，荣誉只属于过去，如今，深圳处于一个关键的发展机遇期，如何再一次激起中国人追求财富、自由和幸福的光荣与梦想，努力创造优越的个体发展环境，源源不断地吸引新时期的追梦人，共同实现城市理想，是深圳当前与未来发展的重大历史命题。

下篇

龙岗创新的深圳范本和中国意义

第一章　龙岗建区25年发展历程回顾与总结

龙岗地处深圳东北部，是深圳辐射粤东粤北地区的“桥头堡”。自1993年建区至今25年来，龙岗已从深圳的“偏远郊区”变身“现代新城”。当前，对龙岗建区以来经济社会发展所经历各个阶段的划分，由于聚焦重点和切入角度的不同，有诸多版本。本文在借鉴相关划分的基础上，从产业和创新的维度出发，将龙岗经济社会发展历程划分为探索调整期、加速转型期以及提升发展期三个阶段。

第一节　探索调整期：以传统加工主导的贸易带动阶段（1993–2000年）

龙岗区1993年1月1日成立，2010年5月31日正式划入了深圳经济特区的版图。在1993至2000年这段时间，龙岗区与深圳经济特区虽同属深圳市行政区范围，但“圈内圈外”实行两套管理体制。在这一时期，龙岗作为深圳经济特区之外的区域，更多处于区域探索调整的发展阶段，主要依靠传统加工贸易带动。

1. 作为深圳原特区外区域，重点发展“三来一补”企业[①]

龙岗区发展“三来一补”是历史的选择，是国家改革开放背景、深圳

① “三来一补”是指从事来料加工、来样加工、来件装配及补偿贸易的企业。

经济特区转型以及龙岗区自身经济发展内在要求三个方面因素共同作用的结果。1992年，邓小平南方讲话和党的十四大后，中共深圳第二次党代会提出培育创新优势的发展方向，原特区内“三来一补”企业实现有序腾退。龙岗区作为地处原特区之外，且隶属于深圳市的行政管辖范围的区域，具有承接腾退企业的天然优势。根据深圳市委市政府关于“把龙岗区建成深圳的大工业、大能源、大旅游的卫星城”的规划精神，龙岗区工业发展定位为以工业为主体、企业经营规模化、产品生产系列化的大工业基地。从当时深圳市对龙岗区的发展定位和龙岗自身的发展需求来看，重点发展“三来一补”企业是龙岗区当时的现实选择。

龙岗区成立前所属村庄就已经自发引进“三来一补”企业。以龙岗区坂田村为例，1980年，坂田村就从香港成功引进村里第一家来料加工厂——荣华毛衫厂，厂家入驻之初，村里尚未建设用以生产的标准厂房，村集体将1000平方米大礼堂作为厂房使用。此后，“三来一补”企业在坂田村越来越集中，到1993年坂田村共设有135家来料加工企业，固定资产价值逾3亿元，被国务院发展研究中心确认为全国百强村①。探索调整期前，龙岗区已通过传统加工主导的贸易带动手段取得一定经济成效。截止到1992年，全区共有3000余家“三来一补”企业，占全区工业企业的53%；吸纳31.5万就业人口，约占全区就业总量58%；加工费结汇收入，厂租结汇收入和水电费结汇收入达2亿美元，按当时汇率折算，约合人民币17亿元，占全区GDP的76%。除上缴中央、市级外汇及企业留成收入，区级政府留成财政收入7000万美元，折合人民币2.1亿元，占区财政收入的82.5%②。1993年，广东省出台《广东省对外加工装配业务条例》以及1995年深圳市推出的《关于加强“三来一补”管理的若干规定》等政策，为龙岗区进一步坚定发展“三来一补”企业明确方向，加大了承接特区腾退企业力度。十余年间，龙岗区“三来

① 凤飞伟、晏磊．龙岗“三来一补”转型攻坚 [N]. 南方日报：2011.06.15：A01.

② 李元阳、宋丁．深圳市龙岗区“三来一补”企业的转型问题 [J]. 特区经济 .1994（2）：35-37.

一补”企业产品结构从早期的简单装配、单一品种向成套生产、多品种转变，合作对象由港商向台、韩、日、美、加、澳等多国商人扩充，对龙岗经济实现历史性飞跃做出巨大贡献。

2. 优先建设“两城一区”，高新技术产业开始快速增长

1992年，国务院关于深圳市要求扩大特区范围改变宝安县体制问题的批复（国函〔1992〕100号）下发，同意原宝安县撤销，同意扩大深圳经济特区范围，原宝安区域内的外商投资项目，经国务院有关部门审批，可享受经济特区优惠政策。这表示着龙岗正式成为市辖区，并可以享受经济特区外商投资企业政策。在这样的背景下，龙岗区政府提出优先建设“两城一区”的发展战略。

“两城一区”具体为龙岗中心城，宝龙工业城与坂雪岗工业区。龙岗中心城位于横岗与龙岗镇之间，总规划面积约32平方公里，期内建设盛平第二工业区、黄阁坑工业区等一批工业园区，仍以传统“三来一补”企业为主要服务对象。宝龙工业城位于龙岗中心城东南，始建于1993年，规划面积约23平方公里，开发之初，恰逢龙岗加工贸易产业鼎盛之际，入驻大量外资加工类企业。坂雪岗工业区是梅观高速、布龙路、机荷高速、清平高速围合的区域，始建于1994年，规划面积约为22平方公里。

通过“两城一区”的建设，龙岗区政府又开始引导高新技术产业进驻，先后引进了欧帝光学、深爱半导体、五洲龙、同洲电子等一批高科技企业。在探索调整期，坂雪岗工业区历经了玩具等传统工业产业，到电子等科技含量较高的工业产业，再到大力发展民营经济和第三产业的完整产业升级过程。第三阶段的开启是以华为公司的引进为标志。1997年坂雪岗工业区与南山、宝安区竞争，以150元/m^{2}的价格将400元/m^{2}成本价格的土地出让给华为公司使用，成为当年的赢家[①]。现在回过头看，华为公司的落户成为龙

① 冷雪冰、欧官成．科技兴区实干兴邦 [N]. 深圳侨报：2016.5.3：A01.

岗区跨越发展、创新发展的里程碑事件，为全区的经济、税收、产值、创新等多项重要指标跻身全市前列做出了重大贡献。在这一阶段，受外资注入和工业大发展的带动，龙岗区高新技术产业保持年均70%的超高速增长，产业竞争力和影响力开始显现。八年间，“两城一区”建设初见成效，全区高新技术产业超高速发展，产值规模从最初的不足2亿元壮大到2000年的75.5亿元，占工业总产值的比重由4.1%提升到28.7%，对区域经济的贡献和影响力不断增强（见表1-1）。

表1–1　龙岗区探索发展期高新技术产业发展情况

年份	规模以上工业企业高新技术产业产值（亿元）	同比增幅（%）	全区规模以上工业企业占比（%）
1993年	1.9	—	4.1
1994年	3.3	73.9	5.0
1995年	6.2	87.9	7.1
1996年	11.3	82.3	10.3
1997年	20.1	77.9	14
1998年	35.1	74.6	20
1999年	54.8	56.1	25.1
2000年	75.5	37.8	28.7

数据来源：龙岗区历年国民经济和社会发展统计公报、龙岗区创新驱动发展工作情况汇报

3. 工业化和城市化进程加快，为现代城区建设打下基础

在这一时期，随着“三来一补”企业的发展，龙岗的工业化和城市化进程大大提速。1992年12月，撤销宝安县建制，1993年1月1日深圳市龙岗区挂牌成立。建制的频频变动使得1993年之前是以村庄为主体，自行引进“三来一补”企业，建制确立后主要以园区为基础承载企业。2000年，全区有4000余家“三来一补”企业，三次产业结构为1.43∶67.53∶31.04，一、二、

三次产业就业人口分布为2.26：79.56：18.18[①]。数千家生产厂房等基本设施的需求使得巨量集体土地转变为非农用地，数十万的劳动力需求促使当地农民开始"洗脚上田"和"脱鞋上楼"，从第一产业转向第二产业，客观上为城市化创造了条件。

"两城一区"和基础设施的建设，为城市化奠定了良好基础。1993年龙岗区作为深圳原特区外区域，通过建设"两城一区"，极大地改善了区域基础设施和环境面貌。"两城一区"规划面积达77平方公里，而当时龙岗区总土地面积为844.1平方公里，城市基础设施的建设和园区产业配套设施的投资，客观上促使大量集体土地农转非，创造了大量第二产业工作岗位。同时，深圳城市化开始加速推进，1980-1992年是特区内城市化阶段，1992-2003年是特区外城市化阶段[②]。从历史的纵深寻根，龙岗的发展史就是一部抢抓机遇、乘势发展的历史：建区之前，抓住改革开放的历史机遇，大力引进"三来一补"企业；建区之初，龙岗抓住撤县设区的机遇，通过"两城一区"和基础设施建设，二者共同发力，全面加快了工业化、农村城市化进程，进而为现代城区建设打下基础。

第二节　加速转型期：以产业发展主导的要素聚集阶段（2001–2012年）

进入2000年以后，龙岗区通过大力腾笼换鸟推进产业结构优化升级，以高新技术产业为主体，加速各类产业要素、创新要素的集聚，快速实现了区域经济、要素和发展在量上的积累，2001-2012这十年左右的时间，区域经济发展基础不断夯实，综合实力快速提升。

① 龙岗区人口变动与产业转移升级相互关系的研究．龙岗政府在线，2013.6.19 http://www.lg.gov.cn/tzcy/tjfx/201804/t20180412_11712454.htm

② 林晨．对深圳实施"全面城市化"的思考 [D]. 同济大学硕士论文，2005（9）：22-25.

1. 大力实施腾笼换鸟，加快推进产业结构优化升级

产业结构升级的需求事实上贯穿于区域经济发展的各个阶段。以龙岗区坂田村为例来看，1998年，坂田村引进具有港商背景的宝吉工艺品厂，当时是全球最大的仿真圣诞树生产企业，产品销往世界六大洲，宝吉曾为推动坂田雪象片区的城市化做出了巨大贡献。但到了2007年，宝吉对内拖欠员工工资，对外拖欠供货商货款，事件之大震动市区领导，多方斡旋之下得以平息，但“圣诞树之王”却轰然倒下。同年，随着企业效益的滑坡，劳资纠纷呈高发态势，社会就业矛盾频发。“宝吉之死”并不是个案，而是一个时代企业类型和发展模式的终结，表明原有的传统加工型的生产组织模式、管理方式难以适应新的市场需要，必须进行主动或被动的产业转型升级。

2001年以后，龙岗区积极把握全市政策资源向高新技术产业倾斜的机遇，开展多方面的工作，大力实施“腾笼换鸟”，加快推进产业结构调整和转型升级。“腾笼换鸟”换的是产业，但其背后涉及环境、政策、创新等诸多方面的内容，本节重点从营商环境改善、政策引导、科技创新支持等方面加以梳理。

从营商环境来看，对产业和企业而言，产业基础设施、生活配套设施是营商环境的根本所在。龙岗区首先启动了城市整体基础设施、园区生活配套设施的升级，夯实产业硬件基础设施支撑能力。2001-2010年，十年时间内，龙岗区一般公共预算支出由17.66亿元上升至102.20亿元，年均增速达到53%；发电量由36644万千瓦时到138.50亿千瓦时、自来水生产量由1.8517亿吨到3.44亿吨等方面单位量级突破①。轨道交通、公路、市政公园等实现从无到有，极大提升了区域营商环境。宝龙工业城最初建设为传统工业区，主要配备厂房、办公楼及宿舍等工业用房，商业、金融等生活配套

① 数据来自 2001、2010 年《龙岗区统计局国民经济和社会发展统计公报》。

设施主要依靠周边南约、同乐社区提供[①]。2000年，宝龙工业城开始从工业区向高新技术产业园转变，园区定位的转变使得宝龙原本就不足的生活配套设施缺口更大。2009年推出的《深圳市龙岗宝龙工业城地区法定图则》，以增加园区内配套生活区地块弥补现存缺陷。至2010年，工业城实现9.28平方公里开发面积中，工业用地占45%，居住用地占18%，商业、文化、绿地等用地占4.3%的土地利用格局，园区内实现了产业、居住、生活、休闲多元配套功能的升级，局部营商环境得到大幅改善。

从政策引导来看，龙岗区两手发力，一方面，主动清理淘汰一批高耗能、高污染企业以及无牌无照企业。另一方面，接连出台政策督促产业转型。2007年，出台《关于落实十七大精神加快推进和谐龙岗、效益龙岗、平安龙岗、生态龙岗、人文龙岗建设“1+8”文件》等系列政策文件；2008年，出台《来料加工企业原地不停产转型“三资”企业工作方案》等“3＋1”配套文件；2009年，出台《深圳市龙岗区贸易工业局2009年度责任目标白皮书》等政策文件；2010年，出台《关于调整优化产业结构促进产业转型升级的决定》；2011年，出台《关于加大财政扶持力度加快产业转型升级的若干措施》；2012年，出台《龙岗区产业转型升级工作快速推进机制》等政策文件。从各项政策导向来看，均是指向产业转型升级，围绕企业转型、产品升级的各个环节，给予引导和支持。

从科技创新的支持来看，重点举措是打造高新技术产业平台体系。龙岗区在水官高速和龙岗大道沿线精心打造26个创新产业园区，其中天安龙岗数码新城、中海信科技园、大运软件小镇、天安云谷等极具龙岗特色，截至2012年底，已吸引855家科技创新企业入驻。全区文化产业园区数量达18个，其中国家级“文化产业示范基地”2个，成为全市创意产业园区建设发展速度最快的地区[②]。从企业发展来看，不少龙岗中小企业逐步发展成为

---

① 凤飞伟．迷失的宝龙工业城 [N]. 南方日报，2013.5.8：A01.

② 数据资料来源于《深圳市龙岗区国民经济和社会发展第十二个五年规划》

国内外知名企业，如华为、比亚迪、康冠、驰源、雄韬等高科技企业都是在龙岗实现了做大做强。

2. 高新技术产业高速增长，快速完成发展量的积累

随着深圳国家高新技术产业带、国家创新型城市建设大幕的徐徐拉开，龙岗区凭借独有的空间和产业优势，逐步发展成为全市高新技术产业的主战场，吸引越来越多的政策、资金、人才资源集聚。在市、区合力推动下，龙岗高新技术产业迎来了快速发展期。2007年，龙岗区已在通信设备制造产业、计算机及其外部设备产业、二次电池产业、手机产业、软件产业、IC产业、新材料产业、数字装备制造业、光电子产业、汽车电子产业、仪器仪表产业等11个高新技术产业领域形成一定规模，实现产值10亿元以上。其中，有些产业已占据绝对优势，如软件产业，2007年全区实现总收入710.8亿元，占全市的53.6%；出口额达150.5亿元，占全市的82%。到2006年底，全区高新技术产品产值首次突破千亿元；至2012年，全区高新技术产业实现产值达2600亿元，占工业总产值70%以上，是建区时的1300多倍，高新技术产业成为龙岗区经济发展的第一支柱。

3. 城市综合实力彰显，创新创业新城形象逐步确立

经过十几年的发展，龙岗区坚持实施自主创新战略，逐步实现从加工到高新技术产业的华丽转身，走出了一条由模仿创新、集成创新，再到自主创新转变的路子，从产业创新为主向全社会普遍创新转变，初步形成了以企业为主体、市场为导向、人才为核心、政产学研相结合的区域创新体系，形成了大中小企业共同参与的创新生态格局。

从技术创新成果来看，专利申请量和授权量逐年递增（表1-2），专利指标多年保持全市前列。“十一五”期间，龙岗区累计专利申请量55489件，专利授权量29962件，占全市比重均超过28%；PCT国际专利申请量占全国

的20%左右。

表1-2　龙岗建区25年来专利水平发展情况一览表（单位：件）

年份	专利申请量	发明专利申请量	专利授权量	发明专利授权量	年份	专利申请量	发明专利申请量	专利授权量	发明专利授权量
1993年	26	3	20	0	2006年	11113	6363	1980	1258
1994年	39	3	21	1	2007年	10211	6293	4158	1037
1995年	49	2	34	0	2008年	10011	5955	5969	2878
1996年	94	7	43	0	2009年	9005	4617	7975	3525
1997年	114	5	79	2	2010年	8992	4249	8317	3455
1998年	207	9	108	0	2011年	10028	5087	7289	3481
1999年	399	24	289	0	2012年	11787	5771	8342	3304
2000年	451	42	372	1	2013年	13414	—	8207	—
2001年	704	52	476	7	2014年	12943	—	9020	—
2002年	939	78	759	10	2015年	16568	7070	11330	3280
2003年	2306	1006	993	34	2016年	20470	7669	12146	3635
2004年	3409	1924	1170	32	2017年	24686	7449	15691	4205
2005年	6157	2657	1509	1023	2018年	—	—	—	—

数据来源：《龙岗区自主创新之路》、深圳国家知识产权局专利代办处、深圳市市场和质量监督管理委员会。

在科技奖项方面，获得国家科技系统三项最高荣誉。自1997年以来，龙岗连续被评为“全国科技工作先进城区”“全国科技进步示范区”“全国科普示范区”等荣誉称号；华为等一批高新技术龙头企业的高精尖产品从龙岗走向世界，华为控股总部等重大产业项目落户龙岗。2012年，龙岗企业获国家科学技术进步奖3项、广东省科学技术奖5项，深圳市科学技术奖励12项；在广东省创新大赛上获奖8项，其中一等奖3项，在深圳市创新大赛上获奖100多项。2010年以来，龙岗区抢抓特区一体化、迎办大运会等历史机遇，实现了全区经济社会的大发展，支撑创新发展的经济实力不断增强、城区环境日益优化，为在更高层次上创新发展打下基础。

这一时期龙岗区还经历了两次区划调整的重大事件，2009年坪山分立，下辖坪山、坑梓两个办事处；2011年大鹏分立，下辖大鹏、南澳、葵涌三个办事处。坪山新区[①]和大鹏新区均作为功能区，探索“市-新区管委会-办事处”的一级政府三级管理模式，取代现行“市-区-街道-社区工作站”的二级政府四级管理模式，以缩短管理链条，提高行政效率。坪山、大鹏的分立，从长远来看，对龙岗区的经济发展、资源禀赋、土地空间、区域关系、资源投放等方面产生深远的影响。

第三节　提升发展期：以创新驱动主导的内生增长阶段（2013年至今）

2013年以来，龙岗区高新技术产业厚积薄发，实现了由量到质的提升，战略性新兴产业强势崛起，未来产业不断孕育成长，创新驱动形成强大合力，激活龙岗经济发展的新动能。主要表现以下几个方面：

1. 高新技术产业厚积薄发，实现了由量到质的提升

龙岗区从1993年建区以来，历经“三来一补”产业完成工业化基础，经过了高新技术产业发展时期和产业结构转型升级时期，到2013年左右，基本实现从产品订单加工向模仿创新，再到自主创新的转变，形成以民营企业为主导、高新技术企业为技术创新骨干、技术转移市场化运作的创新发展格局。从全市来看，龙岗区在高新技术产业发展、科技创新方面也举足轻重。2017年，龙岗区PCT国际专利申请量4546件[②]，全市排名第二，占全市总量近1/4。高新技术产业产值突破 6436.91 亿元，占全市的30%。

---

① 注：到了 2016 年 10 月，国务院批复广东省政府，同意设立深圳市龙华区和坪山区，以坪山、坑梓 2 个街道的行政区域为坪山区的行政区域，从此坪山新区成为坪山区。

② 数据来源：龙岗区 2017 年国民经济和社会发展统计公报

在科技成果转化方面，探索了骨干企业引领、政府引导、市场运作的体制机制，成果转化与技术转移初见成效。2015年以来，龙岗区组建了龙岗区技术转移促进中心，是广东省第一家全流程网上交易服务平台，至目前已完成撮合技术成果交易402项，合同金额4.09亿元①。2017年，华为向欧洲专利局申请了2398项专利，在全球企业欧洲申请专利总数中排行第一，中国企业首次获此殊荣②。

2. 战略性新兴产业强势崛起，未来产业不断孕育成长

由高新技术产业到战略性新兴产业，是产业升级规律，也是国家产业导向。2013年，龙岗区提出“高端引领、创新驱动”发展战略，明确以战略性新兴产业为主导，构建未来产业政策体系。《龙岗区国民经济和社会发展第十三个五年规划纲要》明确提出，要“大力发展新一代信息技术及互联网、新材料、新能源等五大类战略性新兴产业。”2013-2015年，龙岗区制定了战略性新兴产业重点目录，将五大类产业方向具划为35小类，并出台了培育、投资、资金支持、奖励等不同方面政策，为战略性新兴产业发展保驾护航。

构建“4+2”重点区域，打造差异化的产业基地，成为吸纳高端创新资源的“创新磁场”（表1-3）。2013年以来，龙岗区因地制宜、因势利导，打造了坂雪岗科技城、大运新城、国际低碳城、平湖金融与现代服务业基地4个市级重点区域以及宝龙科技城、阿波罗未来产业城2个区级重点区域。2014年至2016年，“4+2”重点区域固定资产年均增长32.52%，引进了天安云谷、深港国际中心、启迪协信科技园、柔宇科技、中科育成中心、中广核、光启未来产业城等51个产业项目，聚集了香港中文大学（深圳）、深圳

① 数据来源：龙岗区技术转移促进中心官方网站 . http://www.lgttc.com/

② 华为夺冠2017年欧洲专利申请排行榜 . 中国日报，2018.3.7 http://www.chinadaily.com.cn/interface/yidian/1138561/2018-03-07/cd_35806072.html

北理莫斯科大学、天安数码城四期、大运软件小镇、太空科技南方研究院、智慧家园等12个创新载体[①]。

表1–3 龙岗区“4+2”重点区域规划基本情况

名称	范围（km^2）	建设用地面积（km^2）	战略定位和主导产业
坂雪岗科技城	22.2（扩容后为33.06）	20.0（扩容后为20.79）	世界领先的科技创新与开放融合示范平台，协调与绿色的高质量发展示范平台，共建共治共享的国际化智慧化示范平台。主要是放大华为等龙头企业的带动作用，发挥技术溢出和人才溢出效应，培育打造国际科技研发高地。重点发展通信设备、5G产业。
国际低碳城	53.4	25	围绕“绿色低碳标杆园区”，重点发展节能环保、低碳新能源、生命健康、航空航天、低碳服务、高端装备制造业产业，构建涵盖服务、研发、制造三大类型的低碳产业体系，打造成为低碳产业发展的集聚区和国际低碳合作示范区。
大运新城	15.93	7.95	重点依托深圳国际大学园，充分发挥“智核”的职能，进一步引入国际知名大学、专业学院、国际或国家级工程中心、技术中心、工程实验室，加快建立“院士工作站”“博士后流动站”等平台，建设为东部中心创新共享中心、国际化交往中心、高端商务中心。吸引新一代信息技术产业、文化创意产业、高端商务及与战略性新兴产业相关的科技研发、区域性总部、中小创新型企业及教育科研机构入驻。
平湖金融与现代服务业基地	2.24	2.14	打造深圳北部辐射莞惠地区的区域性金融服务中心以及支撑龙岗建设东部中心的市级金融产业示范基地，成为龙岗的新兴产业集聚区（金融+科技+总部）、产城融合示范区。
宝龙科技城	18.03	15.43	以比亚迪、中广核为依托，重点发展智能制造和新能源产业，实现园区产业结构由生产制造为主向高端制造、总部研发为主的转变，建设成深圳市自主创新示范区辐射粤东北的桥头堡，龙岗区打造东部中心重要的科技产业支撑点，产城融合示范区的典范区。

① 深圳政府在线：http://www.sz.gov.cn/cn/xxgk/zfxxgj/gqdt/201710/t20171020_9396680.htm

（续表）

名称	范围（km^2）	建设用地面积（km^2）	战略定位和主导产业
阿波罗未来产业城	49.34	17.32	依托光启、中航智等龙头企业，着力引进军民融合项目、未来产业及其相关产业，打造成为国家军民融合改革创新示范区、产城融合的引领区和大众创业万众创新的实验区。重点发展以未来产业为主导的高端制造。

资料来源：《龙岗区建设广深科技创新走廊实施方案》，项目负责人：刘宇濠。

战略性新兴产业强势崛起，未来产业不断孕育成长。2017年，龙岗区经济发展已形成七大支点，分别为新一代信息技术产业、新能源产业、生物产业、互联网产业、新材料产业、节能环保产业以及文化创意产业。2017年，华为全球销售收入6000亿元人民币，成为带动龙岗信息产业发展的龙头。园区除了以华为为代表的新一代信息技术产业之外，以比亚迪为代表的新能源产业也成为全国行业风向标。同时，龙岗还瞄准机器人产业，2015年，支持成立了深圳国际低碳城和宝龙科技城两个市级机器人产业基地，同时建立了香港中文大学（深圳）机器人与智能制造研究院。至此，“一个中心、两个基地”的机器人产业布局基本成型。龙岗区《关于加快推进机器人产业发展的行动方案》提出“到2020年，初步形成较为完善的机器人产业体系，全区机器人、可穿戴设备、智能装备产业增加值超过200亿元。”

3. 创新驱动形成强大合力，激活龙岗经济发展新动能

基于国际发展经验，国家、省、市发展战略以及龙岗区自身需求三个维度考虑，实施创新驱动发展战略是龙岗的必然选择。龙岗区政府主动谋划，多部门多层面联合发力，构建创新政策体系，保障创新成为龙岗经济新动能。2013年6月，龙岗区把“高端引领、创新驱动”提升为城区发展的主导战略，在全区上下形成了高度共识。先后出台加快构建现代产业体系“1+3”文件、经济与科技发展专项资金管理办法“1+N”文件以及加快发展

六大战略性新兴产业实施意见等系列政策文件，加大对自主创新的扶持力度。2015年，以政府“1号文”印发实施创新驱动发展五年行动计划，围绕自主创新示范区建设、科技服务业发展、众创空间等专项任务，出台相关政策或实施意见，构建起多层次、系统化的创新创业政策体系。目前，龙岗区产业政策涵盖科技创新、工商业、循环经济与节能减排、旅游业、体育产业、社区股份合作公司转型、文化创意产业、高质量发展、金融业、人力资源服务产业等领域。2017年，龙岗设立10亿元的产业资金用于扶持企业做优做强，较2016年增长130%；制定实施“龙腾计划”，重点支持龙头企业做大做强，对于营收规模10亿元以上的企业，给予最高额度8000万元的重奖。2017年，依托香港中文大学（深圳）建立了瓦谢尔计算生物研究院、科比尔卡创新药物开发研究院和切哈诺沃精准和再生医学研究院3个诺贝尔奖科学家实验室。2017年，龙岗规上工业企业增加值达到2240.65亿元，位居全省县区级单位第一，同比增长12%，超过GDP增速。目前，龙岗区创新名片效应日渐彰显，正在步入创新驱动为主导的内生增长阶段。

第二章　龙岗经济增长阶段及发展动力研判

经过25年的发展，龙岗正在步入创新驱动和高质量发展的探索阶段，急需寻找新的发展动力。同时，龙岗发展的土地、人才等要素资源也存在瓶颈，深刻制约产业的转型升级。从龙岗乃至深圳的发展定位来看，未来要承担更大的历史责任，迫切要求龙岗寻找新的发展路径，创新发展模式。

第一节　多维理论下的龙岗经济增长阶段判断

按照世界银行、OECD等多个标准来看，龙岗从经济规模、产业结构、人均指标等各方面都进入较高发展阶段，从发达国家的发展经验来看，要保持较高增长速度，发展动力、发展模式都需要及时进行转型，以适应新的形势。

1. 基于世界银行经济发展阶段的判定

世界银行最初从1987年开始，按照人均国民收入（Gross National Income, GNI）水平对各国进行分类（表2-1）。根据世界银行2015年（反映2014年情况）的最新标准：人均GNI在1045美元以下为低收入国家，1046-12735美元为中等收入国家，12735美元以上为高收入国家，4125美元为中低与中高收入水平的界限。

表2-1　按人均国民收入划分的各国发展水平（单位：美元）

	1987年	1990年	1995年	2000年	2005年	2010年	2015年
低收入	≤480	≤610	≤765	≤755	≤875	≤1005	≤1025
中低收入	481-1940	611-2465	766-3035	756-2995	876-3465	1006-3975	1026-4035
中高收入	1941-6000	2466-7620	3036-9385	2996-9265	3466-10725	3976-12275	4036-12475
高收入	＞6000	＞7620	＞9385	＞9265	＞10725	＞12275	＞12475

数据来源：世界银行.http://siteresources.worldbank.org/DATASTATISTICS/Resources/OGHIST.xls

2017年，龙岗实现地区生产总值3858.6亿元，以年平均汇率计算，约合571.5亿美元。2017年常住人口超过227.89万，实际管理总人口近500万。按常住人口测算，2017年龙岗人均GDP超过25000美元，处于高收入水平；按实际管理总人口测算，2017年龙岗人均GDP为11430美元，处于中高收入水平。

2. 基于钱纳里工业化阶段的判定

根据钱纳里的“标准结构”理论（表2-2），区域发展中产业结构伴随经济发展将呈现一定的规律性变化，总体趋势是：第一产业比重不断下降，第二产业比重通常先升后降，第三产业比重不断上升；并根据人均收入水平、三次产业结构、就业结构、城市化水平等指标进行辅助评价。按常住人口计算，2017年龙岗人均GDP为25844美元；三次产业结构比例为0.02:67.75:32.22；按实际人口测算，人口城市化率100%，综合几项数据指标，参照钱纳里的阶段划分依据①，可以判断龙岗区正处于工业化后期阶段。

① 资料来源：陈佳贵等．中国工业化进程报告 [M]. 北京：中国社会科学出版社，2007：5.

表2-2　钱纳里工业化进程的阶段划分依据

指标	前工业化阶段	工业化实现阶段			后工业化阶段
		工业化初期	工业化中期	工业化后期	
人均GDP 2010年美元	827-1654	1654-3308	3308-6615	6615-12398	12398以上
三次产业产值结构（产业结构）	A>I	A>20%，A<I	A<20%，I>S	A<10%，I>S	A<10%，I<S
第一产业就业人员占比（就业结构）	60%以上	45%-60%	30%-40%	10%-30%	10%以下
人口城市化率（空间结构）	30%以下	30%-50%	50%-60%	60%-75%	75%以上

注：A代表第一产业，I代表第二产业，S代表第三产业。

3. 基于OECD行业技术理论的判定

分析一个国家和地区创新驱动程度和水平的指标体系比较多，可以采用“R&D强度”①进行考察（表2-3），对于一个区域而言，“高技术产业”可类比为一个“高技术区域”。2017年龙岗区全社会研发投入经费超过410亿元，占GDP比重达到10.9%，高于深圳全市和全国研发投入平均水平，也高于OECD划分的5%的高技术行业阀值，这表明龙岗区整体研发水平已步入高技术行业区域。

表2-3　OECD的行业技术划分

行业	高技术行业	中等高技术行业	中等技术行业	低技术行业
R&D强度	大于5%	3-5%	1-3%	小于1%

资料来源：詹·法格博格等，牛津创新手册[M]. 北京：知识产权出版社，2009：156

① “R&D 强度”，对一个企业是指“R&D 费用 / 销售额”；对一个行业是指“R&D 商业费用 / 总产出或增加值”；对一个地区一般等于“R&D 总支出 /GDP”。

4. 基于左学金世界城市转型阶段的判定

上海社会科学院左学金等学者在《世界城市空间转型与产业转型比较研究》中通过对世界主要城市转型的考察认为，城市发展主要经历四个阶段：工业化阶段、经济服务化阶段、服务业高端化阶段、创新发展阶段。这里着重考察工业化走向经济服务化阶段，各阶段转型的背景、特征整理如表2-4。

表2-4 世界城市转型的背景、特征和动因

	经济服务化阶段	服务业高端化阶段	创新发展阶段
典型城市发展时期	伦敦（19世纪中期到20世纪60年代）；纽约（19世纪后期到20世纪70年代）； 东京（1920-1960年）；巴黎（20世纪中期到20世纪70年代）；台湾（20世纪50年代）	伦敦（20世纪60年代到20世纪90年代）；东京（1960-2000年）；巴黎（20世纪后期到21世纪初）；纽约（20世纪80年代到20世纪末）；新加坡（20世纪80、90年代）	伦敦（20世纪90年代中后期至今）；纽约（21世纪初至今）；东京（21世纪初至今）；新加坡（21世纪初至今）
转型背景	自然演化：从制造业主导向服务业主导几乎是所有城市都需要经历的阶段	（1）生产性服务业规模日益扩大；（2）生产性服务业贯穿社会生产各环节中；（3）金融、物流等现代服务业与制造业紧密结合	互联网快速发展，全球各城市之间的网络化联系不断深化
转型特征	（1）服务业占经济总量比重上升，逐步居于主导地位；（2）服务的价值比重升高，甚至大于产品价值；（3）出现制造业信息化、企业平台化、产业融合、产业链重构等过程性事实	根据城市规模和能级不同，生产性服务业增加值占服务业增加值的比重约为40%-60%；中等收入水平以上的国家，服务消费占全部消费的比重在50%以上	（1）推出文化创新发展战略，创新产业迅速发展；（2）进一步加强科技创新；（3）以多元化经营和创新活动为动力，重视人力资本积累

（续表）

	经济服务化阶段	服务业高端化阶段	创新发展阶段
转型动因	（1）产业结构单一，城市经济增长乏力；（2）城市规模急剧扩大，城市环境不断恶化；（3）传统比较利益丧失导致传统工业迅速衰落；（4）城市用地成本上升，制造业外迁，缓解“产业空洞化”压力		（1）全球新科技革命推动转型；（2）高科技产业面临困境；（3）高度集聚的文化创新资源

资料来源：左学金. 世界城市空间转型与产业转型比较研究：理论、经验与借鉴[M]，北京：社会科学文献出版社，2011（12）：23-36（根据其整理）

左学金等在创新的投入、过程、产出、产业与社会发展等若干领域提出了一国或地区进入创新驱动的条件（表2-5），认为只有达到所有条件才算进入创新驱动阶段。在这个意义上，龙岗已进入创新驱动阶段，但需要指出，在创新投入、创新产出方面华为贡献了大部分份额。根据左学金关于世界城市转型的阶段性特征，可大体估判：龙岗处于由经济服务化阶段向创新发展阶段过渡，若去除华为的影响因素，大体属于由经济服务化向服务业高端化阶段演进。

表2-5　一国或地区进入创新驱动的条件

指标领域	主要内容
创新综合指数	明显高于其他国家，科技进步贡献率在70%以上
创新投入	研发投入占GDP比例在2%以上，较大部分投向产业领域
创新过程	大量创新活动是原始创新，对外技术依存度在30%以下
创新产出	创新产出高，发明专利多
产业发展	不仅体现在科技优势上，而且体现在产品和服务的国际竞争力上，形成了较为完善的产业集群，对经济的变动和外部事件影响的免疫力很强
社会发展	创新驱动不仅体现在经济增长上，而且扩散到社会发展、环境改善、体制优化等多个领域

资料来源：左学金. 世界城市空间转型与产业转型比较研究：理论、经验与借鉴[M]，北京：社会科学文献出版社，2011（12）：34（根据其整理）

综上，根据世界银行、钱纳里、OECD和左学金理论视角等不同的发展阶段判断标准，综合分析龙岗的发展阶段判定具体如表2-6所示。

表2-6 基于不同视角的龙岗发展阶段分析

世界银行	经济发展阶段	常住人口测算	高收入阶段
		实际人口测算	中高收入阶段
钱纳里	工业化进程	工业化后期	
OECD	行业技术划分	高技术区域	
左学金	世界城市转型阶段	由经济服务化阶段向创新发展阶段过渡	

第二节 内生需求和外部要求下的龙岗发展需求分析

过去的25年，在我国对外开放、对内改革的大背景下，龙岗迎难而上，抓住发展机遇，经济社会发展成效显著。但不可否认，从内部来看，自身的人才、创新、产业结构、土地空间都制约龙岗的进一步发展。从外部来看，新的发展定位，要求龙岗承担更加重要的创新发展责任，在粤港澳大湾区建设背景下，继续引领、支撑区域发展。

1. 基于自身问题导向的发展需求

立足新阶段发展要求，从创新驱动的视角来看，龙岗当前发展存在的问题主要表现为以下几个方面，总结为“六个断层”。

一是人才队伍断层：高端人才跻身全市前列，但外来务工人员大量存在，创新驱动根基不强。近年来，龙岗通过产业集聚和招才引智，高层次人才的数量、结构有显著优化。至2018年6月底，龙岗区高层次人才883名，数量位居全市第二。但同时，龙岗作为全市传统的产业大区，集聚了百万规模的低学历、低技能的外来务工人员。此外，科技型人才比例较低。2016年，从全区规模以上工业企业情况来看，全部研发人员约为60727人，仅占从业人员比重的9.8%[①]。总体上看，龙岗区人才结构和规模还不完善，难以满足创新驱动发展战略的要求，急需加速引进和培育中高层次和“高精尖缺”人才，构建规模宏大、结构合理、层次高端的创新型人才梯队。

二是科技企业断层：华为一枝独秀，百亿、十亿产值企业匮乏，经济抗风险能力偏低。在经济学界，有专家将以大型企业为标志的发展称为“大象经济”，以众多中小民营企业为代表的发展称为“蚂蚁经济”。多年来，千亿级的华为贡献了龙岗区多项重要指标，带动信息技术产业一枝独秀，2017年一季度，龙岗千亿企业仅华为一家，以华为为首的工业前十强实现总产值1171.82亿元，占全区规模以上工业企业总产值的74.8%，呈现出显著的“大象经济”，但百亿级、十亿级产值企业数量严重偏少，国家高新技术企业数量不足南山、宝安的一半，产业转型升级仍然任重道远。对于一个区域而言，良好的企业梯队应是金字塔结构，龙岗“一业独大”“一企独大”使得区域科技创新和经济发展容易受到大企业经营状况的影响，需要培育更多的中高端规模的科技企业群体。

三是城市建设断层：城市与“农村”空间交错，“关外”的心理屏障阻碍人才聚集。“二线关”的形成有着长期而复杂的历史因素[②]，对龙岗的发展具有深刻的影响。从深圳发展历程来看，建设初期以特区为重点，原特区各方面明显优于龙岗、宝安等地区，形成了“关内是欧洲，关外是非洲”的城市二元发展格局，使得“二线关”成为高端人才进入龙岗的重大心理屏障，即使在特区内外一体化的情况下，龙岗是“关外”的印象依然存在。从区位条件和交通设施看，龙岗远离市中心，公交路网覆盖率低，规划道

① 数据来源：由《龙岗区统计年鉴 2016》相关数据计算得。

② 1982 年 6 月，深圳特区和非特区之间用铁丝网修筑了一道管理线，称为“二线”。这道线把深圳分为特区内和特区内外，俗称关内和关外，这条管理线就是深圳特区管理线。1985 年 3 月通过国家验收交付使用，全长 84.6 公里，沿线路面用花岗岩石板铺成，路北侧用高达 3 米的铁丝网隔离。特区管理线是深圳经济特区建设的历史见证。

路建成率、城市次干道以上等级道路密度远低于原特区和宝安水平；地铁、出租车等配套服务能力相对不足。当前，龙岗在交通、城市建设、生活配套等方面的短板在加速补足，但在一定时期内，在吸引和留住高端资源方面仍面临一系列压力。

四是科技基础设施断层：诺奖科学家实验室已达到3家，但缺乏基础类科技创新平台和大科学装置，影响全区整体创新能力的提升。依托香港中文大学（深圳），龙岗区以诺奖得主领衔的世界级科研团队呈现规模化集聚，但全区市级以上创新平台仅占全市总量的6.5%，企业设立研发机构的比例仅占约一成。此外，龙岗区缺乏被称为“国之重器”的大科学装置，而深圳市拟在光明科学城集中布局建设合成生物研究、脑解析与脑模拟、多模态跨尺度生物医学成像、材料基因组、空间环境地面模拟装置拓展设施、空间引力波探测地面模拟装置等6个大科学装置，预计投资总额超过80亿元。

五是土地产出断层：空间资源紧缺，地均产出水平不高。在地均GDP方面，龙岗2017年地均产值低于全市平均水平，约为全市的8/9，略高于宝安，但与中心城区相比仍有较大差距，仅为福田的1/5、罗湖和南山的1/3。在地均税收方面，龙岗也低于全市平均水平，仅为全市的5/8，略高于宝安区，但低于中心城区水平，仅为福田的1/12、罗湖的1/4。总体来看，龙岗一方面面临土地空间资源紧缺的局面，同时在地均经济效益、税收贡献方面与中心城区有较大差距，仍有较大提升空间（图2-1）。

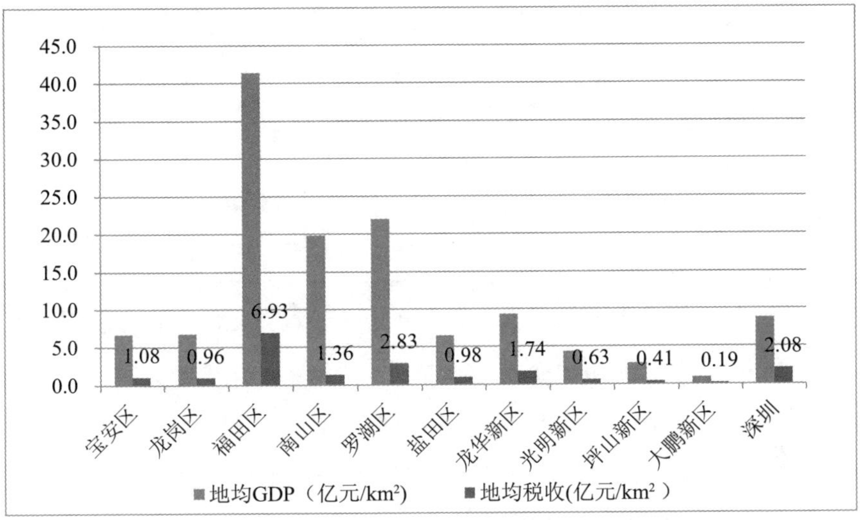

图2–1 2017年龙岗与其他区地均经济产出情况比较

从土地空间利用潜力来看（表2-7）①，到2020年全市用地增量指标为31平方公里，龙岗仅为2平方公里；全市约束性建设用地增量为72平方公里，龙岗为11平方公里；全市有条件的建设用地增量是42平方公里，龙岗为18平方公里。可见，龙岗未来的土地空间利用潜力有限，可自由使用的仅有2平方公里，大量土地要经过土地整备、建设用地清退等政策性处理。此外，受历史问题制约，龙岗仍有一大部分土地资源掌握在集体经济手中，转型升级开发再利用难度较大。但长远来看，随着集体经济转型意愿的提高，这些存量土地资源仍有较大利用潜力，可能成为未来一段时期，龙岗科技创新与新产业培育的增量拓展空间。

① 数据来源：冯现学．龙岗新时期的转型发展路径选择．全区处级干部轮训班上的专题辅导报告．2014.5.28.

表2-7　至2020年龙岗和全市的土地增量潜力比较（平方公里）

<table>
<tr><th></th><th>非约束性用地增量</th><th>约束性城乡建设用地增量</th><th>有条件的建设用地增量</th><th>社区股份公司掌握的土地（当前情况）</th></tr>
<tr><td>全市</td><td>31</td><td>72</td><td>42</td><td>400</td></tr>
<tr><td rowspan="3">龙岗</td><td rowspan="3">2</td><td rowspan="3">11</td><td rowspan="3">18</td><td>合法土地：20</td></tr>
<tr><td>违法土地：30</td></tr>
<tr><td>权属不清土地：50</td></tr>
</table>

六是企业经营成本断层[①]：高大上的科技园与脏乱差的旧厂房大量并存，租金价格普遍上涨超出企业承受能力，部分企业外迁加速。随着旧工业区的改造，低租金的产房和办公空间越来越少，龙岗区近两年租金上涨约50%，天安云谷、天安数码、中海信等写字楼租金已达80-120元/m^2，而南山区有很多政府持有物业的写字楼租金仅60元/m^2左右，坪山、东莞的厂房仅约10-20元/m^2。由此可见，无论是厂房还是写字楼，无论是原“关内”的价格“高地”还是原“关外”的价格“洼地”，龙岗引以为豪的“成本优势”已逐渐不再。同时，随着城中村逐渐改造为长租公寓，低租金的住房也越来越少，加之劳动力成本上涨、税收政策与社保基数缴纳的调整等，龙岗区科技企业经营成本急剧升高，以制造业为代表的实体经济发展形势日趋严峻。

2. 基于战略定位要求的发展要求

新时期，龙岗外部发展环境的深刻变化，也对区域发展注入了新的发展动力，提出了新的战略要求。突出表现在以下几个方面：

一是推进东进战略、打造特区第三极的战略要求。长期以来，深圳向西部区域发展的战略倾斜较多，发展路径是由罗湖出发，经福田、南山、宝安向西发展，客观上造成了西强东弱、西重东轻的局面。在这一背景下，全市提出了东进战略，是贯彻中央五大发展理念，推进城市东西部均衡发

① 注：资料来源于作者起草的《龙岗区与广深科技创新走廊核心创新平台比较中的劣势与策略建议》。

展的战略谋划。东进战略的推进实施，将使深圳在一体化发展上取得更大成效，使深圳发展的均衡性、整体性水平大为提升。龙岗区在深圳东部四区中发展优势突出，土地面积占比在四成以上，人口占比在八成以上，2015年GDP占比已近七成。区域良好的发展基础与条件要求其在东进战略中要承担起排头兵、桥头堡的作用，要加强联动东部四区、加快转变发展动能，把创新驱动作为推动区域全面发展的核心战略，加快实现东部地区崛起，打造成为与“福田-罗湖”中心、“前海-南山-宝安”中心比肩的深圳三大中心之一。

二是深化区域合作，打造“3+2”经济圈、构建世界级城市群的战略需求。2014年10月，广东省政府正式批准河源、汕尾加入深莞惠经济圈。目前，深莞惠河汕“3+2”经济圈已进入初步的融合阶段，珠江口东岸五市正通过多种途径，探索区域一体化合作新机制，构建珠江东岸区域一体化发展的新平台，打造以深圳为核心的“C5大都市圈”。龙岗是连接珠三角经济圈与海峡西岸经济区的重要通道，作为“3+2”经济圈的战略前沿和粤港澳大湾区的经济腹地，区域合作深化为龙岗发展提供了重大发展契机，也提出了新的战略要求。龙岗区必须主动作为，积极转变区域发展动能，多领域深化区域合作，充分发挥好带动区域协作发展的尖兵作用，加快实现龙岗产业创新升级，提升城市在区域发展中的能级，在“3+2”经济圈和粤港澳大湾区发展中做出“龙岗贡献”。

三是勇当“四个坚持、三个支撑、两个走在前列”尖兵、率先建设社会主义现代化先行区的战略需求。2017年4月，习近平总书记对广东工作作出重要批示，对广东省发展，提出了“四个坚持、三个支撑、两个走在前列”的总体要求。深圳市作为广东省的科技创新中心，提出要勇当尖兵的战略部署，要努力在新起点上再创发展新局面，为实现中华民族伟大复兴中国梦做出深圳更大贡献。龙岗作为深圳的行政大区、产业大区、创新大区，“四个坚持、三个支撑、两个走在前列”的发展要求为全区各项事业发展指明了前进方向、提供了根本遵循，要认真谋划和布局未来发展，坚持创新驱动发展战略，为全市争当尖兵作出贡献。

第三章　龙岗迈向高质量发展阶段的现实选择：创新驱动

对于龙岗而言，创新是打破原有的发展模式，在更高的水平上实现新的发展均衡，是实现高质量发展的根本选择。必须使科技创新成为产业发展中的核心驱动力，一切服务于、服从于创新，只有这样，才有可能真正实现龙岗在更高平台、更高层次、更高质量的发展。

第一节　创新驱动的提出与内涵

创新理论已经比较成熟，但创新的内涵外延比较丰富。在中国当前发展阶段，面临复杂的内外部环境，尤其是与美国的贸易摩擦频繁，发达国家对我国进行高精尖技术领域封锁，这就更体现出创新的重要性。龙岗的创新发展，也要在服务国家创新战略的背景下，找准突破点和着力点。

1. 创新驱动的理论性探究

当前，“创新驱动”成为促进发展的共同逻辑和新一轮创新研究的核心命题。“创新驱动”最早由美国哈佛大学商学院教授迈克尔·波特（Michael E.Porter）在《国家竞争优势》（The Competitive Advantage of Nations，1990）中提出，他从国家竞争力的视角，将国家发展的驱动力，分为要素驱动、投资驱动、创新驱动和财富驱动等四个阶段。其中，创新驱动是关键，是决定一个国家能否顺利实现工业化进程、由中低收入迈向高收入社会的最重要因素（除极少数资源型国家，如沙特等）。

创新驱动是一个系统的观点，不仅依靠科技创新，还依靠制度、组织、管理、商业模式等多方面的创新来推动发展；不仅注重创新活动本身、当前的状况，还强调要素间的联系及与其他组织的合作与依赖关系。联合国开发计划署（UNDP）在《人类发展报告2001》中公布了《连线》杂志研究调查所提出的全球技术创新中心的四个衡量指标，即科研高校、重要企业、创业情况、风险投资。具体而言，主要包括大学和科研机构、科技企业、人才资源、公共服务平台、融资体系、中介机构、政府服务、生活配套、区域文化等。

创新驱动并非不需要要素和投资，而是更加关注创新对要素、投资带来的影响。这种影响不只是解决效率问题，更为重要的是依靠知识资本、人力资本和激励创新制度等无形要素实现要素的新组合，是创造新的增长动力①。

从整体结构和过程的视角出发，可以将创新驱动划分为前端、中端和后端三个部分。创新前端指创新投入阶段，主要进行知识创新和基础研究，对创新的资源禀赋要求较高，实践动力来自创新链的上游，多以大学、研究机构的创新活动为起点。现实中，美国硅谷建立在斯坦福大学科研基础上的高技术孵化模式、北京中关村依托众多科研院所的科技成果转化和产业化模式，就是这种自上而下的创新路径的代表。创新中端是将投入转化为成果产出的阶段，主要进行技术创新和应用研究，重点是提高科技成果转化的效率。对于科技创新资源比较丰富、产业体系健全、市场较活跃的地区（比如上海），适合在这一阶段切入创新驱动。创新后端是指科技成果产业化、提高经济社会效益的阶段，主要进行商业模式创新和产品开发。这一阶段很少受到创新资源存量的约束，但对于市场发育程度要求很高，创新活动的动力和起点在处于下游的企业，在产品开发过程中形成对技术

① 洪银兴 . 关于创新驱动和创新型经济的几个重要概念 [N]. 新华日报，2011.08.26：B05.

的需求，并将这种需求向创新链的上游传递，通过产学研合作等方式实现创新的目标（比如深圳）[①]。由于企业对市场变化具有天然的商业嗅觉，能够做出快速反应，科技成果产业化能力较强。在具体实践中，创新驱动的不同路径和模式也往往相互交织，但不同地区在创新驱动的不同阶段具有各自的优势[②]，体现出明显的差异，如我国的北京、上海和深圳（图3-1）。

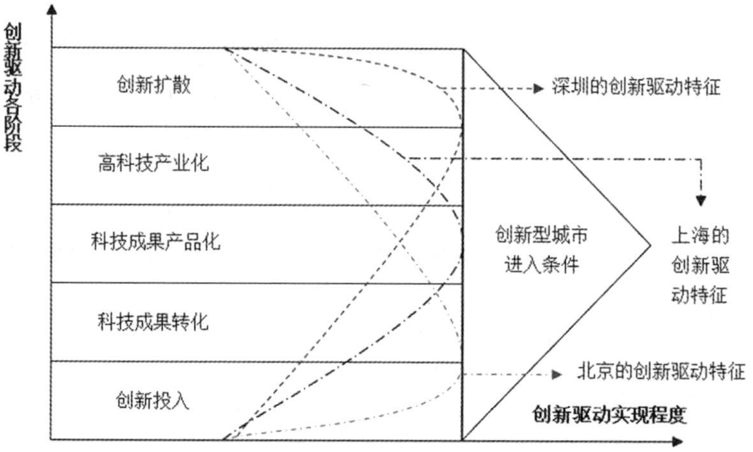

图3-1　创新驱动各阶段与实现程度的二维分析

资料来源：参见：夏天. 创新驱动过程的阶段特征及其对创新型城市建设的启示[J]. 科学学与科学技术管理，2010（2）：126，有改动。

2. 创新驱动发展的政策性探索

创新驱动是一种新的经济发展方式，作为政策议题得到了广泛而深入的讨论。当前，学术界讨论较多的创新驱动相关的政策问题，主要集中在两个领域。

一个是创新驱动有助于推动“后发优势”向“先发优势”转变。主要

① 周路明. 深圳经验：市场导向的技术创新 [J]. 清华管理评论，2011（3）：54-61.

② 资料来源：夏天. 创新驱动过程的阶段特征及其对创新型城市建设的启示 [J]. 科学与科学技术管理，2010（2）：126.

表现在发展中国家的政策路径选择上，主要方式是通过引进、学习、模仿和利用发达国家的先进技术、设备、方法和经验，避开自行探索和研发过程的高昂成本，以期缩短追赶时间，甚至实现弯道超车。创新驱动政策选择在技术路径上强调自主创新，而不是动态追随，在要素投入上依靠技术创新和人力资本驱动，摆脱了原来更多依靠承接产业转移、劳动力密集的优势，在比较优势上用品牌竞争而不是依靠低成本的价格竞争[①]。这种通过科技创新提高发展质量和效益的模式，将后发优势调整至先发优势的战略轨道，当然也不可避免地伴随着创新资源投入和选择性风险的增加。

另一个是创新驱动有助于中等收入阶段的国家克服中等收入陷阱。通过对国内外一些重要文献的梳理发现[②③④]，“中等收入陷阱”是对一个国家和地区经济发展状态的描述：当一国或地区进入中等收入阶段后，随着原有比较优势（廉价劳动力等）的消失，产业结构的缺陷暴露出来，同时科技创新能力不足，经济增长容易出现波动或停滞，进而将长期积累的经济社会矛盾和问题显化，进一步发展面临更大的困境。

十八大明确提出要坚持走中国特色自主创新道路、实施创新驱动发展战略，强调科技创新是提高社会生产力和综合国力的战略支撑。习近平总书记在中央财经领导小组第七次会议上对创新驱动战略做了更加明确的阐释：“实施创新驱动发展战略，就是要推动以科技创新为核心的全面创新，增强科技进步对经济增长的贡献度，形成新的增长动力源泉，推动经济持续健康发展”[⑤]。党的十九大报告提出“加快建设创新型国家”，明确“创新

① 刘志彪．从后发到先发：关于实施创新驱动战略的理论思考 [J]. 产业经济研究，2011（4）：3.

② Indermit Gill, Homi Kharas. An East Asian Renaissance: Ideas for Economic Growth. World Bank, 2007：18.

③ 林岗等．迈过“中等收入陷阱”的中国战略 [M]. 北京：经济科学出版社：2011（1）：18.

④ East Asia Update: Managing through a Global Downturn. World Bank, 2006：34.

⑤ 习近平：加快实施创新驱动发展战略．新华网，2014.8.18 http://news.xinhuanet.com/politics/2014-08/18/c_1112126938.htm

是引领发展的第一动力，是建设现代化经济体系的战略支撑”。

根据国家层面对创新驱动发展战略的阐释，在文献分析基础上，本研究认为“创新驱动发展”的概念[①]至少包括以下几个方面：（1）创新是引领发展的主要驱动力；（2）创新是以科技创新为核心的全面创新；（3）创新是现代化经济体系的关键所在；（4）创新驱动的实质是人才驱动；（5）创新驱动贯穿于经济社会发展的各个方面；（6）创新驱动是一项系统工程，需要区域整体创新生态环境的支撑。

第二节　龙岗创新驱动发展基础

创新不是空中楼阁，必须要依托已有的发展基础，实现渐进式创新。龙岗区高新技术产业规模、研发投入、创新载体等方面具有明显优势，这些都是进一步深化创新发展的基础。

1. 支撑创新驱动发展的经济实力不断增强

近年来，龙岗区经济保持持续快速发展态势（图3-2），2017年，龙岗成为仅次于南山的全市第二经济大区，经济基础较为雄厚。作为传统的产业大区，龙岗区实体经济发展具有较大优势，2017年规模以上工业企业1251家，实现总产值7942.925亿元，同比增长19.7%；实现工业增加值2240.65亿元，同比增长12%，居全市首位（图3-3）。消费能力逐步提升但仍有较大追赶潜力，目前分别是福田、罗湖两个商业中心的1/3和1/2。在财政收入方面，2017年，全区一般公共预算收入为236.78亿元，居全市第二（图3-4）。全区经济实力的增强、财政收入的增加（表3-1），可以为后续科技创新提供有力的资金支持。

① 参见：龙岗区2014年区级重大调研课题——《龙岗区创新驱动发展策略研究》，项目执笔人：刘字濠、李忠祥。

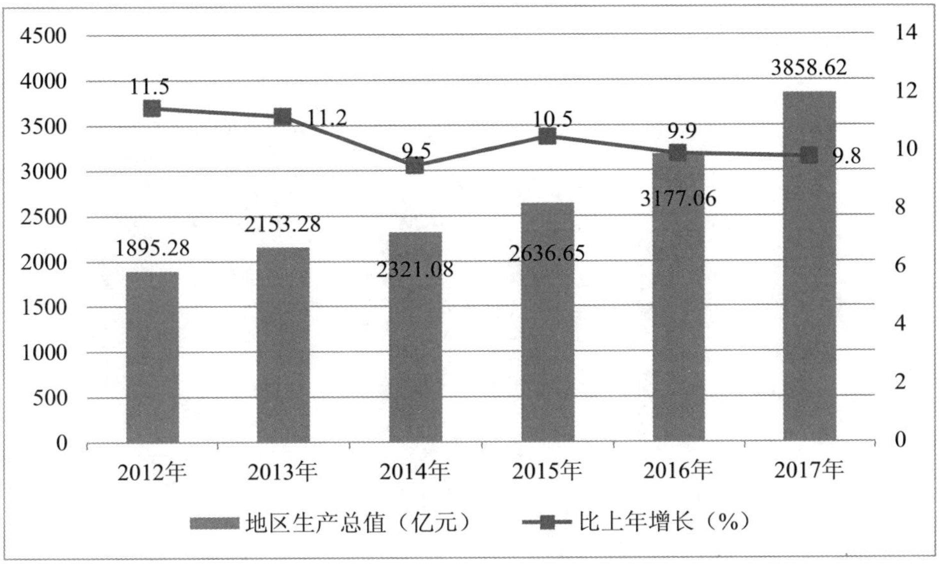

图3-2　2012-2017年龙岗地区生产总值及增长率

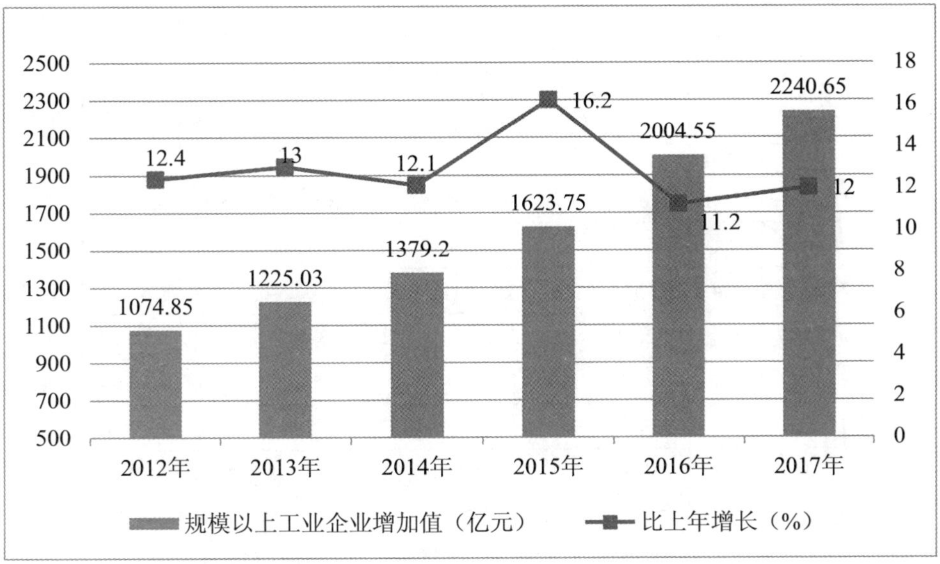

图3-3　2012-2017年龙岗规模以上工业增加值及增长率

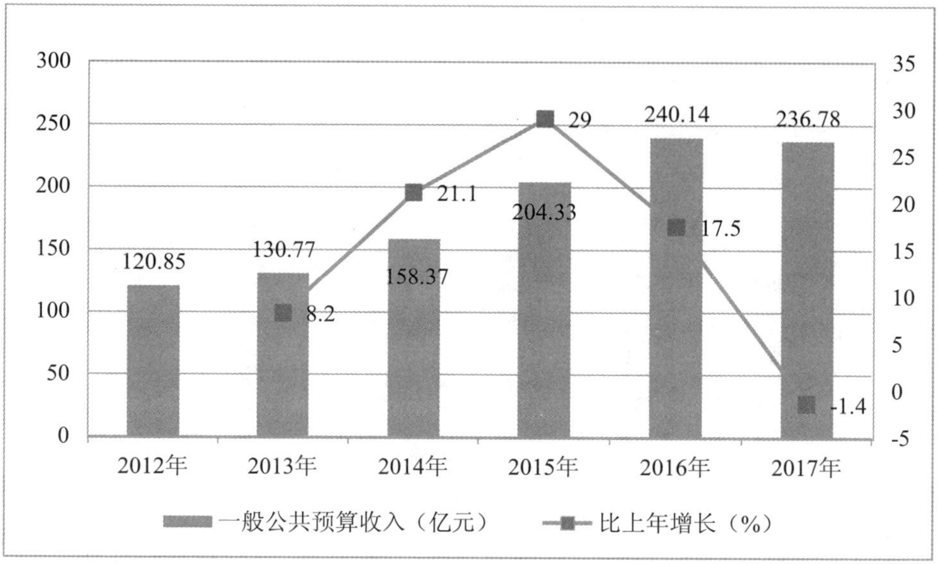

图3-4　2012-2017年龙岗一般公共预算收入及增长率

表3-1　2017年深圳市各区主要经济指标对比（亿元）

指标名称	地区生产总值		社会消费品零售总额		规模以上工业增加值		出口总额（亿美元）		公共财政预算收入	
	累计值	增长（%）	累计值	增长（%）	累计值	增长（%）	累计值	增长（%）	累计值	增长（%）
深圳	22438.39	8.8	6016.19	9.1	8087.62	9.3	16533.57	5.5	3332.13	10.1
南山	4601.5	9.1	803.81	9.1	1860.26	7.1	1984.68	14.9	237.82	27.6
福田	3820.56	8.4	1817.51	9.2	150.61	2.2	2703.34	-11.4	163.71	11.3
龙岗	3858.62	9.8	732.12	9.2	2240.65	12	2346.72	4.6	236.78	1.4
宝安	3448.36	9.2	779.06	9	1545.01	9.7	2546.7	3.06	235.64	11.9
罗湖	2161.19	8.6	1256.78	9.1	57.12	0.7	1754.29	14.2	97.63	15.8
龙华	2130.16	8.8	287.8	9.2	1134.47	12	2193.98	8.1	120.8	10.7
光明	850.12	9.8	120.31	9	441.89	13.2	446.72	2.6	49.75	12.1
盐田	585.49	8.5	77.39	8.9	71.68	2.6	1424.11	26.1	33.67	3.9
坪山	605.06	12.1	77.64	9.5	350.02	14.2	557.8	0.7	45.47	25.2
大鹏	330.02	6.8	60.89	8.7	208.49	4.5	67.1	49.7	24.12	5.1

数据来源：深圳市和各区《2017年国民经济与社会发展统计公报》

2. 以科技企业为主体的创新资源大规模集聚

国务院发展研究中心的一项研究表明①，创新要素富集度与区域经济增长呈现一定的相关性（图3-5）。具体而言：从经济增长方面看，区域人均GDP较低阶段，创新活动不够活跃，本地创新要素的富集度对经济增长影响不明显；当人均GDP达到1.3-1.5万元（人民币）的水平之后，创新要素的富集度则与经济增长显著相关。从工业化进程看，在工业化早期阶段，创新要素对经济发展的影响不明显；随着工业化进程的不断深入，创新要素的作用不断增强；当经济发展进入后工业化阶段时，创新要素对区域经济增长的作用反而更加突出。龙岗目前正处于后工业化阶段，按照一般规律，在这一阶段创新要素对经济增长的拉动作用将逐步放大，迫切需要在创新要素引进上下力气。

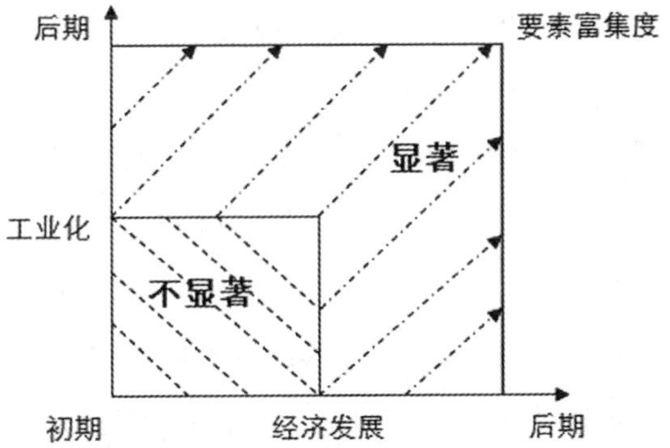

图3–5　创新要素聚集和区域经济增长的耦合关系

“十二五”以来，龙岗区积极实施“三高一平台”战略，即重点关注高等院校、高端企业、高级人才及创新平台，实现了创新要素的有效集聚。目前，“三高一平台”逐步成为全区创新的重要支撑。

---

① 国务院发展研究中心“中长期增长”课题组.优化创新要素布局促进区域经济增长[J].发展研究，2014（8）：29-35.

高新技术企业成为龙岗创新驱动发展的主导力量。近年来，龙岗的明星企业和重大科技成果不断涌现，华大北斗的第三代北斗芯片、艾尼尔的全球首个生物工程角膜“艾欣瞳”、光启的飞艇“云端号”、柔宇的0.01毫米柔性显示屏等都已成为具有全国乃至国际引领性的创新项目。华为成为我国首个跻身全球研发支出50强的企业，引领龙岗整体研发投入、创新产出达到新的高度，实现“1个10%和3个50%”格局，即全社会研发投入占GDP比重达10%以上，50%的专利申请来自中小企业，50%的专利申请为发明专利，近50%的专利授权为发明专利。

高等院校成为龙岗未来“以质取胜”的新生力量。以深圳国际大学园建设为契机，香港中文大学（深圳）、深圳北理莫斯科大学、深圳信息职业技术学院等一批高水平大学和专业院校加快落地，龙岗有望成为全国中外合作办学最多、最集中的区域。国际高水平大学的进驻，将补足龙岗在基础研究和人才教育方面的短板，增强对高层次人才的吸引力，形成知识创新的高地效应。

高水平科研机构成为龙岗源头技术创新的重要力量。近年来，龙岗推进了虚拟大学园龙岗协同创新园、中科院先进院、光启理工研究院、微软IT学院、太空科技南方研究院、香港中文大学（深圳）机器人与智能制造研究院、大数据研究院、深圳市生物芯片重点实验室等一批高端实验室和研究中心建设。截至目前，落户建成创新平台160家，逐步形成以平台汇聚人才、资本、技术、项目的发展格局。这些新型机构大多在专业领域具有较强影响力，定位上以“科学发现、技术发明、产业发展”的科研全链条模式为主①，具有较强的源头技术创新能力。

① 毛冠凤等．经济特区中后发展区域从投资驱动向创新驱动转型研究：以深圳龙岗为例 [J]. 科技进步与对策，2016（22）：36-42.

3. 高精尖产业的引领和支撑作用日益凸显

新兴产业形成较大规模[①]。2017 年，龙岗区实现新兴产业增加值 2314.21 亿元，比上年增长18.6%，占地区生产总值比重达 60.0%。其中，新一代信息技术产业1806.46 亿元，增长 20.4%；新材料产业 115.67 亿元，增长 18.9%；节能环保产业 114.72 亿元，增长24.9%；文化创意产业 141.35 亿元，增长 7.8%；机器人、可穿戴设备和智能装备产业 215.74 亿元，增长 19.0%。（各新兴产业之间有交叉重复情况，但新兴产业增加值合计数扣除了重复，因此各产业数据之和大于合计数。）

高新技术产业已成为龙岗区创新发展的重要支撑。“十二五”期间，龙岗区高新技术产业产值从2516.5亿元增长到4048.1亿元，年均增长12.6%；占全区规模以上工业企业总产值比重由70.7%提高到78.6%（图3-6）。高新技术产业增加值从855.6亿元增长到1281.1亿元，年均增长11.1%；占规模以上工业企业增加值比重从75.0%上升到78.9%（图3-7）。其中，民营高新企业优势明显，2015年龙岗区民营高新企业实现高新技术产品产值3420.6亿元，占全区高新技术产品产值的84.5%。

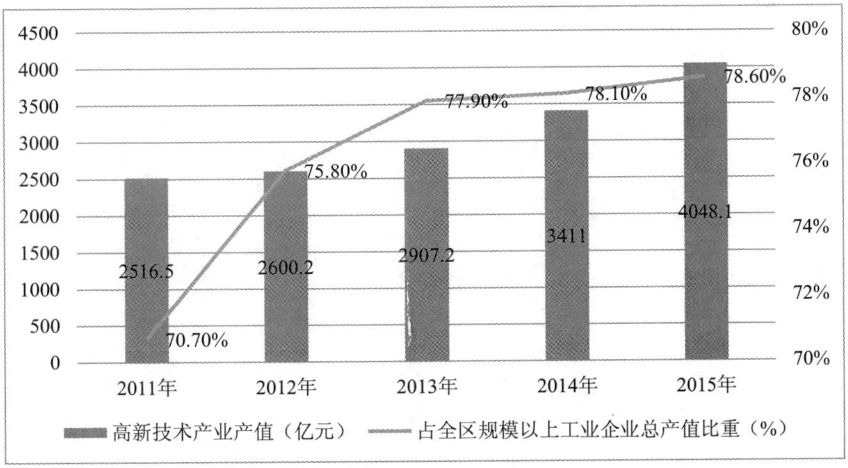

图3–6　龙岗区“十二五”期间高新产业产值情况

① 龙岗区 2017 年国民经济和社会发展统计公报

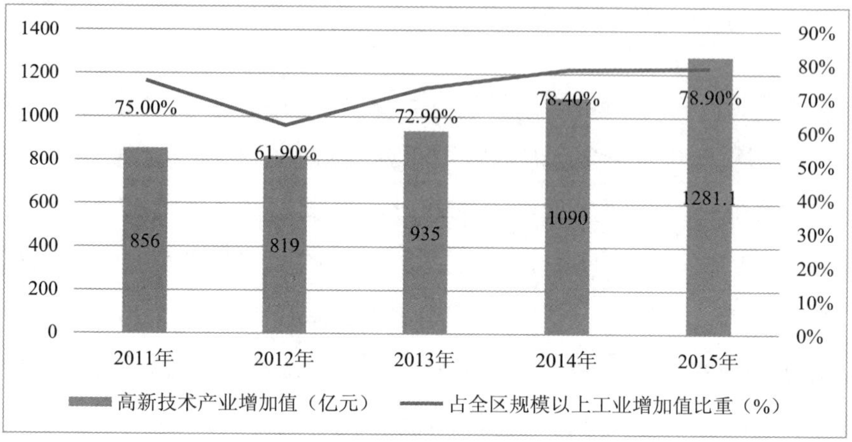

图3-7　龙岗区“十二五”期间高新产业增加值情况

企业自主创新能力不断增强。2011至2017年，龙岗区专利申请量年均增长率达到15.9%，其中发明专利年均增长率为13.3%（图3-8）。2017年，专利申请量24311件、发明专利申请量7077件，较2011年分别增长142.4%和111.2%。2011至2017年，中小企业专利申请量占龙岗区比例由57.2%增长到80%，增长了22.8个百分点。2017年，PCT国际专利申请量4546件，分别占国家、省、市的9.3%、17%、22%。2011至2017年，龙岗区获市级以上科技进步奖82项，其中国家科技进步奖18项。

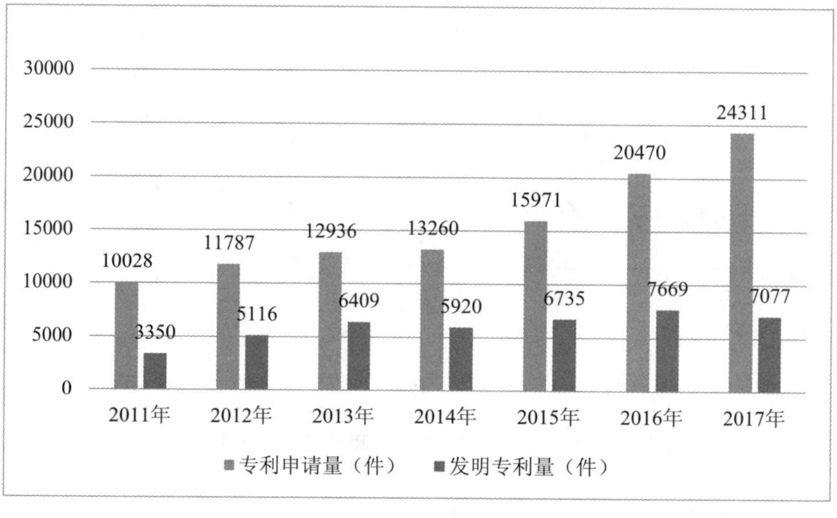

图3-8　龙岗区2011–2017年专利申请情况

4. 创新载体建设量质齐升提供承载空间

龙岗区大力推进创新空间布局优化，重点区域和空间建设取得突破性进展，已成为吸纳创新型人才、企业、平台和项目的优质载体。形成以大运新城、深圳国际大学园为创新中心，以坂雪岗科技城、国际低碳城、阿波罗未来产业园、宝龙科技城等为核心的创新高地。位于龙岗的国家自主创新示范区面积占全市的1/4、市级重点发展片区占全市的1/4、战略性新兴产业基地占全市的1/5。建设龙岗天安、中海信等36个创新型园区，布局一批满足大众创新创业需求的众创空间孵化平台，形成“重点区域+创新园区+创客空间+孵化器+加速器”的全链条式创新载体建设模式。以天安云谷、星河雅宝、中海信、龙岗天安、启迪协信等为代表的民营创新载体发展迅速，成为全区吸引创新资源的有力空间补充（图3-9）。高端创新载体有助于吸纳高端企业入驻，通过调研国家级高新技术企业入驻龙岗区数量排名前八的园区发现，全部2342家在园企业中，国高企业有198家，占8.5%，如龙岗天安数码在园企业360家，其中国高企业41家，占11.4%；星河world 350家，其中国高企业25家，占7.1%；天安云谷322家，其中国高企业22家，占6.8%；中海信200家，其中国高企业29家，占14.5%。随着高端创新载体的建设和发展，园区入驻企业规模和质量也将得到进一步提升。

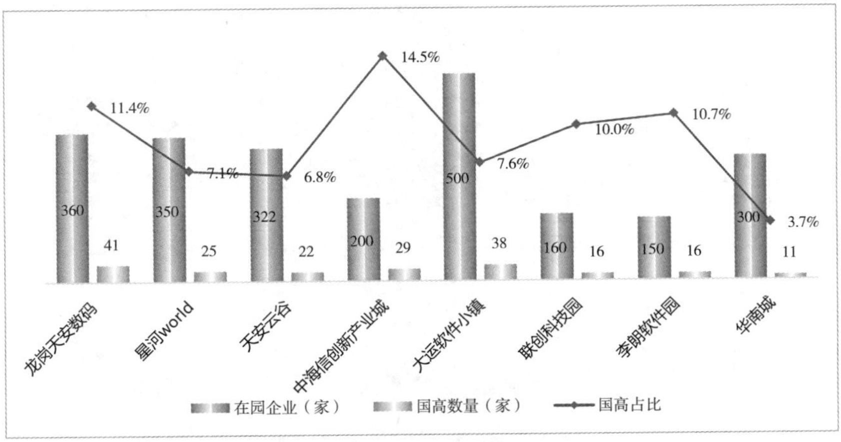

图3-9　龙岗区主要创新载体吸纳国高企业数量情况

第三节　创新驱动的“龙岗选择”

创新驱动的核心是以人的创造力驱动发展，是高质量发展的内在要求和本质体现。硅谷之所以被认为是全球最具创造力的地区，主要在于硅谷集聚了一大批来自世界各地充满创新思想和创业精神的人，使得硅谷每五年即能培育出一家从小到大的企业进入到全球500强名单，并不断涌现出对世界经济以及人类生产生活方式产生重大影响的创新成果。

一个地区创造力是区域内每个人创造合力的外在表现，创造力提升要求区域每个人都能最大程度发挥创造价值，需要营造一个能够激发人的创造潜能的环境、一个充满企业家精神的社会文化。新时期，龙岗要以“四大创新”为新动力（图3-10），即：与时俱进的理念创新、政府推动的制度创新、企业主体的技术创新和市场培育的商业模式创新，实现产业优势重筑、空间格局重构、城市功能重置和制度环境重塑，营造适宜创新的发展环境，推动和践行高质量发展模式。

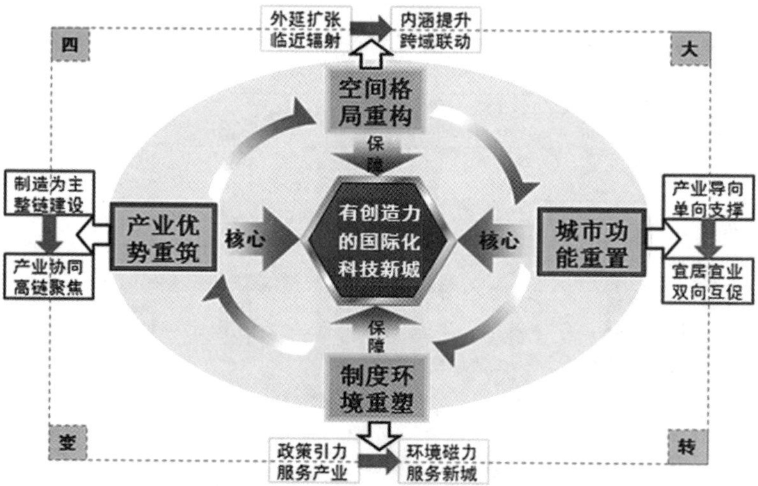

图3-10　龙岗区创新驱动发展的四大转型

1. 以龙头企业为抓手，培育创新型产业集群，实现产业优势重筑

华为、比亚迪为代表的龙头企业是龙岗宝贵的科技产业资源，除对经济增长的直接贡献，还对创新资源吸附和人才二次创业具有重要促进作用。要进一步加强对龙头企业的精细化服务，支持龙头企业产业链拓展和创新链延伸，聚焦面向未来的新兴产业领域，加强创新布局与创业转化，着力形成有国际竞争力的创新集群。同时，要做好龙头企业在开放式创新、创业孵化方面的支持，支持龙头企业引进国际高端人才，推动内部成熟型人才创业转化，在细分领域、新兴领域形成创新和成果转化优势，实现产业优势的不断迭代与持续发展。

2. 以科学规划为引领，高效配置各类资源，实现空间格局重构

科学规划是引领资源配置的关键所在。龙岗区经过多年发展，目前存在产业空间同质化、创新资源碎片化、片区发展孤立化等现象，迫切需要通过高质量的产业规划、空间规划加以引导。未来要注重产业规划、空间规划、人才规划、创新规划之间的统筹协调，注重特色产业集群引导、功能布局优化和区域发展协同，实现产业、人才、资本等各类要素的高效流动和配置，实现全域空间利用由松散、粗放向集约、高效转变，实现各空间区域、功能板块之间的协同，实现全域空间格局重置，提升整体发展和产出效益。

3. 以产城融合为导向，推动宜业宜居互促，实现城市功能重置

产业发展是基础，城市配套是关键，二者之间是高度融合、互促发展的关系。目前龙岗区发展中仍存在园区、城区发展不匹配，相对割裂的现象，城市功能仍不健全。未来发展中，要转变园区和城市发展理念，坚持以产城融合为导向，转变传统工业区、园区发展思路，一方面，积极推动产业结构与产业形态优化，大力发展技术密集型、高附加值、低碳环保的高端制造业，积极培育现代服务业；另一方面，要推动园区形态、城市形态向研发、商业、服务、居住等多功能于一体的“多区融合”转型，大力引进高品质的教育和医疗资源、完善交通与无线网络等公共设施、提升休闲娱乐与生态旅游资源质量，提升城市综合服务功能，提高城市归属感和幸福感，吸引人才自发向龙岗集聚，减少“钟摆人口”，由“8小时工作圈”向“24小时创业生活圈”转变，形成园区与城市、产业与居住、工作与生活高度融合、相得益彰的发展格局。

4. 以政策服务为手段，优化创新创业生态，实现制度环境重塑

新时期，国际国内发展竞争日趋激烈，区域之间的竞争日益演化为政策、服务和环境之间的竞争，哪里的政策更好、服务更优、发展环境更卓越，哪里就更能吸引高端要素集聚，形成新的创新和发展优势。未来发展中，龙岗区要在政策上下功夫，在服务上下力气、在环境上出实招，围绕重点产业、龙头企业、创业主体的需求，推动产业链、技术链、创新链、政策链和服务链的协同，营造更加优越、更具吸引力的创新创业生态环境，增强对国际国内高端要素的吸引力，形成能够充分激发创新创业活力的制度与服务环境，引导高端人才、青年学生等各类群体，投身于前沿科技创业和创客极客运动中，掀起高质量科技创业的风潮，形成“要创业，来龙岗”的社会氛围，激发全社会的创新思维和创业激情，为区域高质量发展注入不竭动力。

第四章　标杆地区高质量发展比较—龙岗与硅谷、中关村

当前，龙岗创新驱动和高质量发展正在步入新的阶段，必须以更高的目标，全球视野，找准标杆，理清差距，来谋划创新驱动发展。从全球对标来看，硅谷、中关村是公认的国际和国内创新驱动和高质量发展的典范，龙岗在创新企业、科技人才、创新生态、创新活力等方面还存在一定差距，应积极对标先进地区，找准短板，集中发力，在创新驱动和高质量发展方面迈上新的台阶。

在比较的思路上，本研究主要从“创新资源”和“区域个性”两个维度进行分析。从全球视野看，经济全球化进入了新的发展阶段——“创新全球化”阶段。创新全球化使创新资源在全球加速流动，哪里的创新生态系统活跃、哪里的创新生态环境能够实现自身价值，创新资源就往哪里流动。创新资源的有效集中推动了区域更易产生新思想、新知识、新技术和新模式，催生出新业态和新经济，进一步吸引更多的创新资源集聚，形成良性循环。由此可见，创新资源与所在的区域密切相关，不同区域由于长期发展形成了某种明显优于其他区域且难以被超越的内在特质，构成了该区域的“区域个性”。创新资源和区域个性的有机组织与耦合互动构成了创新生态环境，是区域竞争力的核心，如今的区域竞争，实质上是区域创新生态环境的竞争。

第一节　创新资源比较

1. 科技型企业

龙岗区作为深圳市一个行政区，科技企业数量与硅谷、中关村不具有可比性，本研究重点从企业规模结构、重点产业领域、领军企业创新辐射带动、创新创业活力等几个视角分析目前龙岗区与硅谷及中关村存在的差距。

企业规模结构：龙岗领军企业较少、中等规模企业不足，企业生态是“巨树+草丛”，而不是乔灌木草合理配置的“森林”。硅谷、中关村经过多年发展，已逐步形成大中小企业协调发展的金字塔型企业结构。龙岗区与之相比尚未形成完整的企业梯队。比较来看，龙岗区年产值亿元以上高新技术企业累计184家①，不到中关村亿元以上企业数量的1/10；年产值百亿至千亿企业仅3家，而中关村百亿至千亿级企业已接近百家；龙岗千亿级以上企业仅华为1家，中关村千亿级企业达到3家。2017年龙岗共有国家高新技术企业1325家，远低于中关村核心区的8989家。总体来看，目前龙岗区企业结构不尽合理，是龙岗经济发展的最大短板和经济稳定度低的主要根源。

产业结构：硅谷、中关村已形成多个有竞争力的产业集群，龙岗区战略性新兴产业呈现快速发展态势，但产业发展一支独大。硅谷产业演进一直代表着全球领先的产业与技术方向，已逐渐形成以“一区多园”为载体，信息技术、生物科技、互联网、半导体等业态为特色的产业集群发展态势。如斯坦福南边的Mountain View市聚集了以Google、微软和VMware等为代表

---

① 深圳政府在线：http://www.sz.gov.cn/lgq/tjsj/tjfx/201506/t20150603_2896775.htm，至 2015 年 6 月数据。

的云计算产业，Sunnyvale 和San Jose市聚集了以新思科技（Synopsys）和益华电脑（Cadence）为代表的半导体产业集群等等。中关村企业主要分布在电子信息、新能源与节能等六大技术领域，并依托“一区十六园”空间载体，围绕中关村战略性新兴产业引领工程，形成了“641”①产业集群。制造业是支撑龙岗经济发展的根基，近年来随着龙岗制造业加速转型升级，战略性新兴产业发展迅猛。2017年，龙岗区战略性新兴产业增加值达到2314.2亿元，增速达到18.6%，其中，新一代信息技术产业实现增加值1806.46亿元，占比达到79%。但总体来讲，龙岗区战略性新兴产业结构较为单一（图4-1），发展过度依赖新一代信息技术产业，过度依赖于华为及其上下游企业，存在较强不稳定性与结构性风险。

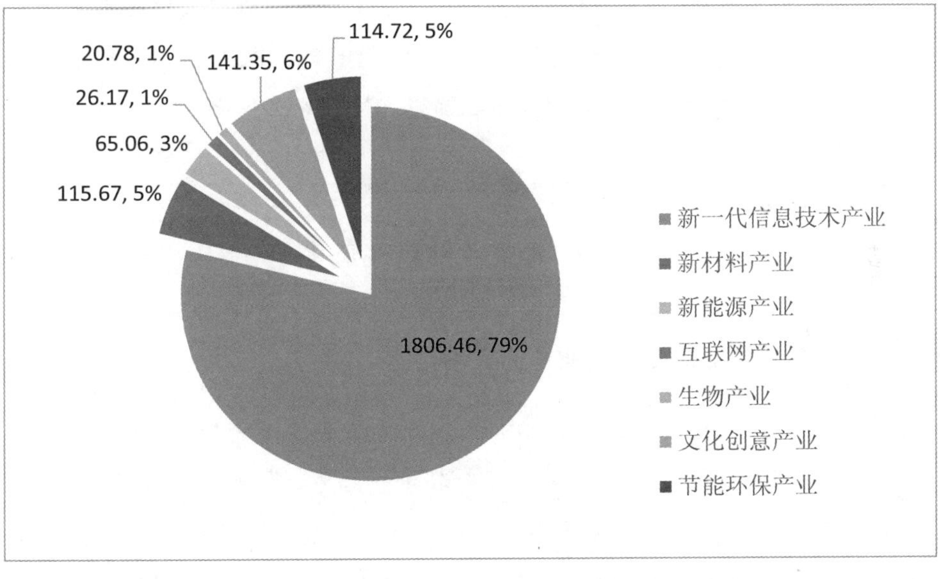

图4–1　龙岗区2017年战略性新兴产业分领域增加值及占比（亿元）

数据来源：龙岗区2017年统计公报。

---

① “中关村战略性新兴产业引领工程”，形成“641”的产业培育格局，即支持移动互联网、节能环保、下一代互联网、生物、轨道交通、卫星及应用等六大优势产业引领发展，推动新材料、高端装备制造、新能源、新能源汽车等四大潜力产业跨越发展，促进现代服务业高端发展。

领军企业裂变：硅谷、中关村领军企业成为参与和引领行业创新的重要力量，龙岗以华为为代表引领区域创新能力不断增强。从硅谷及中关村发展来看，大企业一直是引领区域创新的重要力量，一方面大企业重视面向未来的前沿性和尖端性技术创新，注重对颠覆性前沿技术的投入，如谷歌追求“登月”研发项目、百度致力于人工智能投资等；另一方面，大企业通过裂变、搭建开放式平台、开放数据资源等，推动各类主体共同创造价值并衍生新企业，形成大企业创新微生态圈。龙岗目前已形成以华为、比亚迪等大企业为引领的创新格局。尤其华为作为龙岗及深圳高科技企业领头羊，通过打造开放、灵活、弹性的创新平台及构筑可持续发展的多赢生态系统，成为中国高科技产业人才孵育的“黄埔军校”，形成国内互联网行业有名的创业军团“华为系”。因此，利用好华为创新带动作用是龙岗新一轮发展的重要课题。未来如何强化领军企业培育，发挥华为等领军企业的溢出效应、裂变效应、带动效应是新时期龙岗区企业服务的重中之重。

专栏：大企业创新生态圈

1.大企业裂变衍生新企业：仙童半导体

20世纪60年代，八个技术骨干从肖克利晶体管公司离职，创办了有“半导体公司之母”之称的仙童半导体公司。此后，仙童半导体公司创始人相继离开并创办了安纳克尔公司、联合碳化物公司、AMD以及众所周知的英特尔，从这些后来创办的企业中又裂变衍生出新的公司。以仙童半导体为起点的这种类似核裂变式的公司衍生模式是硅谷地区推动高科技发展的典型模式，也被称为硅谷裂变模式，仙童半导体也成为名副其实的硅谷“人才摇篮”。

2.对外开放式创新：宝洁、特斯拉、苹果

宝洁把网络引入企业运营的核心区，建立了内部“创新网络”社区，设立“技术侦察员”，搜索新的机会；同时开展外部关联创新合作。特斯拉采用开源的方式，把自己的技术专利全部公开，打造成电动汽车行业的开源式平台。

3.搭建开放式创业平台：“IBM创业家全球扶持计划”

2010年，IBM应用开发商合作部正式推出“IBM创业家全球扶持计划”，重点关注成立不到5年、从事基于软件的产品或服务开发的初创企业，并为这些初创企业提供IBM产品与解决方案、专家指导等各类资源，创造与商界领袖及风险投资机构沟通互动的机会，帮助其提升知名度和方案构建能力，有效缩短创新周期。截至目前，已有超过1000家企业加入了IBM创业家全球扶持计划。

创业活力：硅谷、中关村是全球创新创业风向标和引领区，龙岗与之相比尚有较大差距。从新创办企业来看，硅谷、中关村一直呈现快速增长态势（图4-2），2015年硅谷无雇员企业①超过20万家②，2017年中关村新创办科技型企业达到2.9万家（图4-3）。从新创办企业所在产业领域来看，硅谷、中关村主要集中在科学研究和技术服务业领域，达到60%以上。而龙岗受创新孵化载体建设较晚、数量不足、规模较小等因素影响，新创办企业还不够活跃，且科技类企业所占比重较小。

① 无雇员企业指个人创业，没有员工的企业。

② 注：本书有关硅谷的数据，若非特别指出，都来自《硅谷指数》年度系列数据。

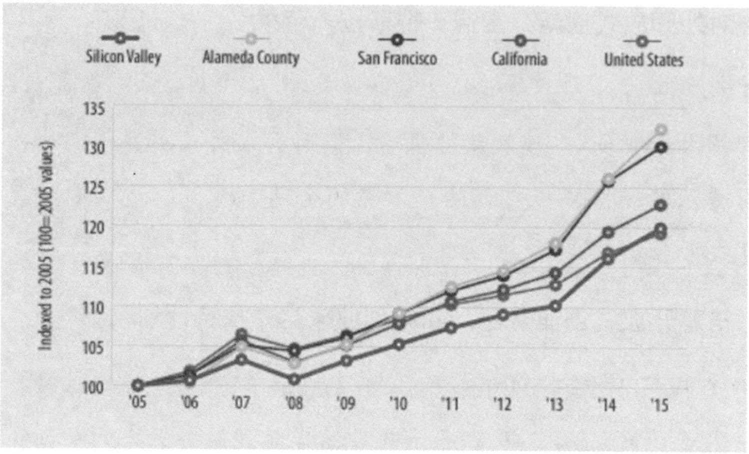

图4-2　2008-2015年硅谷无雇员企业增长情况

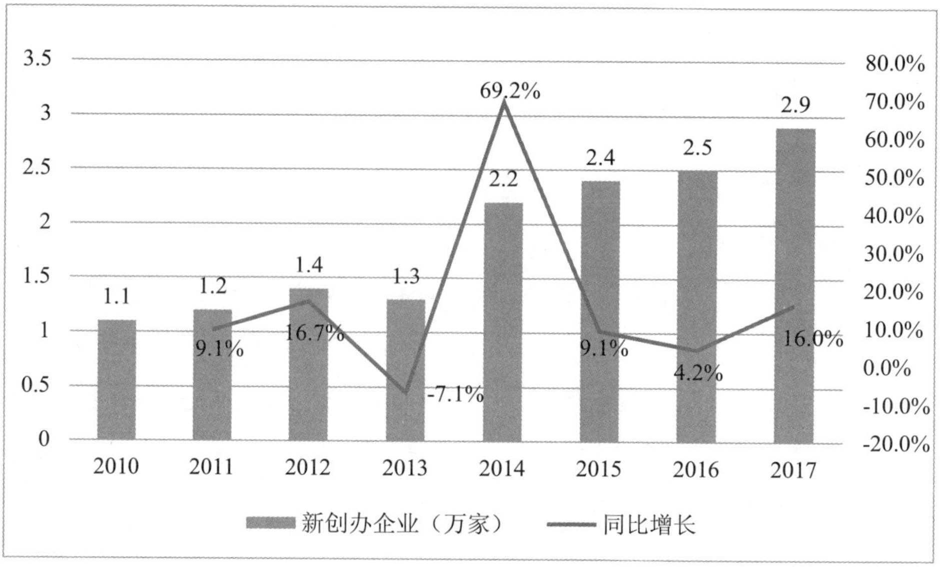

图4-3　2010-2017年中关村新创业企业数及增长情况

小结：从企业规模结构来看，硅谷、中关村企业结构相对合理，已形成大企业领军、中等规模企业支撑、小微企业活跃的金字塔企业结构。对比来看，龙岗区在企业结构方面存在以下不足：一是虽拥有华为这一超大型企业，但中等规模企业（亿元以上企业）群体支撑不足，尤其独角兽、瞪羚企业等高成长型创新企业群体较少，大中小均衡发展、梯次分布的企业生态格局有待建立。从产业结构来看，硅谷产业一直代表着世界领先的产业与技术方向，中关村紧跟世界产业与科技方向，以六大技术领域为重点，对比来看龙岗区虽然战略性新兴产业领域呈现快速增长态势，但新一代信息技术产业一枝独秀，产业结构相对脆弱。

2. 大学与科研机构

大学与科研机构具有很强的区域开放性、辐射性，故本研究对大学与科研院所的对比分析不局限于龙岗行政区，而是重点对比硅谷、中关村与深圳市高校科研院所的发展。

大学：与硅谷、中关村聚集一批世界及我国顶尖大学相比，深圳市高校以国际合作办学为主，处于引入和培育阶段（表4–1）。硅谷所在旧金山湾区是世界智力资源最为密集区域之一，拥有斯坦福大学、加州大学伯克利分校等为代表的8所著名大学、9所专科学校、33所技工学校、100多所私立专业学校[①]。硅谷大学多以私立为主，经费主要来源于校友捐赠，兼具学术研究与创业教育的特点。中关村拥有以北京大学、清华大学为代表的高等院校41所，每年为中关村输送近30%高校毕业生[②]。中关村的大学多为公立院校，以教育科研功能为主，经费主要靠国家财政拨款，管理体制行政化色彩浓厚。深圳高等教育资源严重缺乏，普通高等院校仅12所[③]，在我国大城市中处于末位。为补齐高等教育短板，近年来深圳市“另辟蹊径”，以开放式、国际化、创新型为导向，加强国内外优质资源合作办学，大力推进“小而精”、专业化、国际化的特色学院建设。

① 硅谷指数（2013）。

② 中关村指数（2015）。

③ 深圳市2015年国民经济与社会发展统计公报。

表4-1 硅谷、中关村、深圳市高等教育机构发展特色比较

三地大学		办学性质	管理模式	经费来源	教育特色
硅谷	斯坦福大学	私立	开放型管理；学术自由	私人捐赠为主	基础研究、综合研究；注重创业教育
	加州伯克利分校	公立	开放型管理；技术转移转化机制灵活	以政府拨款、学费收入为主	综合研究型；注重创业教育
中关村	清华大学	公立	行政体制，创新创业体制约束较强	以政府拨款为主	综合教育、科研型
	北京大学	公立	行政体制，创新创业体制约束较强	以政府拨款为主	综合教育、科研型
深圳	深圳大学	公立	行政体制，体制机制约束较强	以政府拨款为主	综合研究型大学
	国际大学园	政府参与合作办学	管理体制较为灵活，注重开放式管理	市校合作募集共建	以特色学院为主；注重国际化教育

资料来源：硅谷诺奖数据来源于新浪网，培养诺贝尔奖得主最多的50所大学。

科研机构：与硅谷、中关村聚集一批世界知名实验室和大院大所不同，龙岗新型科研机构建设发展取得显著成效。硅谷除了聚集世界诸多知名实验室及大学科研机构外，也是世界级企业研发中心的聚集地，拥有谷歌、苹果、英特尔、Facebook等一批大企业研发中心。其他国家知名企业如我国百度、华为等也纷纷在硅谷设立研发中心，对接硅谷创新资源，融入硅谷创新网络。中关村科研机构以大院大所为主导，集聚了以“两院”[①]为代表的国家（市）科研院所206所，拥有国家级重点实验室112个、国家工程研究中心38个、国家工程技术研究中心（含分中心）57个[②]，以及北京生命科学研究所等多家以市场化运营为特征的协同创新研究机构，为中关村发展输送大量创新人才及科技成果。深圳近年来加大创新载体建设，截至2017年底，拥有国家、省、市级重点实验室、工程实验室、工程中心和企业技

① “两院”指中国科学院、中国工程院所属院所。

② 数据来源：中关村指数（2015）。

术中心等创新载体达1688家。龙岗区近年来相继引进了虚拟大学园龙岗协同创新园、中科院先进院、光启理工研究院等160家创新平台，其中国家级8家、省级24家、市级75家，成为引领区域创新发展的重要力量。2015年以来，龙岗区陆续成立太空科技南方研究院、深圳大学龙岗创新研究院、香港中文大学（深圳）机器人与智能制造研究院、深圳龙岗智能视听研究院、深圳八六三计划表面材料技术研究研发中心等5家新型科研机构（表4-2）。[①]

表4-2 硅谷、中关村、深圳市代表性科研机构发展特色比较

三地科研机构		建设主体	经费来源	管理体制	创新特点
硅谷	微软研究院	企业建立	企业出资	企业化管理	以公司战略、市场需求为导向
	国际斯坦福研究所	高校建立	仅来源于出售研究报告收益	开放式管理机制	以服务政府科研为主，部分面向市场
中关村	中科院	国家建立	以政府拨款为主	行政化管理体制，创新约束力较强	以基础创新、源头创新为主
	北京生命科学研究所	部市共建	以政府拨款为主	注重市场化管理，机制灵活	以市场为导向，围绕中关村产业开展创新研究
龙岗区	太空科技南方研究院	政企合作	以政府出资、资助为主	市场化运作、企业化管理	围绕航天领域开展重大技术创新及成果转化
	深圳八六三计划表面材料技术研究研发中心	政企合作	政府提供启动资金	市场化运作、企业化管理	以市场为导向，拥有先进的精密仪器设备及雄厚的技术力量，为多行业提供检测分析服务

开放融合：硅谷大学与科研机构产学研机制成熟，中关村开放融合创新能力不断提升，龙岗区产学研融合有待加强。硅谷大学注重与市场需求相结合的教育导向，注重与校企合作协同发展，其开放自由、相互交融的创新文化氛围推动区域产学研合作机制不断完善成熟。如“斯坦福—硅谷”

① 龙岗区科技创新局近三年工作总结与工作计划。

校企合作协同发展的模式已经成为世界范围内校企合作的典范，其首创的OTL技术转移模式现已成为当代美国大学技术转移的标准模式。中关村在我国现有科研体制下，探索取得了一系列推动产学研合作的经验和做法。以实验室开放服务为例，2014年中关村159家开放实验室累计服务4.7万余项，受益企业2.8万家次；北京市743家国家级和市级重点实验室（工程中心），面向京内外1.4万家企业提供开放服务。龙岗已聚集了一批新型大学与科研机构，具备了区域创新创业的核心支撑要素，尤其新型科研机构由于其市场化导向、企业和科研机构为主体的民办公助机制，有效地推动了区域创新发展。但是科研机构目前也存在基础创新、源头创新方面积累仍相对不足，国家级科研机构少，科研机构开放度及与区域产业实体创新之间的融合不强等问题。

小结：高水平的教育、科研机构一直是深圳市及龙岗区创新发展的短板，但从目前龙岗区大学引入态势及新型科研机构数量、规模及效能来看，已经取得重大进展，目前已具备建立创新生态环境系统的基本支撑。从大学来看，硅谷、中关村大学根植性较强，多为具有较长历史积淀的名校，与本地产业融合度较高；龙岗区大学以新引入为主，尚存在几方面不足：一是大学的规格、层级不够高，影响力、带动力不够大；二是大学的成长、招生、扩散仍需要培育，高校在区域创新中的功能定位仍需探索；三是大学的专业体系建设、毕业生供给、创新辐射与本区域产业创新的融合需要时间。从科研机构来看，硅谷研发机构以企业研发中心为主体，市场化为主导，产业化能力较强；中关村以体制内科研院所为主，技术源头创新性强，更注重如何加强科技成果转化；深圳及龙岗区科研机构以新型研究机构为主，机制灵活、产业特色突出，但在基础创新、源头创新方面的积累仍相对不足，国家级科研机构少，缺乏全球引领性的重大创新成果。

3. 创新人才

人才储备：受高等院校数量不足等因素影响，龙岗区与硅谷、中关村

相比高等教育人力资源明显不足。高等院校为硅谷高技术企业发展提供充足的人力资源，每年有20万左右大学毕业生，其中6000多名博士，占加州博士总数的1/6[①]。北京市2017年高等院校毕业生达到23万人，在校生近58.1万人[②]，是中关村人力资源的重要支撑。深圳市由于高等院校规模不足，人力资本储备与硅谷、中关村存在较大差距（图4-4），2017年深圳12所普通高等院校在校生仅9.67万人，毕业生仅2.53万人[③]。

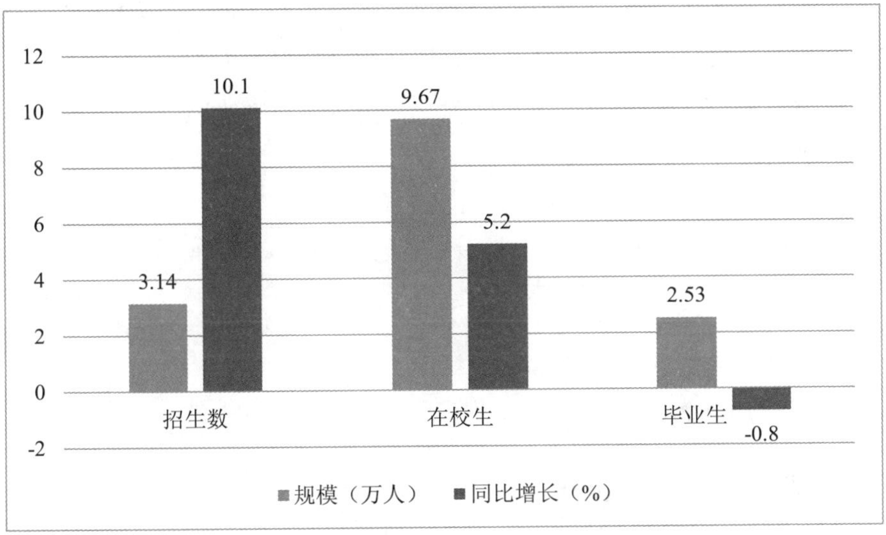

图4–4　2017年深圳市普通高校学生规模及增长情况

人才层次结构：硅谷、中关村以高层次、高学历人才为主，深圳高层次人才不足，龙岗低学历普通工人占较大比重。硅谷是世界高端智力资源最为密集区域，拥有美国科学院院士近千人，英国《泰晤士高等教育报》公布的全球高校“诺贝尔奖”前十排行榜中[④]，斯坦福、加州伯克利分校分

① 美国圣何塞信使报官网。

② 北京市教育局网站。

③ 深圳市 2017 年国民经济和社会发展统计公报。

④ 中国网新闻中心：高校“诺贝尔奖”前十排行榜：美国占据 8 席。《泰晤士高等教育报》此次的排名以近 15 年拥有诺贝尔奖获得者的数量为衡量标准，仅仅将物理，化学，医学和经济学等领域纳入统计范畴，并归为同一个属性，诺贝尔文学奖和和平奖并不在统计范围之内。

别位居第一、第三位；中关村是我国高层次人才最为密集区域，截至2017年底，“千人计划”专家达到了1343人，约占全国的19%，两院院士高达764人。深圳市与硅谷、中关村相比高端人才规模不足（图4-5），2017年“千人计划”人才274名，约为中关村的1/5，其中龙岗区40人；全职在深工作院士26名，仅为中关村的1/30，其中龙岗区院士6名。近年来，广东省、深圳市实施了“珠江计划”“孔雀计划”等加强高层次人才引入，至2017年底，深圳累计引进“珠江计划”创新团队44个、“孔雀计划”创新团队116个，其中龙岗区拥有“珠江计划”和“孔雀计划”创新团队合计33个。而中关村入选“海聚工程”590人，占北京市入选人数的66%，深圳及龙岗区与之相比还有较大差距。

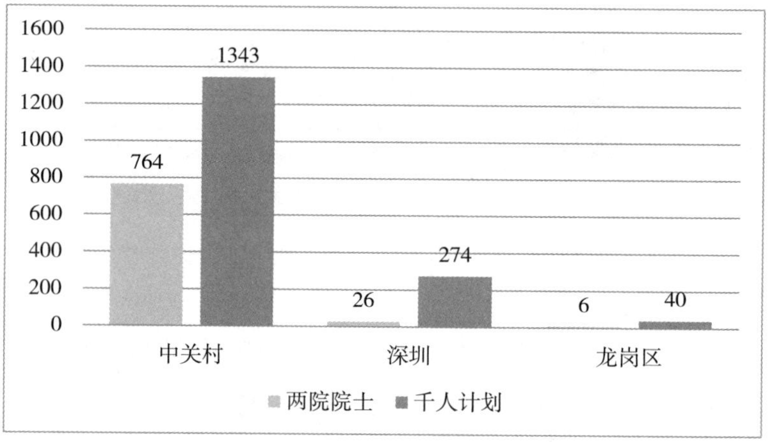

图4–5　深圳、龙岗高端人才与中关村比较（人）

注：两院院士数据时间节点：中关村为2016年6月，深圳为2017年10月，龙岗为2018年10月；千人计划数据时间节点：中关村为2017年底，深圳为2017年10月，龙岗为2018年10月。

“千人计划”：国家层面“海外高层次人才引进计划”的简称，主要是围绕国家发展战略目标，从2008 年开始，引进2000名左右人才并有重点地支持一批能够突破关键技术、发展高新产业、带动新兴学科的战略科学家和领军人才来华创新创业。

“两院”：中国科学院、中国工程院统称。

孔雀计划”：深圳市于2010 年10 月推出的引进高技术人才的项目，以推动高新技术、金融、物流、文化等支柱产业，培育新能源、互联网、生物、新材料等战略性新兴产业为重点，聚集一大批海外高层次创新创业人才和团队。

人才国际化：海外人才是硅谷、中关村、深圳创新创业的重要力量，龙岗区国际化人才规模较小，有待进一步加强引入。技术移民是硅谷创新创业的重要群体，营造了硅谷的多元文化，激发了硅谷持续的创造力。统计显示，2014年硅谷在国外出生人口比例达37.4%，科学与工程类（STEM）大学及以上学历的从业人员中56%出生在国外，技术移民创建并经营的企业占硅谷全部高科技企业的1/3多[①]。中关村由于其完善的海外人才政策，留学归国人员连续6年增长（图4-6），2014年达到近2.2万人，占从业人员的1.46%，硕士及以上学历占留学归国人员总量的77.1%，创办企业累计超过6000家[②]。深圳市近年来通过"孔雀计划"等系列措施工程加强海外人才引进，目前全市拥有"海归"约5万人，已成为区域创新重要力量。龙岗区近年来通过设立海外（硅谷）人才联络处、驻硅谷招商联络处及搭建与硅谷、韩国、以色列、荷兰等地人才直通平台等加强海外人才引入，已取得一定成效，但国际人才规模、比重与硅谷、中关村相比还有较大差距，有待进一步强化引进培育力度。

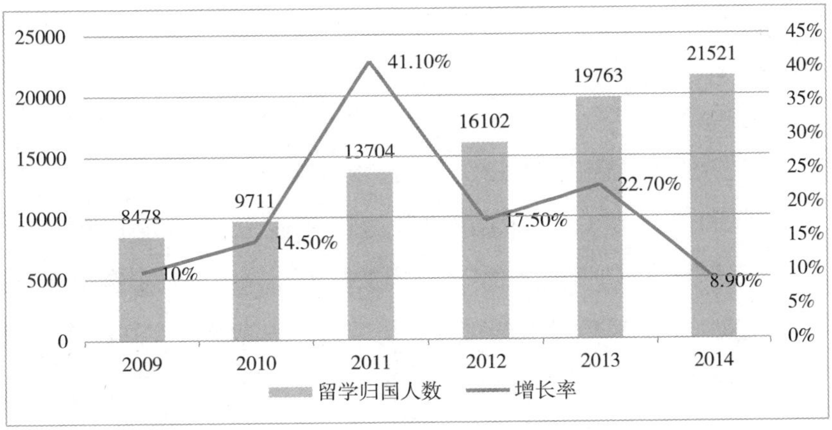

图4-6　2009–2014年中关村留学归国人数及增长率

① 硅谷指数（2015）。

② 中关村指数（2015）。

小结：从人才发展来看，硅谷、中关村人才总量基数大、层次较高，高学历人才占据主要比重，并且围绕区域产业发展及创新创业服务形成多元人才体系。对比来看，龙岗区在人才发展方面存在以下不足：一是人才总量不足，人才获取渠道相对不够广泛。二是人才结构不优，高层次人才数量占比低，从业者学历普遍较低。从国际人才引入来看，硅谷由于国家体制及移民政策，人才国际化程度最高；中关村由于首都特殊区位及人才政策的完善，海外人才、全国各地优秀人才高度聚集。对比来看，龙岗人才国际化存在以下特点：一是人才国际化环境相对较好，深圳作为我国沿海开放城市，国际化的窗口，在承接和吸引国际化人才方面具有便利条件；二是承载国际高端人才落户的事业平台不足，国际化高端人才较为缺乏，吸引力相对不够。

4. 科技金融

风险投资：深圳市风险投资活跃，已逐步发展成为我国私募基金业最为活跃的城市之一。风险投资在硅谷发展史上一直是推动其创新的重要力量，目前硅谷以斯坦福大学西侧著名的沙山路（Sand Hill Road）为聚集区，已汇集了包括红杉资本、KPCB、NEA、Mayfield等在内的全球规模最大、知名度最高、数量最多的风险投资公司。2015年硅谷风险投资达到2001年以来峰值（图4-7），硅谷与旧金山总额达到245亿美元（其中硅谷111.3亿美元），占全美国的比重高达41.6%[①]。中关村近年来创业投资继续保持高度活跃，目前吸引全球风险投资额排名高居第2位[②]，仅次于美国旧金山湾区。2014年创业投资及私募股权投资基金管理机构共457家，管理资本总量为5779.7亿元，发生投资案例938起，占全国的41.0%；已披露的股权投资总额

① 数据来源：硅谷指数 2016。

② 根据“安永全球风险投资集聚地排名”。

达329.8亿元，占同期全国41.2%[①]。深圳是我国私募基金业的前沿阵地和私募基金业最活跃的城市之一，截至2015年底深圳各类PE/VC机构已经达到4.6万家，注册资本超过2.7万亿元[②]，已成为我国本土创投高度集聚、活跃的地区。龙岗区近年来引进包括深圳市创新投资集团、中科招商投资管理集团等国内知名投资机构，投资氛围也日益活跃，但目前机构规模偏小，且相关中介服务机构缺失或不足。

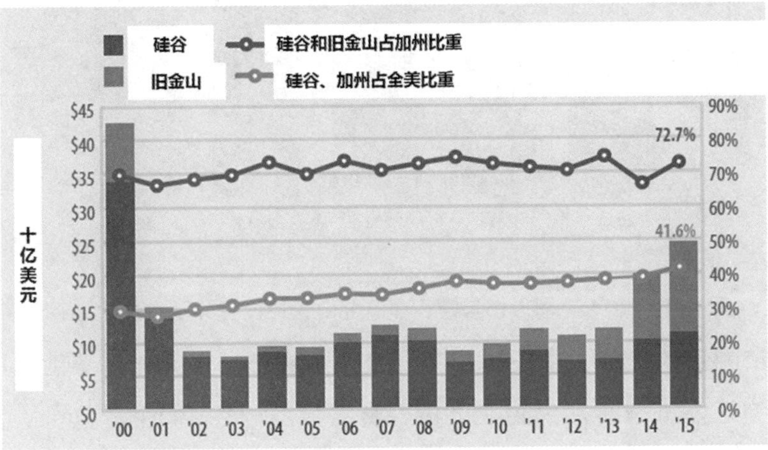

图4-7　2000年—2015年硅谷和旧金山风险投资额及占加州及全美比重

天使投资：硅谷、中关村是全球及我国天使投资最活跃区域，深圳及龙岗区天使投资机构数量相对不足。硅谷是全球天使投资的发源地，也是最活跃、最成熟的区域之一，呈现多元化发展，存在和活跃着3F（Family/ Friend / Fool）、天使投资人结成的联合体（橡子园）、天使众筹等多种形式，多种参与主体。2015年，硅谷和旧金山天使投资额分别达到14亿美元和16亿美元，占加州总额的81.5%（图4-8）。中关村近年来天使投资得到迅猛发展，目前中关村有2万天使投资人、670家知名创业投资机构，2016年天使投资案例819起，投资金额45.6亿元，占全国1/3以上。与硅谷、中关村相

① 中关村指数（2015）。

② 环球网：深圳市金融办最新披露数据显示。

比，深圳市及龙岗区目前天使投资机构数量少，对产业创新的前瞻性布局、引导性不足，且真正投入到创业前端的投资机构和投资人群体少之又少。

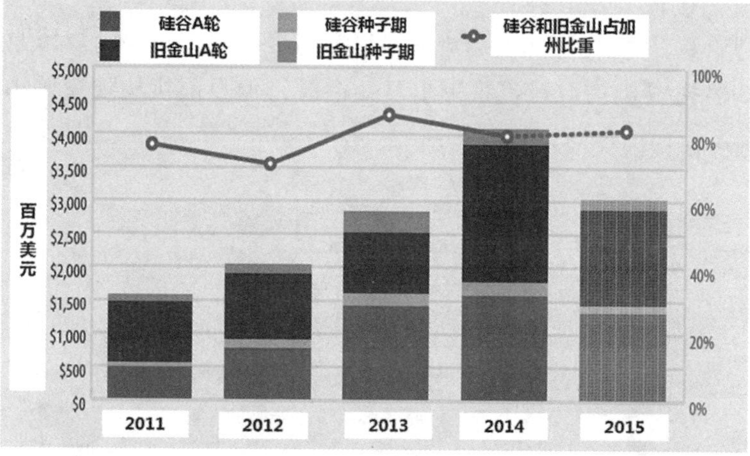

图4–8　2011年—2015年硅谷和旧金山天使投资额及占加州比重

上市融资：硅谷、中关村、深圳企业资本市场多元化融资能力不断增强，龙岗区需进一步加大企业上市融资支持。硅谷IPO企业数量一直快速增长，尤其是2014年上市企业数创近七年最高值，达到275家，企业IPO活动数量持续增加（图4-9），由2009年的1起增加至2014年的23起，占美国的11%①。中关村企业在主板和创业板市场融资能力大幅提升，截至2014年上市企业累计254家，累计IPO融资额超过2000亿元；“新三板”挂牌数激增，新增挂牌企业116家②，创历年新高。深圳市是我国资本市场主板、中小板市场所在地，也建立了创业板和区域性股权交易市场，基本形成结构合理、体系完备的多层次资本市场体系。2014年深圳市境内外上市企业累计达321家，其中中小板78家、创业板46家，本地企业中小板和创业板上市总量连续9年居大中城市首位③。龙岗区上市企业至2014年累计达到20家（图4-10），

① 硅谷指数（2015）。

② 中关村指数（2015）。

③ 深圳新闻网：深圳中小微企业总数达 112 万家境内外上市企业 321 家。

与南山等区相比还有较大差距，新时期要进一步强化企业上市融资支持，提升企业上市融资能力。

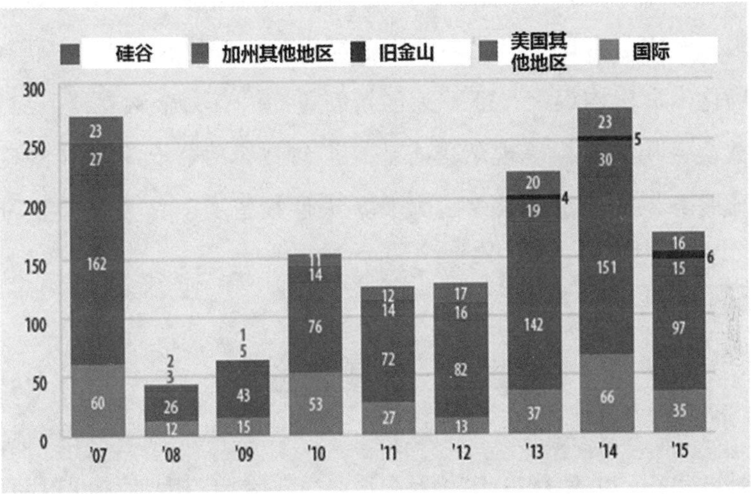

图4-9　2007-2015年硅谷IPO活动数量

数据来源：硅谷指数（2015）。

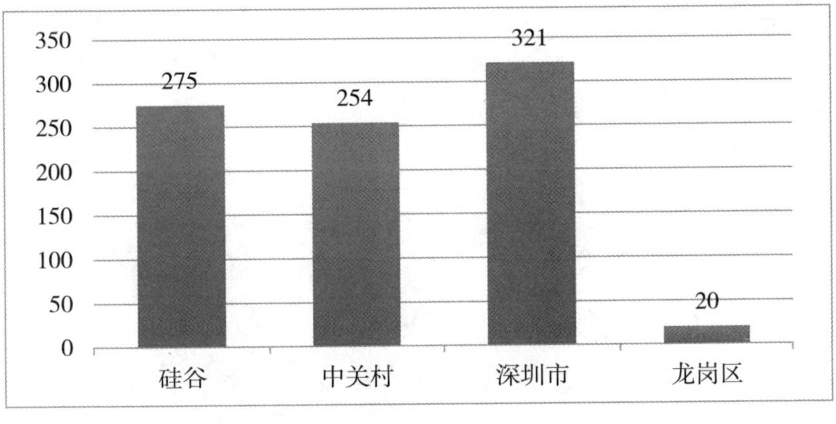

图4-10　2014年硅谷、中关村、深圳及龙岗区境内外上市企业数量

数据来源：中关村指数（2015）、硅谷指数（2015）。

小结：从科技金融环境来看，由于国家体制及发展阶段不同，硅谷资本市场发展成熟，科技金融体系健全，中关村、深圳与之相比还有较大差距。但在我国，深圳市已成为我国资本市场最为发达地区之一，资本市场和风险投资较为活跃，创新创业活动的资本环境相对优越。从科技金融服务来看，硅谷主要依赖于天使投资、风险投资等市场化投资主体，服务机构多、服务模式丰富，可满足多元企业需求；中关村在科技金融服务方面，各类市场化投资机构集聚，能够为创新创业提供有力金融支持。对比而言，龙岗科技金融相关机构呈现聚集态势，但科技金融、金融科技的资金规模不够大，服务机构数量不够多，尤其是天使投资人群体及风险投资机构仍然偏少。

第二节　区域个性比较

龙岗与硅谷、中关村三者的性质差别导致区划范围的标准不同，硅谷、中关村都属于科技园区，是科技资源集聚区的概念，而且其空间面积都经历了从小到大的发展过程（硅谷已演化为科技城市），而龙岗区属于行政区划，是特定的社会集聚区的概念，空间范围相对明确。在下文的区域个性比较分析中，对硅谷、中关村的分析主要基于其核心地区所在的范围，对龙岗的分析则是基于行政区划范围（图4-11）。

图4–11　硅谷、中关村及龙岗区位图

1. 区域“硬件”

区位条件：优越的区位条件使硅谷、中关村成为高端创新要素高度聚集地，龙岗具备一定区位优势，但创新要素层次低、通达性有待改善。美国硅谷位于加利福尼亚州北部，旧金山湾区南部，区域便捷的交通设施为创新要素的聚集和交流提供了便利条件。硅谷所在地拥有三个飞机场，经过改造升级，年客运总量已超过6600万人。另外，阿姆特拉克铁路、1号公路、101国道以及80号州际公路与全美其他城市相连，为各类要素的自由流动提供了有利的交通条件。但同时，硅谷处于加州地震带，对区域规划、片区建设、建筑抗震等要求较高。中关村位于我国人才智力和科教资源最为密集的首都北京，北京既是全国铁路和航空的枢纽，也是中国连接世界的主要节点城市，为全球创新要素的自由流动提供了较高的便利性，其区位优势是国内任何科技园区都无可比拟。龙岗区是深圳市的东大门，东临大亚湾、大鹏湾，南接特区内的罗湖、盐田、福田及香港，西连宝安区，北通惠州市和东莞市，但与硅谷、中关村相比，深圳宝安机场的国际航线主要集中在亚洲地区（更多的国际航线集中在广州和香港的机场），基于全球视角的创新要素流动的便利性相对不高。同时，龙岗区距离市中心较远，距离福田区、香港30km，距离南山区、宝安中心区40km，对创新要素的吸引力相对不足，高端创新要素的流入动力有限。

小结：从区位比较来看，硅谷发展位势比较高，地理位置优越，是在全球范围内配置资源，以航空通道、地面交通为主的交通对要素流动形成有力支撑；中关村地处国家首都，依托国家交往门户、首都机场的交通条件，便于引进和利用国际国内创新资源。对比而言，龙岗地处深圳东大门，作为连接珠三角与海峡西岸两大经济圈（区）的重要节点，对各类要素仍具有较强的吸引力，但由于不属于城市核心区，也面临南山、宝安、龙华等区的激烈竞争。

自然环境：龙岗气候宜人，生态条件优越，空气质量与硅谷不相上下。

硅谷位于美国西海岸的北加州，湾区四面环山，中间环抱海湾，由于特殊的地理环境，这里拥有全世界稀有的温和的地中海式气候，一年300天以上晴天，空气质量非常好，是全美国乃至全世界气候最好的地区之一。中关村所在的北京市气候为典型的北温带半湿润大陆性季风气候，夏季高温多雨，冬季寒冷干燥，春、秋短促，降水季节分配很不均匀，全年降水的80%集中在夏季，宜居度较低。尤其空气质量问题突出，2014年，PM2.5年均浓度为89.5微克/立方米，生态环境已成为影响区域宜居条件的最大问题。龙岗属亚热带海洋性季风气候，气候宜人，四季温和，阳光充沛，森林覆盖率为50.2%（表4-3），水源涵养林面积达2.9万公顷。另外，良好的空气质量已是深圳人晒幸福的资本，已实施新空气质量标准的161个城市中，仅9个城市达标，深圳位列第五。

表4–3　硅谷、中关村、龙岗自然环境主要指标对比

	气候	温度	森林覆盖率	PM2.5平均浓度
硅谷	温和的地中海式气候	10° C左右至21° C左右	35%（加州）	20-40微克/立方米
中关村	北温带半湿润大陆性季风气候	-20° C左右至40° C左右	36.3%（海淀）	89.5微克/立方米
龙岗	亚热带海洋性季风气候	1.4° C左右至37° C左右	50.2%（龙岗）	33微克/立方米

小结：尽管硅谷的气候条件要优于龙岗，但龙岗的生态基础要好于硅谷，两地的自然环境综合评价不相上下。与硅谷、龙岗相比，中关村的自然环境劣势明显。龙岗的空气质量与硅谷相差不大，是其与国内绝大多数大型城市相比最大的自然优势，需保持巩固，未来可发展成为吸引创新要素的重要亮点。

城市配套：硅谷城市功能较为完善，中关村城市治理能力和运行保障能力有待提升，龙岗“二线关”因素对交通、教育、医疗等方面造成的负面影响仍未消除。硅谷经过多年的发展，城市功能较为完善，城市化质量总体水平较高。从教育医疗来看，拥有相对完善的中小学教育体系，斯坦福医院、加州大学旧金山分校医学中心等在全美排名靠前的综合性医院均位于硅谷地区。从文化设施来看，拥有世界闻名的柯伦剧院、金门剧院以及上百家的各类博物馆和艺术馆。此外，硅谷地区在城市建设方面注重以人为本的休闲空间打造，拥有世界最大的人工公园-金门公园，设置了众多的步行道和花园，是这座城市“绿色的肺”。中关村具有典型的国际都市、现代农村和高科技园区相结合的特征，人口、资源、环境矛盾所引发的交通、教育、医疗等服务的供需矛盾日渐突出，比如交通问题已成为影响区域城市化质量的主要症结之一，区域城市治理能力和运行保障能力亟须提升。龙岗受“二线关”因素影响，除中心城外的各片区城市配套功能与原“关内”地区还有很大差距。比如，在交通方面，目前连接市区的地铁只有3号线，且通勤时间长、服务区域很有限；教育医疗资源也较为短缺，教育设施除龙城街道外其他街道均存在较大的需求缺口，每万人拥有病床数不仅低于广东省的平均水平，也低于全国的平均水平。

小结：不同发展阶段决定了其城市配套功能从高到低依次为硅谷、中关村、龙岗。交通、教育、医疗问题是城市发展到一定阶段后出现的共性问题，科教文化、城市休闲也是随着城市建设的推进而不断完善，由于龙岗城市建设相对滞后，这些方面城市配套功能明显落后于硅谷、中关村，不仅难以满足现有城市居民的生活需求，与龙岗未来发展战略的匹配更是存在较大差距。

2. 区域“软件”

（1）创新文化

硅谷：创新文化使硅谷成为“合作和竞争的不同寻常的混合体”。硅谷的生活与工作造就了一种无与伦比的成功文化，民主平等、追求卓越、自由开放、改变世界的使命感、对失败的高度宽容等，造就了硅谷独特的创新文化氛围。这种独特文化伴随着硅谷的成长，有着浓厚的历史渊源，并对硅谷的发展提供独一无二的内在动力。一是区域内民主、宽松和自由的学术环境孕育了硅谷"崇尚创新"的文化特质。硅谷发展过程中斯坦福大学等知名学府不仅源源不断地为之输入了各类人才，更重要的是把大学良好的学风和学术传统带到了硅谷，培育了硅谷的研究和探索精神。二是已深入人心的契约精神是硅谷人真正做到"平等开放""不迷信权威"的基石。在硅谷，无论职位高低，人与人之间是平等的，员工与公司之间的关系不同于大多数传统企业的隶属关系，特别是广泛采用的期权工具，使得两者之间成为一种平等的合作伙伴关系。有了平等，才不会迷信权威，才会有真正的开放，才能充分吸纳各种创新思想。三是对叛逆的足够宽容催生了一代又一代更加优秀的企业，推动硅谷实现持续繁荣。无论是在法律上还是在社会上，硅谷对叛逆都给予了足够的宽容，而正是这种叛逆的力量打破了惯性模式，在现有企业的基础上孕育出更加优秀的企业，打破了现有的市场结构，从一个全新的视角和维度推进产业的全面优化，维持一个地区的创新活力和持续繁荣。

中关村："鼓励创业，宽容失败"是中关村创新文化的精髓。中关村一直秉承着"科学民主、与时俱进"的发展理念，倡导"勇于创新、不惧风险、志在领先"的创业家精神。中关村发展的过程就是一个不断创新的过程，从突破计划经济体制，探索出"两不、四自"原则①，规定"三免三减"②，实行"1+6"先行先试政策③，到探索管理创新，批准建立中关村科技园区，实施系列支持措施，推进园区发展模式创新，无不展现了"鼓励创

① "两不、四自"是指不要国家编制，不要国家投资，自由组合、自主经营、自筹资金、自负盈亏。

② 1988年5月10日，中关村试验区成立后规定，新技术企业可以在成立之日起，3年内免交营业所得税，后3年营业所得税减免50%，这项政策被简称为三免三减。

③ "1+6"先行先试政策：1是指搭建中关村创新平台，6是中关村示范区先行先试六项政策：一是关于在中关村示范区中央级事业单位开展科技成果处置权和收益权的改革试点，二是开展股权奖励的个人所得税的试点，三是制定中央单位的股权激励审批的实施细则，四是开展科研经费项目改革的试点，五是要探索建立统一监管下的全国性的场外交易市场，六是要在示范区完善高新技术企业认定的试点。

新、宽容失败”“不惧风险、志在领先”“协同创新、产业报国”等中关村创新创业文化的精神元素，而这种创新创业文化的现实效果不仅体现在国务院先后6次决定支持中关村创新发展上，还体现在中关村体制机制创新一系列“首吃螃蟹”之举上。

龙岗：移民文化孕育了特有的“深圳观念”。深圳作为中国年轻的移民城市，毗邻港澳，中西文化在这里交汇、碰撞、融合，塑造了激情勃发的创新创业文化氛围，特别是深圳在改革开放过程中逐步形成的以“敢为天下先”、“时间就是金钱，效率就是生命”“空谈误国，实干兴邦”“改革创新是深圳的根，深圳的魂”“鼓励创新，宽容失败”为代表的“深圳观念”，已成为深圳创新文化的标志，也成为龙岗创新文化的精髓。与硅谷类似，移民文化是深圳创新文化的源泉，深圳本地原住民不到50万，95%以上的人口都是新移民，这种特质使深圳形成了“敢于冒险、崇尚创新、追求成功、宽容失败”的创新文化。此外，龙岗特有的客家文化与硅谷文化在某种程度上有着类似的文化特质。目前深圳原住和长住客家人约450万人，而且主要集中在龙岗区。龙岗客家人传承的自己动手、自给自足的文化传统与硅谷所在的加州地区早期开发过程中所表现出来的强调个人奋斗的保守主义文化和强调自己动手的思维方式有着共同的内在特质，这种文化倾向和思维方式带来的一个结果是，大部分人在遇到问题或困难时，更多的是靠自己的努力走出困境而不是寻求政府的帮助，硅谷地区强调个人奋斗的保守主义文化对后来硅谷的崛起起到了很大的帮助，龙岗客家坚持耕读的文化传统也将在未来龙岗区的创新发展中起到重要作用。同时，龙岗客家人所秉承的开放心态契合了系统论对系统有序化发展的基本要求，而硅谷地区就是一个开放的系统，不断从世界各地吸引新人才，不断丰富多元文化，从而成就了其现在的蒸蒸日上。

小结：区域创新文化与其发展历程、制度环境、发展阶段等因素密切相关，硅谷、中关村、龙岗三地的区域创新文化存在不少共性特征，比如“鼓励创新，宽容失败”，同时各自也有其个性化的特点，比如硅谷对叛逆行为的宽容、龙岗的客家文化等。深圳与硅谷都属于移民城市，拥有类似的对多元文化开放兼容的特性，而且龙岗特有的客家文化与硅谷文化在某种程度上有了类似的文化特质，但龙岗尚处于创新发展初期阶段，客家优秀的文化传统还未真正融入区域创新驱动发展中，还没有真正渗透到科技企业和创新人才的思维习惯中，而且龙岗也未达到能够充分理解和吸收不同文化的程度，真正的个性化创新文化仍有待从客家文化、外来多元文化中进一步挖掘和培育。此外，需要注意的是，创新文化的载体是企业和人才，深圳拥有的创新文化内涵和氛围，并不等同于龙岗同等拥有，龙岗区真正具备创新文化的企业和人才还比较欠缺，创新要素的匮乏对龙岗现有的创新文化氛围以及未来培育具有区域个性和特色创新文化的制约明显。

（2）企业家精神

企业家精神不仅仅体现在企业家的个人魅力上，而是更多地体现在一个区域的创新创业文化中，比如，硅谷的崇尚创新、宽容失败、不迷信权威、平等开放等文化精髓都是企业家个人思维方式、管理思路、行为模式等方面在区域文化中的放大式体现，马克·扎克伯格（Mark Zuckerberg）经常在公司里讲“如果你没有遇到失败，说明你跑的还不够快”；埃隆·马斯克（Elon Musk）也曾说“如果你失败得不够多，说明你还不够创新”。这正是其个人对尝试新事物、对待失败的观点和态度，从某种程度上看，一个区域的创新创业文化都是企业家精神的一种承载和体现。上文在创新文化的比较中已对硅谷、中关村和龙岗三地的创新文化做了系统梳理，本部分关于企业家精神的比较主要侧重于三地企业家身上的个性特质及其对区域发展的影响。

硅谷企业家精神中渗透着后信息时代的思维方式、全球化视野和改变世界的理想主义情怀[①]。从惠普公司的惠利特、普卡德，英特尔公司的诺斯、摩尔，到苹果公司的乔布斯、沃兹尼亚克，甲骨文公司的埃里森，再到网

① 吴军．硅谷之谜 [M]．北京：人民邮电出版社，2016.

景公司的克拉克、雅虎公司的杨致远、Facebook的扎克伯格，都具备了一定的共性特征。首先，多数都在年轻时创业，特别是硅谷3.0时代的创业中，受工业时代机械思维影响较小，直接接受并使用信息论、控制论和系统论的思维模式，顺应了后信息时代的方法论要求；其次，绝大多数都接受过系统的高等教育，拥有较高的技术功底，个个都是杰出的工程师，动脑和动手能力较强；再次，一开始就定位全球化、考虑全球市场，开发全世界的人们使用的产品，而且部分还属于具有世界情怀的理想主义者，不断开发出能够改变世界的产品和服务，比如Google的共同创始人布林主导着无人驾驶汽车、Google眼镜等引领未来的新奇项目，马斯克则从小就立志做一番改变人类命运的大事，从主持SpaceX项目到研制生产电动车特斯拉，再到用太阳发电的Solar city，无不体现其伟大的世界情怀。

中关村和龙岗企业家精神中更多的是吃苦耐劳、敢于冒险、注重合作等共性特征。中关村和龙岗（深圳）两地由于共处于“中国特色”这一同样的文化氛围和相似的经济发展阶段，企业家精神有着更多的相通之处。一是致富欲望是早期企业家创业的初始动力。20世纪80年代初，在改革的浪潮冲击下，改善收入的冲动促使一批业务骨干辞去公职创办高科技企业；深圳也是绝大部分移民为了寻找致富理想自发迁移而来。二是吃苦耐劳、不断进取是企业家精神的核心品质。中关村第一批创业人员工作条件十分艰苦，但创业精神力量巨大，克服重重困难，勇往直前；深圳的第一代创业者居无定所、食无定规，尝尽艰辛，也使“拓荒牛”成为深圳精神的象征。三是都具备了强烈的冒险精神。早期中关村的科技人员下海创业，要承担丢掉体制内“铁饭碗”，面临不确定未来的风险；深圳的第一代创业者，赤手空拳，背井离乡来到深圳，承担着巨大的创业风险，重要经验就是“敢闯”，“敢闯精神”就是强烈的拼搏精神和冒险意识。四是优秀企业家身上都或多或少具备了工程师文化。中关村的创新发动主体主要是大学、科研机构，包括海归创业，企业领军人物为高校和科研院所的技术精英和掌握核心技术的科学家；大中型民营科技企业是龙岗创新的发动主体，其领军人物既是企业家，也是工程师，比亚迪王传福也是技术出身，正如他自己所说“我什么事情都要自己去支配，什么事情都要自己去管”。

小结：任何地区的企业家精神都包含了崇尚创新、敢于冒险、团队合作、积极进取等基本内涵，同时也存在着思维方式、战略视野等方面的差异。与硅谷企业家精神相比，中关村和龙岗更多的是企业家精神的一般性内涵，这主要与其所处社会的经济发展阶段、体制机制环境、个人经历和受教育情况等因素密切相关。硅谷企业家专注于技术创新和产品创新，企业家精神中赋予了更多的个性化、人性化的内涵，中关村和龙岗的企业家不仅要技术突破和产品创新，往往还要突破体制机制束缚，其创新创业的历程相比更加艰辛和曲折。突破体制障碍，应是当前培养企业家精神的重要切入点。

（3）创新网络

从狭义上讲，创新网络是由区域内企业、大学、研究机构等各类创新组织组成的一种动态开放系统（图4-12），硅谷、中关村、龙岗三地由于发展历史、所处发展阶段等不同，各自在创新要素方面客观上存在较大的差异，本部分将重点分析三地创新网络背后的运行机制。

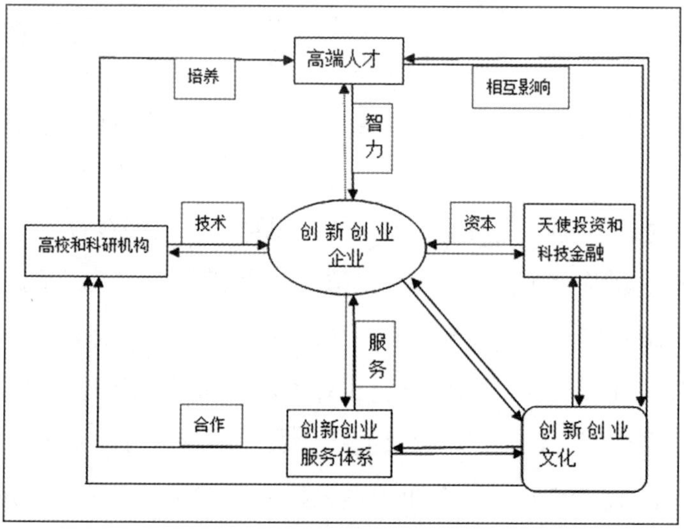

图4–12　区域创新网络示意图

硅谷：军方需求的初始牵引力、发达中介服务和广泛社会关系网络的润滑、活跃的技术转移所形成的动力，构建了硅谷创新网络运行机制的基本架构。硅谷的起步发展从20世纪50年代开始，以承担国家“阿波罗计划”，以及军事高科技的高端研究计划为开端。如果没有美国政府支持的基础研究、没有军方需求的带动，硅谷的创新创业便将缺乏源头活水和初始动力。同时，以发达的风险投资为代表的中介服务和广泛的社会关系网络是硅谷创新网络运行的润滑剂。中介服务方面，硅谷聚集了上千家风险投资公司和2000多家中介服务机构。社会关系网络方面，硅谷企业之间、风险投资机构与各类人才之间都形成了广泛的社会关系网络，利于实现知识、信息、技术、成果等各方面的快速传播与共享，提高了资源配置效率。此外，以斯坦福大学产学研合作为典范的技术转移是推动硅谷创新网络运行的重要动力源。同时，美国政府积极制定政策，推动科技成果的转移转化，比较典型的像20世纪80年代的《拜杜法案》以及修改相关的专利和商标法规，使得私人资本可以更加有效地进入技术创新领域，与大学和相关人员合作，加快和拓展技术创新商业化的进程。

中关村：已初步构建多层次的创新网络，但产学研合作机制以及关键创新节点间的衔接有待提升。中关村已经聚集了丰富的创新资源，建立起政、产、学、研、用、金、介齐备的创新网络，并逐步形成了具有非线性、复杂性和系统性特征的内在运行机制。首先，创新创业文化是中关村创新网络运行的内生动力。“鼓励创业，宽容失败”的中关村创新创业文化，吸引了一大批高端人才、天使投资和创业金融，由此孕育出一批又一批创新创业企业。其次，创新创业服务体系是中关村创新网络高效运行的加速器。以科技服务业发展为基础，以行业协会、产业联盟为代表的社会组织共同构成了创新创业服务体系，是创新网络实现质的飞跃的重要标志。再次，内部统一的协调机制是中关村创新网络保持运行的关键所在。在中关村创新网络中，科技、金融、人才等各个创新要素都发挥了重要作用，缺一不可，只有通过建立统一的知识共享、收益分配、相互信任、治理完善的协调机制，才能发挥出创新创业的最大效应。另外，良好的政府、市场、社会关系是中关村创新网络持续运行的首要保障。

龙岗：个别核心企业已基本形成开放式的创新体系，但区域创新网络关键节点缺失、运行不畅，机制建设任重而道远。龙头企业华为公司经过多年发展，在创新体系建设方面一枝独秀，构建了全球化的研发团队，拥有全球研发中心16个，已加入300多个标准组织、产业联盟和开源社区，参与建设36个全球联合创新中心，已经基本构建了面向全球的开放式创新体系。但是，建设和运营区域创新网络是一项系统工程，个别企业以自身发展需求构建的微型创新网络难以全面支撑整个区域的创新发展。比如本地优质创新要素不足，创新活动依赖个别企业，技术交易和技术转移不够活跃，创业导师、天使投资、风投资本等要素比较缺乏，创新政策的不足，创新网络的运行机制建设滞后，区域创新网络建设任重而道远。

小结：区域创新网络的要素构成基本类似，但由于创新要素聚集程度和发展水平存在较大差异，加上历史背景不同，硅谷、中关村、龙岗三地创新网络运行机制的完善程度不同，且各有其自身特色。硅谷创新网络运行较明显的特色在于军方需求起到的初始牵引、风险资本的助推和润滑、高效技术转移和开放式创新战略的强劲动力支撑。中关村创新网络的构建和运行的初始动力在于体制机制创新，已形成要素齐全、运行通畅的创新网络，但当前仍存在企业创新主体地位不突出、创新要素衔接不畅、整体运行效率不高等问题，其背后的最大障碍仍是体制机制束缚。龙岗创新网络仍存在着创新要素聚集程度和发展水平不均衡等问题，特别是以企业为代表的创新主体相对缺失，对区域创新发展形成明显制约。

第三节　对标的镜鉴和启示

从硅谷的发展来看，创新人才、大学院所固然重要，但开放包容的创新环境、创新体制机制、容忍失败的创新文化更值得龙岗借鉴。

1. 硅谷创新驱动成功原因的解释

硅谷的成功引发了巨大的示范和学习效应，多年来，世界很多国家和地区都建立了科技园，试图建设本地的硅谷，但至今还未造出能够与之媲美、具有同等影响力的第二个硅谷。硅谷成功的秘诀是什么？为什么无法复制？国内外的学者、专家、企业家、政府官员等从多个角度进行了分析和总结，仁者见仁，智者见智。本书认为，以下几方面在硅谷创新生态环境中至关重要。

一是以自由开放为根本的市场规则，确保主体遵则而行、各得其所，构筑硅谷创新生态运作强大保障。在硅谷创新生态中，市场主体逐利自律，政府管控结合，共同造就了自由开放、公平竞争、充满活力的市场运行规则。政府扮演了“守夜人”的角色，主要从法律保障方面入手，致力于消除贸易壁垒，营造公平竞争环境。美国政府自20世纪80年代开始，用了大约15年的时间修订制定了十五部法律之多，包括知识产权保护立法、技术许可法、鼓励员工流动的劳动法等，也有规范市场竞争秩序的反垄断法、保护商业秘密的法律、公司员工达到500人以上必须上市或公开财务状况等规定，这些法律改善了市场经济制度环境。在市场主体方面，公司、创业者、高校、投资人之间按照契约精神，共同建立了包括商业竞争、投资规则、交易、合作等一整套市场化运行规则。在硅谷的创新生态系统中，政府、企业、学校、投资者等各类主体都有将创新成果商业化的动力及保护各自利益的规则，各行其是，各得其所，形成了“个人创业-公司成长-全球拓张-上市获利-各得其利”的市场运作循环，生生不息。

二是以技术突破为核心的市场竞争，给公司带来巨大创新压力，使得硅谷得以持续站在全球创新之巅。纵观硅谷发展史，信息技术的一波又一波突破引领创新进程，激烈的市场竞争贯穿始终，是硅谷真正强大的核心所在。摩尔定律（计算机等IT产品的性能18个月翻一番，或者相同性能的计算机等IT产品18个月价格下降一半）、反摩尔定律（一个IT公司今天和18

个月前卖出同样多、同样的产品，营业额降一半）等，使得硅谷IT公司在研发上投入海量资金，并必须研发针对未来市场的产品；信息网络产业竞争中“赢家通吃”规则的存在，不只是中小公司之间竞争激烈，英特尔-摩托罗拉之战、微软-苹果之争、微软-谷歌之争、AT&T、太阳公司、摩托罗拉的没落等信息巨头之间更为残酷。从这个角度看，以技术为核心的激烈市场竞争是硅谷得以站在技术创新浪潮之巅的根源所在。

三是以期权制度为核心的人力制度，充分激发个人创新动力，使得硅谷代表着先进的社会生产关系。人是社会生产关系中最具决定性的力量，一定程度上说，人的创造性决定了生产力。从生产关系来看，在早期，“创业者（老板）”是不会分享“股份”给参与创业的“员工”的，后期由于“仙童半导体”的成功，以及从仙童半导体出来的大量的优秀创业者、硅谷地区投资人，共同探索建立的“员工期权”制度，形成了硅谷地区先进的生产关系。科技公司的期权制保证了各级雇员除了工资之外，可以从公司的利润、上市收益中分得一杯羹，相当于变相的为自己打工。据统计，今天在硅谷股权制、期权制之下，互联网员工持股占比达到15%-20%，一家大的公司就有几十亿财富在员工手里。正是这种先进的生产关系，充分激发了每个员工创新、工作的积极性，阐释了硅谷创造力长盛不衰的内在原因。

四是以研用结合为特征的校企协同，打通产学研创新转化通道，形成硅谷创新创业强大的源头支撑。从一定程度上说，斯坦福造就了硅谷，硅谷又反过来成就了斯坦福。与其他学校相比，斯坦福与硅谷公司的天然关系、斯坦福的开放性造就了校企双赢结果。由于斯坦福更多的接受来自产业界的资助，使得教授、学生的创新大多来自产业实际需求，培养了很多技术上的全才，能够切实看清产业趋势并把握市场机会；同时，斯坦福对教授办公司、教授到公司任职、在职人士远程教育、学生创业持开放支持态度，斯坦福大学首创的OTL技术转移模式等，使得斯坦福得以向硅谷源源不断的注入技术和人才。反过来，斯坦福也成为硅谷崛起的受益者，历史上惠普、思科、谷歌、太阳等公司都是斯坦福的赞助者，2005年斯坦福收到的捐赠超过哈佛大学。正是依托硅谷，斯坦福得以从二战后的一所地区性大学成为全球顶尖大学之一。

五是以风险投资为标志的资本力量，加速科技型创新创业进程，催生了硅谷一波又一波产业崛起。风险投资的出现改变了传统创业资金来源依靠积累、依靠借贷的模式，在很大程度上催生了一波又一波的科技型创业公司。风险投资的关键在于准确评估一项技术、一个创业团队，并预见未来科技发展趋势。红杉资本、KPCB等知名风险投资衡量创业的标准都包括技术的革命性、市场的爆发性等要求。从这个角度来看，不管创业成功与否，风险投资的每一次投资都在促进技术进步和产业结构的更新。同时，风险投资不仅带给创业者资金，更重要的是帮助创业者解决问题、匹配资源、加速成长。从这个意义上看，风险投资是真正给创业者雪中送炭，加速了硅谷科技创新创业进程，并催生了新技术的突破、新产业的诞生，确保硅谷在全球每一波科技与产业浪潮中能占得先机。

六是以宽容失败为特色的区域文化，孕育创新改变世界的梦想力量，成为硅谷创新的内在动力之源。文化是硅谷的灵魂。从个人维度看，极客精神、崇尚自由、追求个性、拒绝平庸、改变世界的梦想等成为主流文化。所以硅谷的创业者流行说：You Only Live Once!（你只活一次！）即便是一段代码，也只有一次运行机会。所以，活着就是要改变世界。从公司维度看，尊重机会均等、不迷信权威、不重资历重本领、支持和宽容叛逆行为等等，激励个人创新创业成长。从区域层面看，移民文化、多元文化交融、崇尚创新、宽容失败等形成了浓郁的文化氛围。可以说，个人、公司、区域多维创新文化的叠加，共同造就了硅谷全球无与伦比的创新创业文化氛围，成为硅谷创新进步的内在动力之源。

2. 龙岗对标先进地区的主要启示

一是努力营造自由竞争、开放共赢的市场环境。硅谷的诞生不是美国政府主动规划的成果，而是斯坦福大学“自救”的产物。硅谷的企业在遇到困难时，最先想到的也是设法“自救”，生命力因此更强大。在20世纪70至80年代，硅谷面临着半导体产业外迁带来的风险，但其并没有通过各种政策让当时仍具有较强竞争力的半导体产业留下来，而是尊重企业的自主选择和市场的优胜劣汰，放手拥抱信息革命的浪潮，并最终实现了硅谷的成功转型。种种现象展示了硅谷自由竞争市场环境的巨大魅力，而其背后的最大支撑在于充分透明、深入人心并广泛践行的市场规则，这才是硅谷持续创新的制度保障。龙岗政府需要积极转变发展观念，工作重心转向建立和完善市场规则，并保证其有效执行，既包括员工权益、员工流动、反垄断、知识产权保护等政府规制，还包括产学研合作、风险投资、企业竞争、公司制度等涉及各个创新主体的市场契约性规则，监督各个主体按照规则行事，各有分工、各得其所。

二是支持建立激发创造性的人力资本制度。人力资本作为硅谷先进生产关系的核心要素，一方面，政府宽松的移民政策为各类人才聚集提供良好制度环境；另一方面，硅谷普遍实行的股票期权制度则是提升其优秀技术人才聚集力，并最大程度激发人才创造力和团队凝聚力的关键因素。在硅谷，就业者通过加入创业企业获得期权奖励后因企业被收购而获得百万美金、一夜暴富的例子屡见不鲜，这种快速暴富现象造就了独特的硅谷式价值观，激发了个人创新创业的热情。期权制度已成为硅谷创业公司能够吸引到顶级人才、并推动硅谷创新创业生态循环的重要机制。龙岗目前高层次高学历人才相对缺乏，龙岗区既要加大区域人才政策支持力度、强化领军人才、创客极客人才、高技能人才、专业领域服务人才等的引入与培育，也要着力支持引导企业建立期权、股权等奖励制度，推动其成为区域企业普遍实施的一种制度安排，提升区域创新人才集聚力与创造力。

三是推动大中小企业合理生态群落建设。硅谷已形成大中企业合理分布、有机互促的创新生态群落，尤其大企业在区域创新生态中发挥了重要作用。在硅谷，鲜有大企业利用资源拷贝或者压制小公司的创业项目，这一方面体现了对原创的尊重和保护，也保证了整体创业生态环境的可持续性。基于这种共识，大企业通过搭建技术平台、开放数据资源、建立内部孵化机制等，不断丰富垂直领域创业内涵，完善创业活动链条，既拓展提升大企业自身创新领域与创新能力，又推动小企业与其有机共存、互促发展。正是这种大企业的自律性与开放性，助力硅谷形成以大企业为引领的创新创业微生态圈，创业者和小企业大量涌现。龙岗区目前还未形成完整的企业梯队，在加强不同规模企业引入的同时，要着重培育具有创新引领带动作用的龙头企业，着力引导大企业资源开放、内部创业、垂直领域并购等，积极营造行业创业微生态。

四是积极培育宽容失败、兼收并蓄的创新文化。硅谷创新文化的形成和发展，关键在于拥有一大批前赴后继的优秀创新人才，正是他们身上承载着强烈的创业意识和创新精神，而这种精神的根源在于人类的好奇心引起的冒险冲动，冒险又是追逐想象力的过程，它会点燃创新的思想火花，硅谷的“极客文化”更是直观地表明了冒险和创新之间的内在联系。更进一步看，硅谷持续的创新又与其对待叛逆的宽容态度密不可分。依托“深圳观念”和“客家文化”，龙岗完全可以逐步培育形成个性化的区域创新文化，但当前区域创新发展尚处于培育阶段，未来创新文化培育的关键在于突破各种体制机制束缚和政策障碍，引进和培养与区域创新发展理念相契合的优秀创新人才，通过创新人才的价值观和行为方式来引领和塑造龙岗的区域创新文化。同时，又要以培育冒险精神为突破口，通过基础教育改革培育青少年创造性思维，肃清传统文化对创新的消极影响，并将营造自由、民主、宽松的学术环境作为推进深圳国际大学园建设和支持国际高水平大学发展的重中之重，鼓励质疑、批判和求异的学术精神，逐步引导和激发各类创新主体的冒险动力和创新潜力。另外，通过适度引导和制度创新，形成灵活的区域性处理规则，塑造适宜的对叛逆行为的宽容环境，发挥大公司对区域创新活力和创新水平的带动作用。

五是培养更加专注于创新的企业家精神。企业家精神是企业家追求创新、勇于尝试的精神特征，是驱动创业成功的重要内核。尽管中关村和深圳（龙岗）不缺少企业家精神，但与硅谷企业家所具备专注于创新和改变世界的理想主义情怀相比，中关村和龙岗的企业家精神更多的是一般性的敢于冒险、吃苦耐劳、团队合作等内涵，总体上看，对创新的专注程度存在一定差距。龙岗的企业家要想成功，不仅要实现技术突破、产品创新，往往还要突破体制束缚，这是龙岗与硅谷之间企业家创业历程的最大不同之处，也是两者之间企业家精神存在差异的主要原因之一。龙岗应抓住深圳建设国家自主创新示范区、“强区放权”改革等历史机遇，切实履行简政放权，积极开展各项改革试点，培育真正对市场具有驾驭能力以及全球竞争能力的商业领袖，为企业家精神转化为创新活力营造有利外部环境。

六是建立校企紧密的产学研合作机制。硅谷高校突出的特点是既是学术型大学也是学界与业界紧密结合的创业型大学，既注重基础创新、源头创新，更注重创新成果的商业化应用。一方面，硅谷高校的教育导向，推动了科研方向与市场需求的有效结合。另一方面，硅谷已形成紧密的校企合作机制，高校通过向企业慷慨释放知识产权使用、允许教授实质参与或指导企业研发、对教授创业提供直接资金支持、与企业联合开设创业培训项目、搭建孵化器等形式深化校企合作。大学与产业发展和企业需求紧密结合，基础研究、应用创新与产品创新之间，形成了一种紧密互动关系，科研成果可以顺利地转化为经济效益，产学研之间形成一种良性循环体系。龙岗目前已布局了多所国际大学和科研机构，未来要进一步集聚和壮大源头创新资源，提升以技术应用和产业化为导向的源头创新能力，同时要积极借鉴硅谷经验，致力于构建政产学研合作机制，提升科技成果转化及产业化能力。

七是不断完善风险投资政策与制度环境。硅谷风险投资是全球各大创新区域学习借鉴的主要经验，其成功得益于多重因素，其中政府制度安排也发挥了巨大作用，一系列完善运作机制的规则制定，及鼓励对科技型小企业长期风险投资的优惠政策等，对区域风险投资机构聚集与发展起到了极大的推动作用。目前硅谷已建立了与风险投资相关的健全的法律制度、金融与科技创新相结合的“科技金融支持体系”以及能直接调动民间资本的机制。深圳市目前资本市场活跃，发展环境良好，龙岗区要积极部署，强化政策支持，加快完善风险投资的机制与制度环境，利用地域优势广泛吸引港澳及海内外社会资金，大力吸引股权投资、天使投资及其他投资机构及相关中介机构聚集发展。

八是政府要扮演良好的“守夜人”角色。硅谷的政府是一个有限政府，不是保姆式或管家式政府。政府通常不会对企业及个人制定特殊的优惠政策或资金补贴等，而主要是营造适宜创新创业的良好环境，有两个代表性的例子可略见一斑：一是2011年加州政府起诉苹果、谷歌、英特尔和Adobe四家公司，原因是四家公司签订君子协议而互不挖墙脚，2014年法院判定四家公司败诉并赔偿3.24亿美元，四家公司不服判决上诉，而法院却将罚金增加到4.15亿美元[①]。加州政府的做法实质是鼓励人员流动，使各个公司不敢把人才限制在公司之内而不让员工跳槽或创业，这有利于促进长期的技术进步和区域竞争力。二是在知识产权保护方面，政府建立了向中小企业倾斜的保护机制。硅谷的知识产权保护严格程度明显低于美国平均水平，一般而言，中小企业进行（对大企业的）模仿式创新往往不会得到严厉追究，其制度设计也令大企业的垄断与维权成本很高，往往不会主动与中小企业打官司。当然，中小企业若进行毫无技术含量的山寨侵权，则会受到

① 美国加州政府曾起诉科技公司互不挖角．环球网，2016.1.12 http://world.huanqiu.com/hot/2016-01/8363231.html

严格查处，但这种行为与硅谷地区本身的创新文化背道而驰，中小企业通常也不会这样做。总之，政府对于“N+1”式的创新是默许和鼓励的，对于“N”或“N-1”的创新是反对的，这种较为宽松的知识产权保护环境有利于中小企业的技术创新。

第五章　放大市场主体创新动能，提高“龙岗创新速度”

企业、科研机构等市场化创新主体是实现和推动创新驱动的核心力量，是实现高质量发展的基本依托。未来发展中，龙岗区必须将各类创新主体的培育作为重中之重，围绕人才、项目、院所、企业等各类主体的需求，做好精准服务，优化区域创新体系，营造良好氛围，厚植创新土壤，切实提升龙岗创新的速度、质量和效益。

第一节　区域创新体系的要素构成理论

创新体系涵盖主体要素、功能要素和环境要素，各要素之间关系密切、互动频繁，一个高效的创新体系需要各要素之间协调相容。

1. 区域创新体系的要素构成分析

英国学者Cooke认为，区域创新体系是指在一定的地理范围内，经常地、密切地与区域企业的创新投入相互作用的创新网络和制度的行政性支撑安排。区域创新体系涵盖创新主体构成、创新活动开展以及创新环境等内容（表5-1）。从构成上看，区域创新体系主要由以下要素构成（表5-2）：

表5-1 区域创新体系的构成要素

类别	要素
主体要素	企业、高等院校、科研机构、各类中介组织和地方政府
功能要素	行为主体之间的关联
	运行机制：制度创新、技术创新、管理创新的机制和能力
环境要素	创新体制
	基础设施
	社会文化心理和保障条件等

主体要素。即创新活动的行为主体，主要为企业、高等院校、科研机构、各类中介组织和政府五大主体。其中，高等院校是知识创新的主体，企业是技术创新的主体，是创新体系的核心。区域创新体系的各类参与者，互相作用，遵循共同的范式，构成了一个信息、技术、知识等各类资源高度共享的创新网络体系。

功能要素。即行为主体之间的关联与运行机制，包括制度创新、技术创新、管理创新的机制和能力。核心包括几个方面的功能性安排，首先，是各主体之间的利益协作机制，主要是激励与协作的利益安排；其次，是各主体之间的信息、能量交互机制，能够有效解决信息、知识在不同主体之间的流动，创新合作和技术外溢等问题。

环境要素。即创新环境、制度环境、设施环境等，包括体制、基础设施、社会文化心理和保障条件等。环境要素一般可以分为硬环境和软环境两个方面，其中硬环境主要是区域交通基础设施、园区配套设施、科技基础设施等；软环境包括区域的社会人文环境、市场化环境、政策与制度环境等。

表5-2 区域创新体系的政策目标

类别	政策目标
主体要素	构建五大行动主体构成的网络型创新组织，推动企业运用所掌握的创新资源和创新网络的协助开发新的产品和技术，形成区域创新体系的产出

（续表）

类别	政策目标
功能要素	完善各主体的内部运行机制，主要是激励机制
	在主体之间构建联系紧密、运行高效的“管道”机制，关键是解决好信息、知识存量的高效流动、创新合作和技术外溢等问题，形成企业、科研机构与学校、政府以及中介机构之间的信息高效流动、资源合理分配、能够发挥各自优势的机制。
环境要素	构建科技基础设施等创新活动开展的硬环境
	构建市场环境、社会历史文化和制度环境等软环境

2. 区域创新体系中的重点要素功能

（1）高校和科研机构是创新体系形成的支撑和基础

高校及研究机构在现代知识经济中起着十分重要的作用，它也是创新体系形成的基础。其作用体现在三个方面：

第一，大学与研究机构具有教育与研究的双重功能，一方面它们为社会提供受过专业培训的人才，另一方面它们又能不断地进行基础研究和应用研究，产生新知识和开发新技术。而人才培养和学术研究的结合，能在创新中发挥更加显著的效果，受过培训的人才向产业界流动，既能促进科学研究的扩散，也能加强学术研究项目与社会需求之间的联系。

第二，高校及科研机构是一个地区加强创新能力的重要支撑，它们不仅是基础知识的源泉，也是产业技术升级的源泉之一，能为潜在的科技创新提供科学技术信息、设备和实验仪器、技能或人力资本、科学和技术能力网络以及新产品和新工艺的原型。

第三，高校及科研机构有利于促进区域高科技产业集群的发展。它们为社会输送大量创业型人才，其研究的“知识溢出”，也有可能商业化，从而不断促使新的高科技企业产生。在这一点上，美国加州的硅谷、波士顿地区的128公路都是比较典型的例子，在加利福尼亚州有斯坦福大学、加州大学伯克利分校、加州大学旧金山分校，波士顿地区有哈佛大学和麻省理工学院。这些区域中，都有一些成功企业的创立者是这些区域内高校的教师或学生①。

（2）重要企业是创新体系构成的关键主体

重要企业，主要指行业领域内知名的大企业、国际型跨国企业，在区域经济发展和行业领域创新方面具有重要作用，这主要体现在，第一，重要企业是区域创新网络的主要依托和行业技术创新的核心力量。第二，重要企业是区域经济发展的重要贡献者，行业创新发展的领航者；第三，重要企业是区域创新要素的重要承载者和技术扩散的重要发源端。大企业是区域技术创新的核心力量，只有占有较大市场优势的大企业才有能力承担创新所产生的高额成本和巨大风险。此外，大企业在区域技术创新活动中具有明显的优势，大企业可以吸引更多的人才和资金，技术研究和开发活动能力强；大企业研发活动的专业化分工的效率可以产生规模经济，由创新带来的成本降低和新产品获取的收益要远大于中小企业；大企业还有较大的市场优势，更容易把握创新的市场价值。

大企业与外部环境联系较紧密，利用外部创新资源的能力较强，通过规模化的研发、生产、制造、营销与融资，与国内外的科研机构、企业合作等方式，集中了大量的创新资源，也产生巨大的辐射带动作用，使得区域内与之相关的企业获得更多的生产要素和创新资源。同时，大企业能通过把握市场需求及时推进技术成果转化，提高区域技术的扩散，有助于发挥区域创新资源的辐射作用②。例如，以IT产业发展而成为创新中心的班加罗尔，吸引了海内外400多家著名的信息技术公司，包括本土的信息系统技术有限公司、韦普罗技术公司，以及海外的英特尔、微软等跨国公司。这些重要企业构成了印度计算机软件业的脊梁，也是班加罗尔能够在创新领域取得巨大成就的主要功臣。

---

① 詹法格·博格等. 牛津创新手册 [M]. 北京：知识产权出版社，2009：208.

② 徐涛. 大企业与区域经济发展 [M]. 武汉：武汉大学出版社，2007：106.

（3）创业活动是创新体系生生不息的活力源泉

创业是企业价值创造和产业发展的起点，也是创新体系内生增长的动力。创业处于企业生命周期中的第一环，创业活跃意味着一个地区产业孕育和经济发展拥有着源源不断、生生不息的力量。创业企业往往通过新的创意，开创新的商业模式，为不断发展的高新技术提供商业化、产业化的途径，而技术成果向生产力的转化又将促进区域经济的持续发展。在知识经济的条件下，产业价值链越来越细分，新的环节、新的领域、新的市场，都已经成为创业的重要来源之一。而创业最活跃的环节往往来自高智力密集型的、高增值的研发和服务环节，因而，创业“能有效地将所生产的新知识应用于提高产品链的附加值中”，从而增强地区创新活力。

一个地区内创业活动的活跃度，能客观地反映该地区商业机会的多少和各类创新资源的流向。创业企业的涌现，意味着该地区有新的市场机会出现，那么人才、技术、资金等各种要素资源也会随之流动，向该地区集聚，从而进一步加强该地区创新和经济发展的活跃度[①]。硅谷作为世界排名第一的全球创新中心，每年新增具有国际影响力的创新企业数量居世界之冠。硅谷活跃的创业氛围也形成了该地区独特的创新文化，即一种深入到人的思维模式、行为模式、交往模式的宽容失败、鼓励冒险的区域文化。硅谷独特的创新文化吸引了全世界的顶尖人才的聚集，多样化人才的集聚又进一步丰富了硅谷文化。深圳也是一座巨大的移民城市，相较于国内其他的城市，凭借自身独特的条件，形成了更加开放、更加宽容的创新文化和更加浓厚的创业氛围，成长出了一大批优秀的新兴企业。

（4）风险投资是创新体系活跃度的有力保障

创新是一个昂贵的过程，它需要足够的资金来启动，因此金融资源配置在推动创新实现中具有非常关键的作用。风险投资起源于美国，作为与

① 科技部火炬高技术产业开发中心，北京市长城企业战略研究所．中国增长极——高新区产业组织创新 [M]．北京：清华大学出版社，2007：51.

高新技术产业相伴而生的一种组织创新，以投资高成长型企业为目标，提供资金支持并辅之以管理参与的一种权益资本行为。风险投资能够通过市场方式有效地解决初创期企业风险较大、收效较慢、资金需求量高、融资困难的瓶颈性问题，在资本和技术创新之间起到桥梁作用，为高新技术风险企业的诞生和成长提供资金保障。风险投资对于提高企业的技术创新能力、推动高技术产业发展，起着非常重要的作用。

风险投资另外一个重要功能是参与到技术创新活动和企业的管理中，关注技术创新的潜在发展情况，注重技术创新成果的转化过程，并提供相关的专业知识与咨询服务，参与重大问题的决策，这就增加了技术创新成功的概率[①]。风险投资是一种市场行为，它体现了创新要素资源的流动方向和集聚情况，能有效地反映一个地区创新活动的活跃度，制度环境的完善度，创新生态的健康度。

第二节　龙岗区域创新体系的特色和亮点

近年来，龙岗经济社会转型升级和城市发展取得显著成效，重要原因是逐步建立了较为完善的区域创新体系，不断推进高端人才、企业、高校、平台等创新要素的集聚。

1. 龙岗区域创新体系的亮点

（1）以顶层设计为先导，构建系统化的创新创业政策体系

2013年初，龙岗区旗帜鲜明地提出实施“高端引领、创新驱动”发展战略，开启了在更高层次上，推动创新驱动的体系化探索。2014年起，龙岗区先后出台了《龙岗区综合发展规划大纲（2014—2030年）》《龙岗区创

① 龙勇，杨晓燕. 风险投资对技术创新能力的作用研究 [J]. 科技进步与对策，2009（23）：16-20.

新驱动发展行动计划（2015—2020年）》《深圳国家自主创新示范区（龙岗片区）发展规划纲要（2015—2020年）》等纲领性文件。通过一系列战略性、政策性“组合拳”，龙岗区已经初步构建起多层次、系统化、全覆盖的创新驱动发展政策体系。同时，积极打造法治高效的政府服务环境，在全国率先编制权责一致、党政全覆盖的区级权责清单及运行流程图，营造了优越的创新创业服务环境。

（2）以建设深圳国际大学园为突破口，打造创新驱动发展的“智核”

依托大运新城优良的生态环境和空间环境，龙岗区致力于建设“深圳国际大学园”，先后引入建立香港中文大学（深圳）、深圳北理莫斯科大学等知名院校，深入对接英属哥伦比亚大学、皇家墨尔本理工大学、康奈尔大学等十多所国际名校，支持其在龙岗设立分校区或特色学院（表5-3）。同时，龙岗区还在推进院士科研中心、与香港中文大学（深圳）联合创办深圳智能制造研究院、在大运软件小镇建设面向智能机器人产业的“中国智谷”等一系列新的举措，着力打造国际一流的知识创新与应用转化创新高地。

表5–3　龙岗已引进的部分特色学院

序号	特色学院	建设进度	主要方向
1	深圳国际太空学院	已落户	• 面向太空科技重大需求、国际宇航学术前沿，建设与国际太空事业发展、与相关技术产业化应用相适应的学科专业体系、人才培养体系和高水平研究开发基地 • 太空医学与健康管理、太空生态与环境控制、宇航科技工程、航天经济与管理等科学领域
2	同济大学-香港理工大学深圳高等研究院/特色学院	已签约	（1）在科学研究方面，结合深圳产业需求，依托双方国家级科研平台，建立研究实验中心； （2）在特色学院方面，将依托研究院建设，开展博士、硕士等高端创新人才的培养； （3）在产业孵化方面，以技术转移、成果转化、企业培育和创新产学研结合等方式推向社会，促进深圳相关产业的发展

（续表）

序号	特色学院	建设进度	主要方向
3	低碳技术学院	正推进洽谈合作	——
4	微电子技术学院		
5	北京航空航天大学特色学院		
6	显示技术学院		
7	中国人民大学深圳环境与经济特色学院		
8	香港浸会大学特色学院		
9	麻省大学医学院		

（3）以高端创新平台为依托，构建完善的创新创业链条

充分发挥市场化优势，树立“招平台、平台招”的平台建设与引进理念，龙岗区与清华大学等国内外知名高等院校的对接，引进了一批行业公共技术平台和产业化服务平台。引入光启理工研究院、太空科技南方研究院、虚拟大学园龙岗协同创新园等一批高端实验室和研究中心，完善技术转移、成果转化机制。与香港城市大学合作共建国际技术转移平台，引进建设国家技术转移南方中心产业化基地、中科龙岗技术转移中心、国家航天员训练中心等一批国家重点创新平台。与中科院深圳先进院、中国工程物理研究院、北京航空航天大学等高端科研机构建立战略合作关系，实现在高端创新资源方面的共建共享。

“十二五”时期以来，龙岗区坚持国际化发展方向，积极与国内外创新资源密集的地区开展多层次、全方位的创新合作，取得了良好成效。促成“欧美同学会·中国留学人员联谊会留学报国深圳基地”、“欧美同学会海归创业学院（深港）”落户，这是广东省首个国家级留学报国基地和首个国家级海归创业学院在龙岗正式成立，将有助于发挥高端人才库、智囊团作用，为推动龙岗和深圳高质量发展贡献智慧和力量。此外，还成立全省首家区

级科技服务平台——龙岗区技术转移促进中心（专栏5-1，图5-1），成为全省首家全流程网上交易的区级技术转移促进中心，推进科技成果转化，打通科技创新和产业化的“最后一公里”。

专栏5-1：全流程网上交易科技服务平台-龙岗技术转移促进中心

简介：龙岗科创局与科易网合作成立了全省首家全流程网上交易的区级科技服务平台-龙岗技术转移促进中心，该中心是区科技局下属二级单位，该交易平台集技术专利与科技服务交易的信息服务、对接服务、中介服务、交易服务为一体，汇集了企业、院所、服务机构、技术经纪等技术交易参与方，构建了有效、可持续的区域技术市场服务体系。

功能：龙岗技术转移促进中心网上平台主要包括四大功能平台，资源平台、活动平台、交易平台和资讯平台。资源平台提供了涉及电子信息产业、新能源产业、互联网产业、新材料产业、装备制造业等新型产业的最新研发成果，研发成果直接在网上进行展示，便于企业了解和购买，拥有从事多个领域研究的庞大的专家库；活动平台主要通过互联网的形式开展技术成果对接会及展会，线上展会成本低，企业资源丰富，据统计累计对接14万次，累计交易1.9亿元；交易平台的在线交易通道通过实名认证、合同订单、担保支付、资料交付、线下服务流程实现了技术交易与电子商务的完美结合，为需求企业提供了便捷的技术服务购买体验，除此之外还为企业提供良好的线下签证网络和专业服务；资讯平台将定期发布最新政府针对产业发展的相关扶持政策。

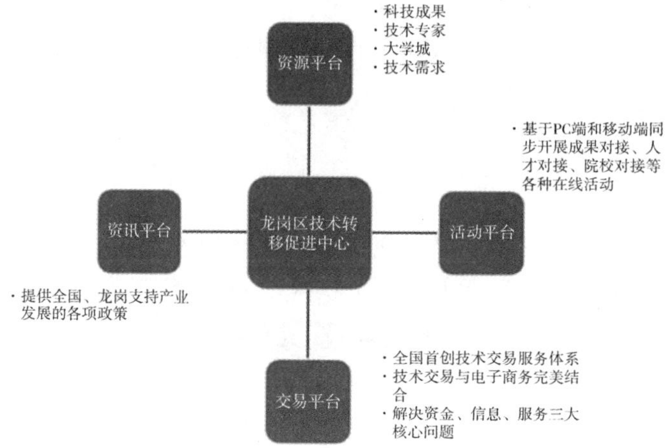

图5-1　龙岗技术转移促进中心四大平台及功能

成效：目前截至2018年7月该中心线上平台已整合科技成果资源28.7万项、技术专家1.3万名、高校院所1048家，服务企业总数10581家，提供服务总数58996次，达成意向1381项，其中已签约392份，涉及金额4.07亿元。

（4）以整合人才、资本、企业等创新要素为重点，激发创新创业活力

一是着力集聚高端创新人才。创新驱动说到底就是人才驱动。龙岗区出台了高层次人才扶持政策，每年提供5000万元人才发展专项资金，配套保障性住房，鼓励人才落户创新创业。二是激活创新创业资本。在全市率先设立区级创业投资引导基金，首期投入5亿元，撬动社会资本50亿元，构建了区级创业投资引导基金、政策性股权资金以及社会资本“三位一体”的投融资服务体系。三是发挥龙头企业创新带动作用。依托华为创新基础，将华为周边约22平方公里区域划定为坂雪岗科技城，吸引高端创新要素在周边集聚，打造创新为主导，功能复合的科技新城区。四是打造氛围浓厚、配套完备的创新创业微环境。搭建青年创新创业的综合服务平台；举办首届深港青年创新创业节，策划鲲鹏计划、招标式创业等系列主题活动，营造和活跃区域创新创业氛围。

2. 龙岗区域创新体系的特性

总体来看，龙岗区积极借鉴国内外经验，初步探索出具有龙岗特色的区域创新体系，初步实现了各类创新相关主体（包括大、中、小以及微型企业、大学、研发机构、科技服务机构、孵化器、金融服务机构等）以及创新资源（人才、资金、信息、技术）在区内集聚。虽然与国外高水平的区域创新体系仍有一定的差距，但作为一个以加工为主的深圳边远后发展地区，已经具有明显的优势和特色。具体而言，龙岗区域创新体系具有以下几个显著特征（图5-2）：

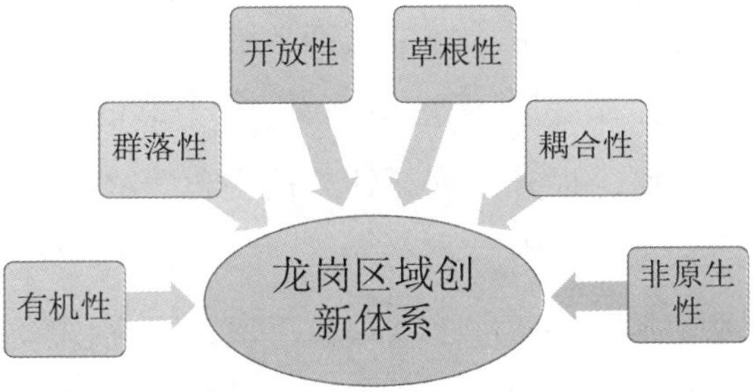

图5–2　龙岗区域创新体系特性

第一，有机性。龙岗区创新生态体系的构建坚持走以人为本、绿色发展的道路，树立了“以产兴城、以城促产、产城融合”的理念，注重生产、生活、生态的一体化发展，推动校区、园区、社区联动发展，在“三生一体”“三区联动”发展方面取得积极成效，使产业发展、城市配套与环境资源保护有机结合，充分体现了经济与社会、生态协调发展的理念。

第二，群落性。在政府引导和系统规划下，龙岗区不但形成了企业创新群落、高校创新群落、中介服务组织群落等多个创新主体小群落（例如坂雪岗科技城、国际大学园、创业投资广场），而且通过改造升级区内旧工业区形成中海信、天安数码、天安云谷、大运软件小镇等不同创新主体集聚的创新小群落。这些创新生态小群落既相互独立也相互联系，为创新创业提供特色发展空间，进一步增强龙岗区创新生态体系的集聚和规模效应。

第三，开放性。龙岗区打破行政区划和国别的界限，打破“肥水不流他人田”的狭隘思想，优化创新资源配置和流动的体制机制，建立跨区域的战略联盟和合作组织，以网络化的形式实现国内外创新资源互联互通，例如与硅谷的四个直通，区内企业可以使用区政府提供的创新券购买研发和创新服务组织的服务，有效降低了龙岗区创新生态体系的创新成本。

第四，草根性。龙岗区所打造的创新生态体系使得创新、创业、创造不单纯是科学家、发明家、产业家的“专利”，普罗大众均可参与。龙岗区积极培育“鼓励创新、宽容失败”的创新文化和“众创龙岗”的社会氛围，调动全社会创新创业的积极性和活力。与一些区域所主张的“抓大放小”不同，龙岗区大力打造各类型适宜草根创新的空间和载体（如“天空创客联盟”“豆芽创客空间”“熙龙玩创工房”等），为草根级的小微型企业营造了良好的创新创业环境，提升了创新的“民主化”或“大规模业余化”的水平。

第五，耦合性。龙岗区通过多重政策手段，提高创新要素和资源的优化配置水平，促进各创新小群落内部、创新小群落之间以及创新小群落和创新生态环境的紧密联系和交融。龙岗创新生态体系所展现的耦合性并非是静态，而是随着外部环境和需求变化不断发展的动态演进过程。

第六，非原生性。与硅谷等地区自下而上形成的创新生态系统不同，龙岗区的创新生态系统是一个在区委区政府大力推动和引导下，通过系统、科学的规划统筹和多项创新性的政策组合，同时发挥各类市场化主体的首创精神，自上而下和自下而上协同构建。龙岗的经验表明，创新生态体系是可以加以引导的，地方政府在推动区域创新系统向区域创新生态体系转变过程中扮演着重要的角色。

第三节　扩大区域主体创新供给的“龙岗任务”

从目前发展来看，以人才、大学、科研院所、企业等创新主体，仍然是龙岗实现创新驱动和高质量发展的短板所在。下一步发展中，龙岗要着力在创新主体的集聚、培育和使用上下功夫，扩大创新主体供给，提高创新主体的层次和能级，形成区域高质量发展的核心依托。

1. 着力聚集高层次人才资源，强化创新人才支撑

全球著名创新型经济研究专家、卡内基梅隆大学的佛罗里达（Florida，2002）教授认为，人是最重要的生产要素，是所有资本的核心，但人力资本具有异质性，只有那些敢于创新、富有创造力的人群才是创造的主体，对城市经济社会发展起着决定作用[①]。2014年6月9日，习近平总书记在两院院士大会上指出：“我国要在科技创新方面走在世界前列，必须大力培养造就规模宏大、结构合理、素质优良的创新型科技人才”。龙岗在集聚高端创新人才方面取得了一定的成效，但从规模数量来看，各类层次人才仍然不足。未来发展，既要加强对高层次创新型、研发型人才的引进和培养力度，又要重点关注技能型、专业型人才的规模集聚和业务素质提升，壮大区域创新型人才队伍。

建立有利于目标人群引进和发展的体制机制。明确目标人群，就是创业创新现实人群和潜在人群。要聚焦未来型、成长型、管理型、综合型人才，建立健全更为高效、更加合理的人才引进和管理服务机制，形成由组织部门牵头、各部门协调配合的人才管理体制，实现对人才发展的统一规

① 参见：龙岗区2014年区级重大调研课题——《龙岗区创新驱动发展策略研究》，项目执笔人：刘字濠、李忠祥。

划、分类管理和特色服务。充分发挥市场主体、市场机制在人才引进、服务中的主体作用，形成引才、聚才、用才合力。

争取人才特区建设试点，聚焦高端创新人才。深圳在前海进行了人才特区试点，取得了一些突破，形成了一些经验。国际人才是龙岗目标人群的重要组成部分，也是国际化城市建设的基本标准。未来发展中，一方面，要积极争取前海人才特区试点政策的拓展和覆盖；另一方面，可借鉴印度等国家人才引进政策，争取上级支持，在深圳及龙岗开展符合产业发展需要的外籍高端人才绿卡制度试点，简化签证办理手续。同时，深化和拓展“深龙英才计划”，加快“孔雀计划”人才产业园、国际创新人才驿站、欧美同学会留学报国深圳基地、海归创业学院（深港）等高端人才载体建设，引进和培育一批具有世界水准的科技领军人才、复合型人才和创新团队。探索建立政策服务全覆盖、创业服务全流程、生活服务全方位的高端人才服务体系，健全多层次、广覆盖的人才安居制度，让人才引得进、留得住、用得好。

同时，聚焦硕士、博士、博士后等高层次专业人才，结合企业实际需求，加大对博士后工作站、流动站等载体支持，支持联合培养一批“产业博士生”“产业博士后”。探索实施“龙岗学生实习站计划”，协调院校和企业共建共享实训基地，面向全国、全球招募大学生和研究生，配套相应政策，支持其毕业后留下来。

加强职业培训提升技能型人才供给水平。当前，在全国技能型人才竞争日趋激烈的情况下，要利用好现有的潜在人力资本，整合优化区域内现有各类培训资源，形成高水平、集中化技能型人才培训中心或培训基地。同时，充分发挥市场主体作用，坚持以产业转型升级和企业发展需求为导向，探索开展订单培训、定向培训、委托培训等服务模式，为企业提供更多符合条件和要求的技能型实用人才。此外，还要建立健全全员职业培训制度，使就业人员都有机会享受低成本的二次学习机会，实现劳动力人口向人力资本的转变。

2. 加强重大项目和平台布局，提高创新竞争能力

国际经验表明，不同发展阶段经济增长的动力机制不同：在低收入和中低收入阶段，固定资本形成率、人力资本和对外开放度是经济增长的主要动力；在中高收入和高收入阶段，制度创新和原创性技术进步则是经济增长的主要影响因素。目前，龙岗正处于由工业化后期向后工业化时期并迈进高收入阶段的关键时期，以重大项目和平台为主导的原创技术进步将对经济发展发挥越来越重要的作用。然而，从后发追赶到前沿竞争的转变不会自动产生，只有通过将本土新知识、新技术有效地产业化，后发地区才能赢取技术轨道演进的自主性①。龙岗市场主体的创新能力还较弱，原始性创新成果很少，知识创新源布局不足，亟待加强重大创新性项目和平台布局。

依托龙头企业和重点高校构建区域创新体系。要把龙头企业和高校院所作为区域创新的核心依托，加快推进坂雪岗科技城和国际大学园建设，支持香港中文大学（深圳）、深圳北理莫斯科大学等国际知名高校发展，形成以高校、院所为核心的知识创新体系；支持华为为龙头，以产业链、价值链和服务链延伸为方式，构建以企业为主导，以市场为导向的技术创新体系，推动产学研深度融合，形成与本地经济发展、产业发展紧密结合的区域创新体系。

3. 壮大高精尖科技企业规模，优化创新企业梯队

创新驱动发展战略要真正落地，关键是要培育出一大批有竞争力的创新型企业，特别是要形成一个大、中、小企业有序共生的企业群落。龙岗的创新型企业梯队并不完整，突出表现在小企业多，缺乏中型企业，大企业一旦出现较大困难或者区域布局的重大调整，全区经济将会受到巨大影

① 封凯栋．源头性技术创新与国家创新系统 [J]. 中国科技论坛，2013（3）：5-10.

响。龙岗必须引起高度重视，大力引进和培育快速成长的中小型创新企业，强化创新驱动的中坚力量。

发挥大企业创新资源整合与辐射带动作用。珍视华为这个宝贵的创新资源，全力支持华为发展和能量外溢。充分发挥龙头企业产业链拓展、并购重组、委托研发、技术转移、专利购买等资源整合作用，放大其在人员流动、产业链配套、研发外包中带来的知识和技术溢出效应，引导企业的“裂变”和“溢出”扎根本地，带动区域中小企业发展。鼓励和引导企业加大研发投入、参与国际科技合作，支持有实力的企业带领关联企业“走出去”，实现跨区域创新资源配置，打造企业和区域品牌，通过“走出去”更好地实现“引进来”，从而反哺龙岗、拓展发展空间。

培育一批潜在“独角兽”打造未来“科技航母”。硅谷将高成长性企业称为“瞪羚企业”，其特点是“个头不大、跑得快、跳得高”，这类企业普遍成长速度快、创新能力强、专业领域新、发展潜力大。近两年，国际国内都在重点关注独角兽企业。根据科技部火炬中心、长城咨询发布的独角兽企业榜单，截至2017年，我国共有各类独角兽企业164家，绝大多数集中在新兴领域，代表着科技创新与产业发展的潮流。龙岗要以培育未来的“科技航母”为目标，遴选和引进一批具有独特的核心技术、商业模式的创新型中小企业，在企业融资、发展空间、人才服务等方面给予优先支持，培养成为具有行业引领性和市场引领性的“独角兽企业”。

增强中小企业的生存能力和创新活力。综合运用财政和科技政策，降低企业成本，增强中小企业研发积极性。支持中小企业开展技术情报、技术开发、市场拓展和自主品牌建设，提高企业管理水平，发挥中小微企业在技术创新、商业模式创新和管理创新方面的生力军作用。优化政府采购政策，加强对中小科技企业的优质创新产品和服务的应用推广，帮助企业在初期更快地打开销路、打造品牌。鼓励有条件的中小企业建立工程中心或技术中心，或与大学、科研机构联合建立研发机构，建立高校院所创新成果向企业顺畅流动的新机制，提升中小微企业的技术创新能力。

支持创新创业，培养创新型企业家队伍。培育创新型企业的重要一环是大力推进创新孵化工作，要依托重点创新载体加快各类孵化器建设，创新孵化服务模式，扩大孵化规模，提高孵化成功率。同时要加强软实力建设，在“创客”“极客”等文化已形成广泛影响的今天，以往的“鼓励创新、宽容失败”应作为创新文化的底线，新时期应倡导“鼓励原创，宽容异端”的创新文化，崇尚“颠覆式创新”。努力营造“类硅谷”的创新创业文化氛围，积极组织开展各类创新创业活动，以开放包容的创新氛围和完善的创业服务体系，吸引和壮大创新型企业家队伍，打通科技创业的“最后一公里”，为培育创新企业梯队打下良好基础。

第六章　加大重大源头创新布局，引领“龙岗创新高度”

原始创新是一个区域长期发展的原动力，是实现创新驱动和高质量发展的关键所在。由于历史原因，深圳在大院大所等源头创新资源方面，与北上广等城市存在很大差距。未来发展中，龙岗要瞄准全球创新前沿，通过引进国际性研究机构、诺贝尔奖科学家实验室等独辟蹊径的方式，结合龙岗发展重点与未来产业需求，着力增强源头创新资源引进与设施布局。

第一节　新时期龙岗加强源头创新的外部环境分析

1. 发达国家强化原始创新部署，积极抢占新一轮竞争制高点

原始创新是科技进步的源头，往往孕育着科学技术质的飞跃，是科技创新最根本力量，是引领经济社会发展的第一原动力，同时也是国家兴衰的决定性因素之一。20世纪以来，随着世界多极化和经济全球化深入发展，尤其在新一轮科技革命的驱动下，世界各国都在积极加强科技水平提升和创新能力建设，尤其把源头创新、基础研究作为战略性投资，实施国家重大科技规划，超前部署和发展科学研究前沿的新技术，全球科技竞争不断向基础研究领域前移。比如，美国目前基础研究投入比例已占到国家科技

财政预算的22%左右[①]，并启动实施了脑科学研究等一系列重大基础研究计划；德国也进一步加强物理技术、生物医学、基础科学技术与人文等学科领域的基础研究与原始创新。面对发达国家的超前部署，龙岗作为深圳国家自主创新示范区建设的重要承载区和深圳“东进战略”的核心区，要进一步增强危机意识，充分认识加强基础研究和原始创新的重要性和紧迫性，在国际新一轮科技竞争与创新发展中抢占机遇，助力深圳及我国科技创新发展。

2. 我国强化基础研究和源头创新，推动世界科技强国建设

十八大以来，党中央把科技创新摆在国家发展的首要位置，尤其进一步强化基础研究的重要性，不断加大基础研究投入，2011年至2016年，我国的基础研究投入由400多亿增加到800多亿，增加了一倍左右[②]。同时，我国在基础前沿战略技术领域也取得了显著的成绩，为支撑引领经济发展新常态、增添经济发展新动能提供了有力支撑，比如取得了载人航天、探月工程、超级计算、载人深潜、量子通讯、铁基超导、诱导多功能干细胞等一系列重大基础性前沿成就，建成了上海同步辐射光源、贵州500米口径球面射电望远镜等一批重大科技基础设施。但与发达国家相比，我国在科技创新方面，具有较大差距，还不能称为“科技强国”。一是我国基础研究的研发投入比重一直相对较低，占全社会研发投入比重长期保持在5%左右，与国外10%以上的水平相差甚远；二是我国基础研究投入结构相对不合理，目前政府投入占比达到90%以上，企业以及其他的社会力量投入较低、所占的比例较小；三是我国高校、院所的源头性创新引领作用未得到充分释放，

① 万钢：新的科技计划体系将加大基础研究投入．搜狐财经，2016.2.25 http://money.163.com/16/0225/05/BGL69UUE00253B0H.html#from=keyscan

② 科技部：5年来基础研究投入增1倍将增加企业投入央视网新闻，2018.2.11 http://www.sohu.com/a/222249585_428290

缺乏一些在全球前沿领域具有技术颠覆性、行业引领性的重大科技成果，迫切需要加强创新突破，增强源头供给，构筑国家创新驱动、供给侧结构性改革的强力引擎。此外，关于基础研究的评价激励制度也亟待完善，企业重视不够，全社会支持基础研究的环境需要进一步优化。

十九大报告指出，“创新必须瞄准世界科技前沿，强化基础研究，实现前瞻性基础研究、引领性原创成果重大突破”。《国务院关于全面加强基础科学研究的若干意见》（国发〔2018〕4号）也提出，“着力实现前瞻性基础研究、引领性原创成果重大突破，全面提升创新能力，全面推进创新型国家和世界科技强国建设”；我国“十三五”国家科技创新专项规划也对加强基础和前沿技术研究作出了相关部署。随着国家一系列重大发展战略的实施，龙岗区要主动布局、前瞻发展，强化基础研究和源头创新战略部署，加快提升源头创新能力，助推我国世界科技强国建设。

3. 深圳着力提升原始创新能力，补齐区域创新短板

由于高校院所较少，深圳与我国北京、上海等重点城市相比，在基础研究、原始创新方面一直不具备优势。为补齐区域原始创新短板，深圳市实施了一系列政策举措，加大研发投入，积极搭建创新载体平台，强化高端科研人才引入，加快推动区域基础研究与原始创新能力提升。在研发投入方面，深圳近年来加大财政科技投入结构改革，将50%以上科技资金投入到基础研究、技术攻关和创新载体建设方面，特别是前沿领域和关键技术，每年主动布局重大基础研究和重大科技攻关项目200项以上。2016年，深圳全社会研发投入占GDP比重达到4.1%，研发投入强度居全球前列，目前全球仅以色列、韩国两个国家投入强度超过4.2%[①]。在载体平台搭建方面，陆续建成了国家超级计算深圳中心、大亚湾中微子实验室和国家基因库，参

① 研发投入强度全球第二，深圳“创新之都”是如何炼成的？ 南方日报，2017.12.7 http://static.nfapp.southcn.com/content/201712/07/c832328.html

与国家未来网络科技基础试验设施建设，截至2017年底全市拥有的1688家各类创新载体中，国家级110家，省级175家，已成为集聚创新人才、产生创新成果尤其是源头创新成果的重要平台。在高端科研人才引进方面，引入了以国际诺贝尔奖得主埃里克·马斯金、巴里·马歇尔为代表的一批国内外知名科研人才。

新时期，深圳市围绕打造“世界一流的科技、产业创新中心”的目标，正在进一步加大基础研究投入，强化创新源头布局：启动实施“十大行动计划”，布局一批基础研究机构，组建诺贝尔奖科学家实验室，推进海外创新中心建设；探索建立面向全球、面向全国的重大技术发现和挖掘机制，及时发现具有行业领先和颠覆性变革的原创技术项目。龙岗作为深圳东进战略的主战场和核心区、深莞惠河汕“3+2”经济圈的战略前沿和粤港澳大湾区的经济腹地，正处于多重战略机遇叠加的黄金发展期，要紧抓深圳强化原始创新、源头创新发展的有利契机，积极落实各项战略举措，加快重大源头创新发展布局，加快催生出一大批原创性重大技术，以在日益激烈的区域竞争中抢占制高点。

第二节　龙岗与其他同类区域创新绩效比较

创新全球化背景下，区域创新竞争态势日益激烈，创新资源要素争夺愈来愈白热化。为进一步了解龙岗区创新发展特点，本书选取南山区、福田区、宝安区与龙岗创新发展进行比较，重点分析在创新投入、创新产出及创新绩效等方面的差距。主要基于两个方面的考虑：一是南山区、福田区都是深圳经济发达区域，尤其是南山区创新资源最密集、创新驱动发展程度最高，位于其行政区内的深圳高新区已成为高新技术产业的重要聚集地。南山区与龙岗区关系密切，包括产学研创新体系对龙岗人才与企业的带动和支撑、产业转移对龙岗的溢出以及西岸港区与平湖物流基地的海铁联运等。二是选宝安区与龙岗区同属原特区外地区，都是深圳传统的产业大区，两地在创新资源集聚、重大项目落地、创新政策供给等方面形成较高程度的竞争态势。两个区域依托不同的功能定位、区位条件和资源禀赋，在特区一体化深入推进的背景下，科技创新、城市建设等方面都取得了较快发展，对比之下可在一定程度上反映龙岗区的发展优势和差距。

1. 创新投入情况分析

区级财政科技支出占比较低。近年来，龙岗区在全面落实“两高两创”发展战略下，不断加大科技支出，2016年龙岗区地方公共财政预算支出总计为335.2亿元，其中科学技术支出达到20.69亿元，占地方公共财政预算支出的比重为6.17%，低于深圳市平均水平[①]。从区级财政科技支出及占地方公共财政预算支出比重来看，龙岗区落后于南山、福田、宝安，尤其与南山、福田两个科技和经济强区相比具有较大的差距。2016年，福田区、南山区、宝安区公共财政预算科技支出分别为63.94亿元、54.73亿元和26.29亿元，占公共财政预算支出的比重分别27.91%、19.98%、8.12%，分别高于龙岗区22个百分点、13.8个百分点和1.9个百分点（图6-1）。

① 深圳市2017年统计年鉴：深圳市2016年全市一般公共预算为4211.04亿元，其中科学技术支出为403.52亿元，占全市一般公共预算的比重约为9.6%。

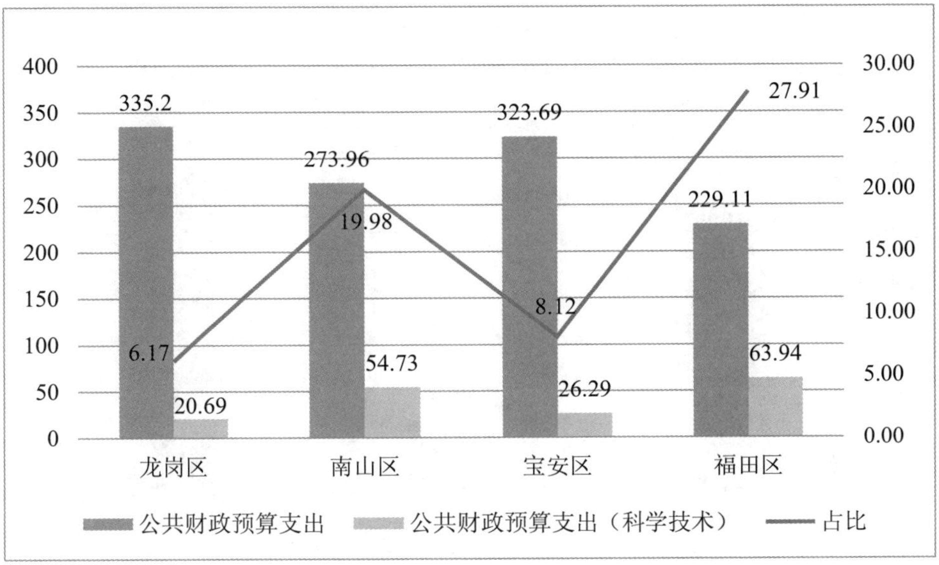

图6–1　2016年重点区公共预算财政科技支出情况比较

数据来源：龙岗区、南山区、宝安区、福田区2017年统计年鉴。

工业企业R&D经费支出占全市一半以上。龙岗区近年来以华为、柔宇等为代表的龙头企业科技创新能力不断增强，全区研发经费支出增长迅猛，已大幅超过南山区等深圳原有的创新强区。2016年，龙岗区规模以上工业企业R&D经费内部支出达到414.83亿元，外部支出达到56.46亿元，R&D经费支出合计达到471.29亿元（图6-2），占深圳市规模以上工业企业R&D经费支出的62%，约是南山区规模以上工业企业R&D经费支出（140.88亿元）的2.4倍。

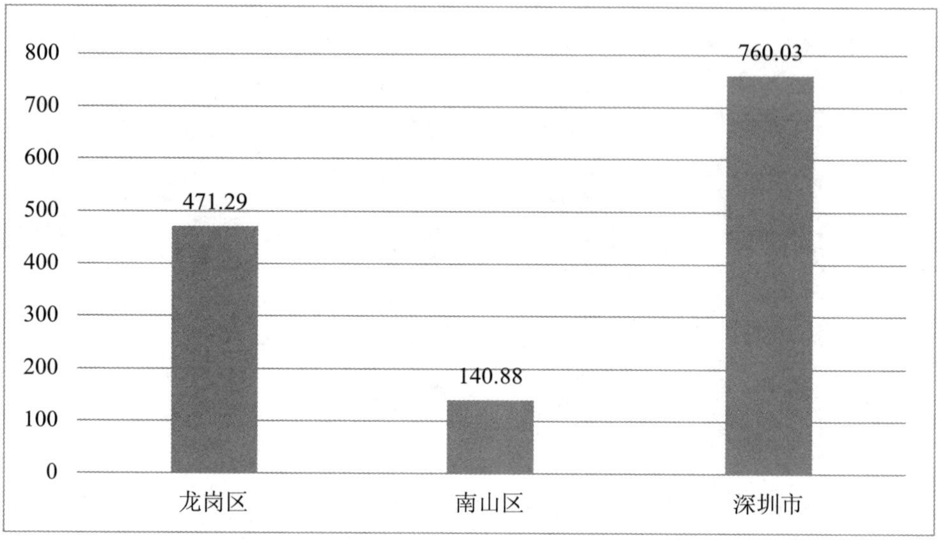

图6-2　2016年龙岗区规模以上工业企业R&D经费支出情况（亿元）

数据来源：深圳市2017年统计年鉴，龙岗区、南山区2017年统计年鉴。

工业企业R&D从业人员规模不断扩大。近年来，龙岗区加大人才引进战略，区域科技研发人员规模不断扩大。截至2016年底，龙岗区规模以上工业企业总计1240家，其中有R&D活动的企业达到299家，占深圳市的29.4%。R&D人员合计达到60727人，占深圳市规模以上工业企业R&D人员总数（186607人）的三成以上。与人才大区南山区（47215人）相比，龙岗区高于其28.6个百分点（图6-3）。

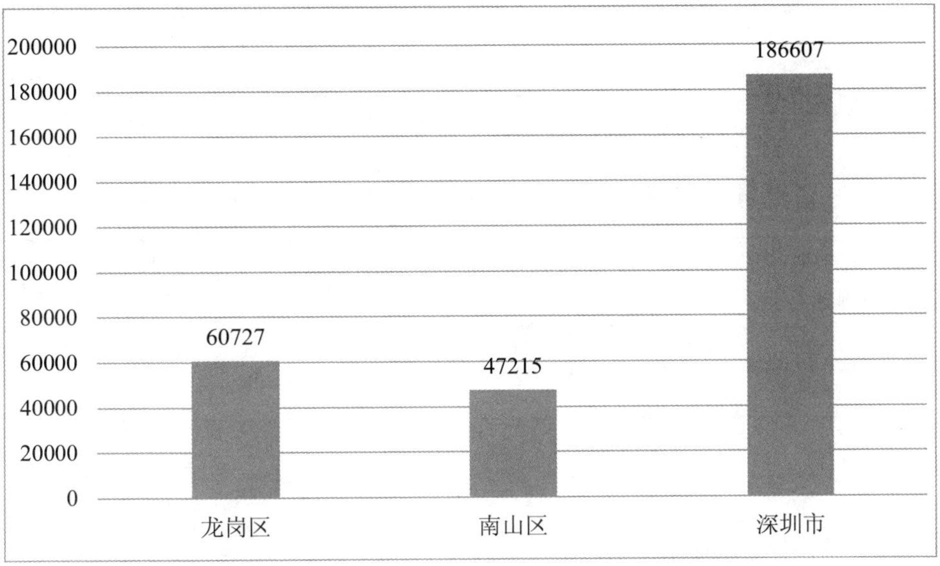

图6-3　2016年龙岗区规模以上工业企业R&D人员数量（人）

数据来源：深圳市2017年统计年鉴，龙岗区、南山区2017年统计年鉴。

固定资产投资绝对值全市排名第一。对龙岗现阶段发展而言，固定资产投资是一个重要因素，直接关系到创新载体、创新配套环境建设，这些对区域集聚高端创新资源具有重要作用。在这个意义上，本书将固定资产投资纳入广义的创新投入与创新配套的范畴。在固定资产投资方面，随着2010年开始推进特区一体化，龙岗区和宝安区固定资产投资额得到了大幅提升。2017年，龙岗区全社会固定资产投资总额946.69亿元，固定资产投资绝对值在深圳市各区中排名第二，仅次于南山区（表6-1）。龙岗区固定资产投资增长率为24%，全市排名为第六，与坪山新区26.8%、宝安区25.6%的增速相比具有小幅差距。

表6-1　2017年深圳市各区固定资产投入情况绝对值（单位：亿元）

指标名称		龙岗	福田	南山	宝安	罗湖	盐田	光明	坪山	龙华	大鹏
固定资产投资额	绝对值	946.69	374.51	1096.76	817.06	228.98	148.65	371.56	377.66	618.27	77.66
	增长率（%）	24	24.8	23.5	25.6	24.2	21.3	22.8	26.8	24.9	5.2
	绝对值排名	2	6	1	3	8	9	7	5	4	10
	增长率排名	6	4	7	2	5	9	8	1	3	10

数据来源：深圳各区主要经济指标（2017年）。

2. 创新产出情况分析

专利申请数量快速增长。创新产出尤其是高水平的创新成果是反映一个区域创新能力的重要指标。近年来，龙岗区科技创新质稳量升，尤其在专利成果方面成绩突出。在华为专利战略调整、国内专利大幅下降的形势下，2017年龙岗全区专利申请量达到24311件，增长20.2%，占全市专利申请总量的13.7%。但与南山区、宝安区、福田区相比，2017年龙岗区专利申请量仅为南山区（57277件）的1/2左右，低于宝安区30个百分点，高于福田区。从发明专利申请数量来看，2017年龙岗区发明专利申请量达到7077件，占深圳市的11.7%，仅为南山区的22%左右，但高于宝安区、福田区（图6-4）。从龙岗区专利申请的主体来看，除了华为等龙头企业，中小企业知识产权创造能力也大幅提升。2017年，龙岗区中小企业专利申请量占比突破八成。

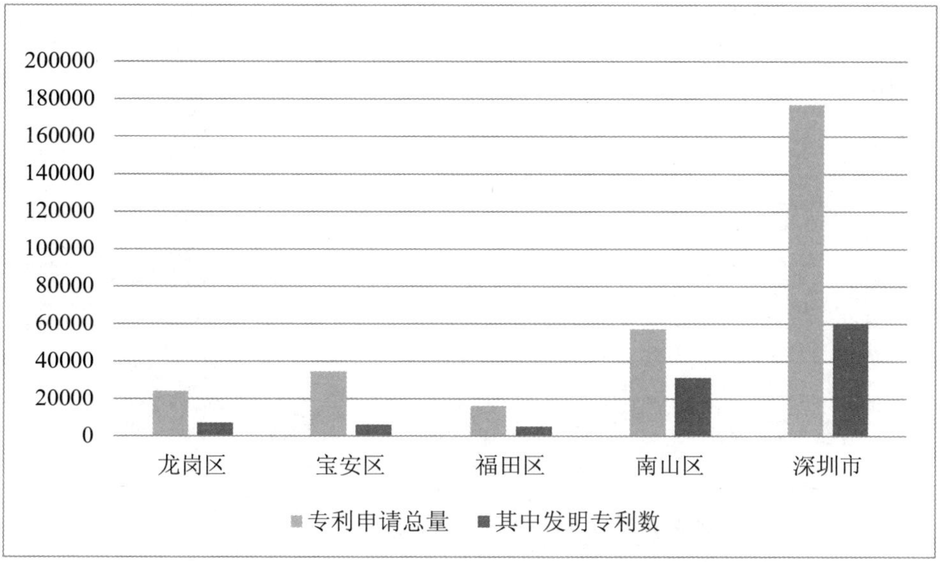

图6-4　2017年龙岗区与其他区专利申请数量比较

数据来源：深圳市市场和质量监督管理委员会《2017年深圳市专利申请与授权量》

发明专利授权量比重较高。2017年，龙岗区专利授权量达到15691件，同比增长29.2%，占全市的16.6%，为南山区专利授权量（24589件）的64%、宝安区（19910件）的78.8%，仅高于福田区（9911件）。其中，龙岗区发明专利授权量达到4205件，占全市专利授权总量的26.8%，高于深圳市平均水平（20.08%）。位居全市第二位，低于南山区（30.71%）约4个百分点（图6-5）。

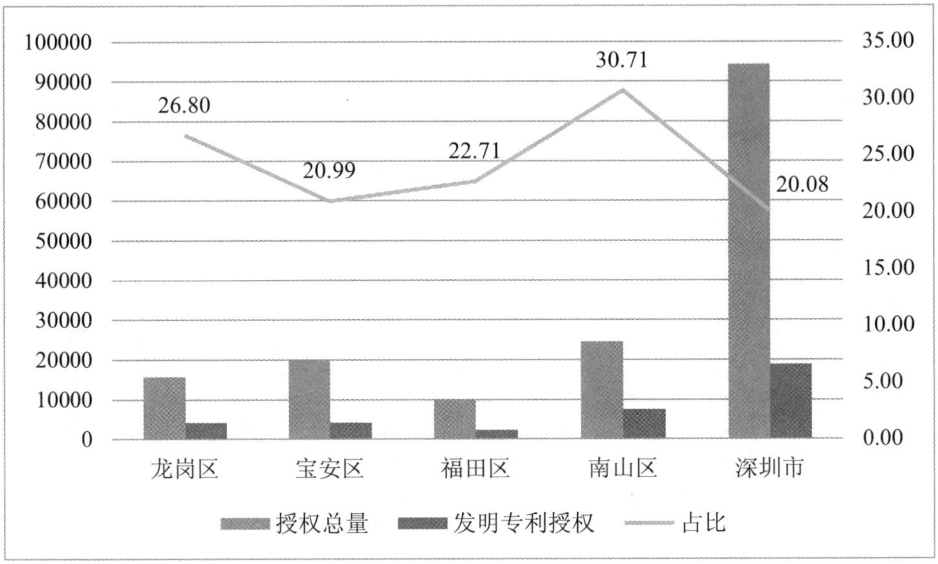

图6-5　2017年龙岗区与其他区专利授权量比较（件）

数据来源：深圳市市场和质量监督管理委员会《2017年深圳市专利申请与授权量》

PCT国际专利申请量位居全市第二。深圳已连续12年PCT国际专利申请量居全国各大中城市首位，2017年PCT国际专利申请达到20457件，同比增长4%，占全国申请总量41.8%（不含国外企业和个人在中国的申请）。其中，龙岗区2017年PCT国际专利申请量为4546件，占全市22%，位居全市第二（图6-6），与2016年PCT国际专利申请量占全市23%的比重基本持平。南山区近年来PCT申请量显著增长，2017年达到11275件，跃居全市第一位，占比高于龙岗区32.9个百分点；宝安区2017年PCT国际专利申请量仅为1555件，仅为龙岗区的1/3。

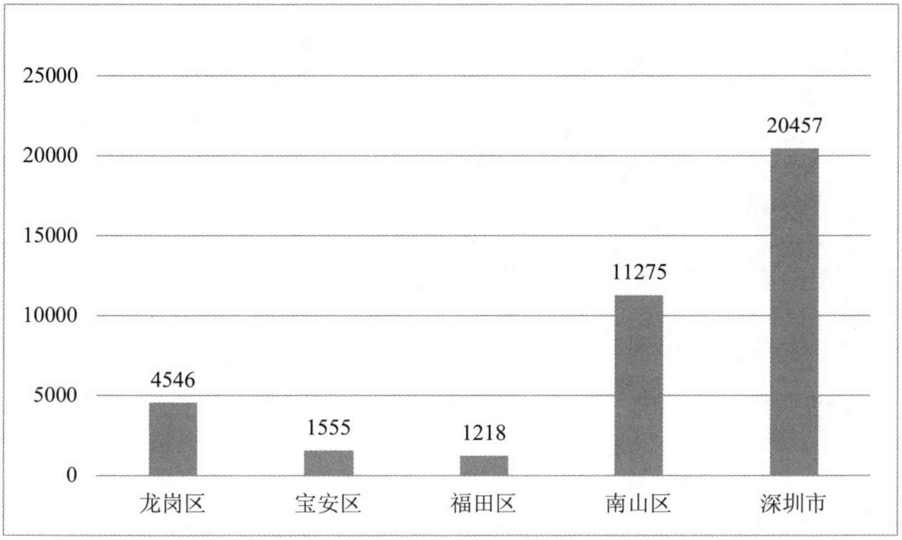

图6–6　2017年龙岗区与其他区PCT申请量比较（件）

数据来源：深圳市市场和质量监督管理委员会《2017年深圳市专利申请与授权量》

国家级高新技术企业数量相对较少。近年来，龙岗区加强了对国家级高新技术企业引进和培育力度，数量增长较快，2017年已达到1325家，两年内翻了一番，占全市11.7%。但与其他区相比，数量还相对较少，仅为南山区（2941家）的45%、宝安区（3027家）的44%、龙华区（1742家）的76%（图6-7）。随着高新技术企业加速落地聚集，高新技术产业已成为龙岗经济增长的重要支撑。2017年，龙岗区规模以上工业企业高新技术产业产值达到6436.91亿元，是宝安区的1.5倍（图6-8）。

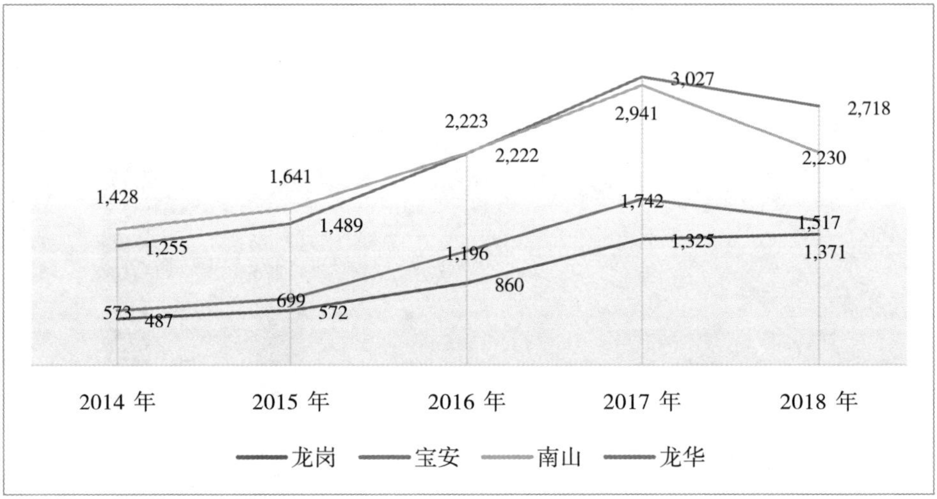

图6–7　深圳四个产业大区近五年国高企业数量变化（单位：家）

注：2018年数据为申报数，来源于相关调研材料。

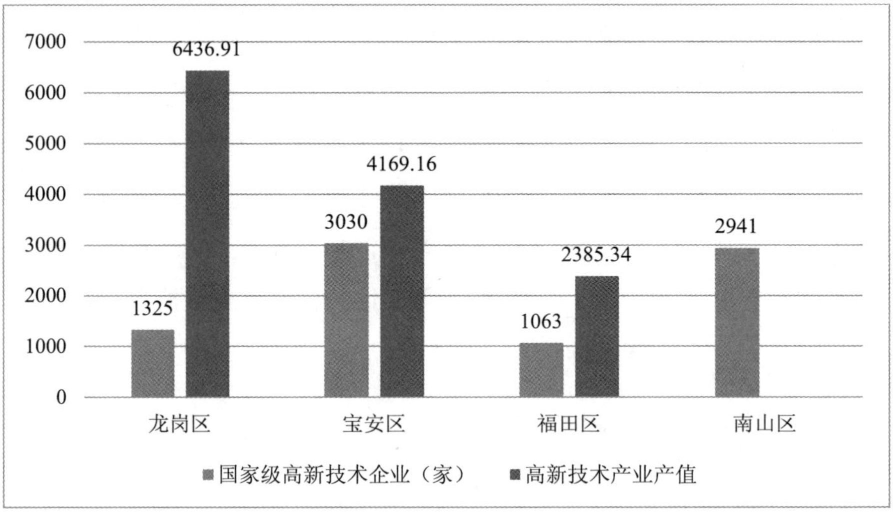

图6–8　2017年龙岗区国高企业数量、高新技术产业产值（亿元）与其他区比较

数据来源：深圳市、各区2017年统计公报

第三节 建设国际科技创新中心的“龙岗使命”

近年来，龙岗区在“三高一平台”战略的推动下，区域高等院校、高端企业、高级人才及创新平台加速聚集，区域创新能力不断增强。但整体上创新能力还较弱，除华为公司等少数龙头企业具备高强度的研发投入外，龙岗区95%以上为中小微企业，大多数企业无内部研发机构，研发投入规模相对较小。新时期，龙岗区要积极贯彻深圳国家自主创新示范区、国家创新型城市、国际科技产业创新中心建设要求，围绕建设“深圳东部创新中心”的战略目标，进一步发挥高等院校、新型科研机构、龙头科技企业“三驾马车”的核心驱动作用，构建以国际大学为核心的知识创新源，以新型科研机构为核心的源头技术创新源、以龙头企业为核心的应用技术创新源的协同发展格局，打造深圳市乃至粤港澳大湾区源头创新的策源地。

1. 加快推进国际大学园建设，打造区域源头创新蓄水池

从国内外发展来看，高校特别是研究型大学是各国基础研究和前沿技术领域原始性创新的核心力量之一，是培养科研型、创新型人才的摇篮，在各国自主创新体系中担负着生产知识、传播知识和应用知识的重要职能。比如美国（图6-9），之所以能成为全球科技创新中心，与发展之初就致力于发挥大学在基础科学研究及其原始性创新中的作用密切相关，在过去的20多年，美国高校每年研发经费占全美的11%-15%。根据《科学与工程指标2016》数据显示，2013年美国研发执行总量为4561亿美元，其中高校执行研发经费达到647亿美元，是除企业外的第二大执行者，占美国研发经费的14%，承担了全国51%的基础研究任务。美国对高校基础研究和原始创新的重视，也使其在科技领域诞生了许多著名的诺贝尔奖获得者，截至2017年全球诺贝尔奖得主最多的十所大学，前9所均为美国的高校（表6-2）。

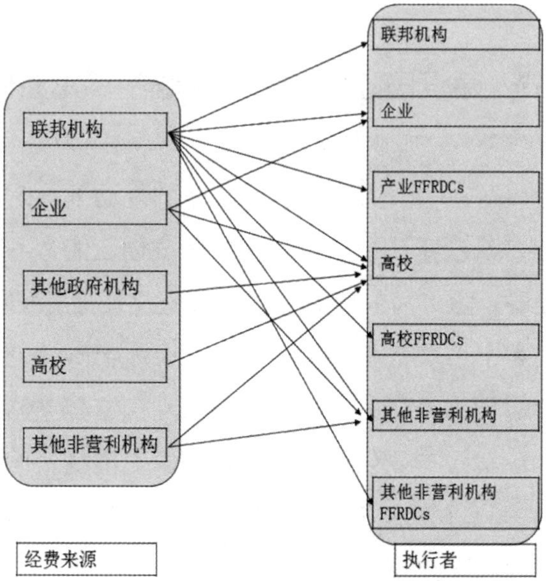

图6–9 2013年美国研发经费来源与执行者

资料来源：《科学与工程指标2016》，图中FFDRCS指联邦资助研发展中心（ Federally Funded Research and Development Centers ）。

表6–2 截至2017年全球诺贝尔奖得主最多的十所大学

排名	大学	国家	THE2018世界综合排名
1	普林斯顿大学	美国	7
2	斯坦福大学	美国	3
3	芝加哥大学	美国	9
4	哥伦比亚大学	美国	14
5	麻省理工学院	美国	5
6	加州大学伯克利分校	美国	18
7	霍华德·休斯医学研究所	美国	无
8	哈佛大学	美国	6
9	加州大学圣塔芭芭拉分校	美国	53
10	以色列理工学院	以色列	第301-350位

资料来源：根据《泰晤士高等教育》排名。

近年来，在我国创新驱动战略部署推动下，高校在基础研究和原始性创新方面也不断实现新突破，目前高校牵头承担了我国80%以上的国家自然科学基金项目和一大批973、863等国家重大科技任务①，在暗物质、干细胞、超级计算机、量子通讯等国际前沿科技研究领域取得了一批具有重大国际学术影响力的标志性研究成果。2016年，我国高校获得国家自然科学奖二等奖28项，占授奖项目总数的六成以上；获得国家技术发明奖通用项目二等奖38项，占通用项目授奖总数的八成以上；专用项目一等奖2项，占全国的2/3②，已成为我国基础研究和原始创新的基石。由于历史原因，深圳与北京、上海、广州、西安、武汉、南京等重点城市相比，本土高等教育资源严重缺乏，在我国大城市中处于末位。新时期，龙岗区要继续加强世界一流高等院校的引进，推动国际大学园建设发展，将其打造成为国内与国际高等教育资源结合、名校与名企结合、人才培养与产业研发应用结合的一流大学园区，在基础性、前沿性领域加快实现颠覆性创新突破。

一是积极对接落实，加快国际大学和特色学院落地。目前，龙岗区国际大学园建设已取得显著进展，2014年开学的香港中文大学（深圳）在校生超过3500人，深圳北理莫斯科大学2017年也已完成首届招生，墨尔本生命健康工程学院等一批中外合作办学项目步入快车道。下一阶段，龙岗区要积极对接目前正在洽谈合作的国际学校以及香港浸会大学特色学院、麻省理工大学医学院等特色学院，结合其在龙岗落地建设发展的相关需求，高标准、高品质完善区域基础设施及生态环境建设，做好公共服务、生活服务等方面的配套，打造高品质的服务环境。同时，要积极创新合作办学模式，引进国外先进的办学理念，吸引更多优质高校院所在龙岗落户。

二是以高校为依托，支持围绕国际前沿科技领域成立实验室、研究机

① 数据来源：新浪财经，教育部介绍从数据看党的十八大以来我国教育改革发展有关情况。目前973计划、863计划等名词已取消。

② 资料来源：《中国普通高校创新能力监测报告2016》。

构。新时期，随着香港中文大学（深圳）瓦谢尔计算生物研究院、科比尔卡创新药物开发研究院等诺奖科学家实验室的建立，龙岗区要以高校为依托，围绕我国及深圳市科技创新重大方向，进一步加强国际高端科研人才、学科带头人的引入，支持瞄准人工智能、脑科学、量子信息、生命科学、智能制造等国际前沿领域成立实验室、研究中心、特色学院等，积极承接国家重大科技专项，加强前沿领域基础研究与技术开发，加快突破一批核心关键技术，提升龙岗区及深圳的原始创新能力。

专栏：以诺贝尔获奖科学家名字命名的四所研究院基本情况

香港中文大学（深圳）瓦谢尔计算生物研究院将围绕深圳市生物医药产业，开展尖端生物科技领域技术研究，主要包括计算结构生物学与小分子及蛋白质药物设计、多尺度生物分子模拟、高通量基因序列分析以及基因诊断技术转译研究等。

科比尔卡创新药物开发研究院则将围绕天然药物（植物药、抗生素、生化药物）、合成药物和基因工程药物，在医药领域开展各类基础研究和应用研究，并将积极与世界顶尖药企开展合作，加快创新药物产业化。

深圳格拉布斯研究院将设置新医药研究中心、新材料研究中心、清洁能源与化学过程研究中心，推动深圳和中国在新医药、新材料和新能源等领域的基础研究与产业发展。

中村修二激光照明实验室将致力于将深圳打造成为具有国际影响力的激光照明领域技术研究基地和高端研发人才培养基地。

三是拓宽经费来源渠道，充分发挥科学基金作用。充裕的科研经费是高校科研人员开展基础研究与创新活动的保障。我国高校科研经费以政府拨款为主、社会资金补充为辅，整体来看渠道较为单一、研究经费相对不足。新时期，要积极拓宽龙岗区高校院所的科研经费渠道，解决其原始创新发展的“粮草和弹药”。要加大对入驻高校科研经费投入力度，鼓励各高校通过公开申报和公平竞争争取国家、深圳等各级基础研究类和科技创新类项目。推动高校、特色学院充分发挥其人才、学科优势和创新源头作用，加强与龙岗区、深圳市企业的对接协作，开展产学研协同创新，争取企业对高校的科技经费支持，包括对基础研究，特别是应用基础研究的投入。支持境内外有识人士和社会团体通过设立科学基金、捐助科研设备和经费等方式支持高校科技创新活动，加大对基础研究特别是应用基础研究的投入，加大对重点学科和科研方向学科带头人的支持。

2. 推进新型科研机构发展，打造区域源头创新原动力

新型科研机构在本质上仍是“科研机构”或“科研院所”，但同时作为市场化的产物，又区别于我国传统意义上隶属于高校、事业单位、国有企业的科研机构。其“新型”主要体现在经费来源、运行机制、管理模式、科研方式、用人机制、投入机制、目标定位、评价方式等诸多方面的系统化创新，核心是以市场配置科技资源、以市场机制运作。新型科研机构往往专注于某一个或若干具体前沿领域，以具有广阔前景的战略性新兴产业、未来产业的新兴技术作为突破口，强化源头技术创新、新兴业态创新和商业模式创新，获得大量具有战略价值的知识产权和标准，力图在相关产业上抢占制高点和话语权。如美国的贝尔实验室自1952年发展以来，已经获得了8项诺贝尔奖、11项美国国家科学奖、10项美国国家技术创新奖、3项图灵奖等一大批国际顶级科学技术大奖[①]，不同时期相继诞生了晶体管、激光器、太阳能电池、发光二极管、数字交换机、通信卫星、蜂窝移动通信设备、有声电影等世界革命性的重大科技发明，并帮助AT&T和朗讯科技两大公司发展成为世界最大的通信服务与科技公司，被誉为通信科技发展的

---

① 贝尔实验室网站：https://www.bell-labs.com/our-people/recognition/

“发动机”[①]。

近年来，深圳加大新型科研机构发展部署，截至2016年底，新型研发机构数量达到30家，涌现了一系列重大科技创新成果，新型科研机构已成为区域重大技术源头创新的发源地。龙岗区也将新型科研机构建设发展作为区域创新的重要抓手，截至目前已建成了5家新型科研机构。新时期，仍要进一步落实深圳市科技创新发展部署，继续加大新型科研机构建设发展，创新科研机构建设发展模式、完善管理机制、增强科研创新效率，充分发挥其区域源头技术创新源的作用。

一是创新模式，推动新型科研机构加快发展。从深圳新型科研机构的建设发展来看，主要有两种类型：一种是引进社会主体，政府参与的“国有新制”模式；一种是以社会主体为主导的“民办官助”模式。新时期，龙岗区要积极对接国际以及我国高端科研机构、龙头企业，强化社会资本引入，创新管理服务模式，探索官办新制、官民合办、民办官助、民办民营等多种建设模式，推动区域创新要素资源深度融合，争取建设、培育和发展一批具有国际影响力的新型研发机构。

二是瞄准未来产业领域，抢占全球科技创新战略制高点。随着龙岗区东进战略的推进，结合东部产业特点，在战略性新兴产业及未来产业重点领域规划建设各类新型研发机构，加快创新资源向东部地区集聚。支持科研机构加强源头性和基础性技术研究，开发具有技术主导权的关键技术和产品，推动一批处于国际领先地位的创新成果产业化，培育若干能够代表我国参与新一轮全球科技竞争的创新型领军企业集群。依托新型科研机构建设扶持政策，积极与中科院西安光机所、吉林大学汽车工程学院磋商合作，争取合作建设成立相关领域的科研机构。在智能制造、新能源、新材料、航空航天、军工等新兴产业领域，加快布局一批具有颠覆性创新实力的新型科研机构，激活技术创新源对本地产业发展的拉动作用。

---

① 阎康年 . 美国贝尔实验室成功之道 [M]. 广州：广东教育出版社，2004：57.

三是面向城市可持续发展需求，强化新型科研机构社会民生领域研究。从目前深圳市以及龙岗区新型科研机构的研究方向看，主要以战略性新兴产业领域为主，在环境保护、智能交通、建筑节能等民生领域的创新研究涉及不多。新时期，要充分发挥新型科研机构在城市创新体系中“顶天立地”的作用，在加强机构引入的同时，推动其向民生领域研究拓展，优化科研战略布局。一方面，以谋求人口、资源、环境协调发展为目标，围绕交通、医疗、教育、环境保护、公共安全等关系城市居民需求和利益的领域，支持科研机构在智能交通、环境保护、在线教育、移动医疗、建筑节能等方向超前部署一批前沿技术，率先实现一批重大技术突破。另一方面，支持相关领域重大技术创新成果优先在全区及全市范围内应用推广，真正提高和改善居民生产生活环境，提高社会民生服务水平，带动和促进城市运行效率提升，实现城市经济社会可持续健康发展。

四是加强新型科研机构认定，为其规范运行扫清制度障碍。新型科研机构在发展过程中，还面临一些制度上的障碍，比如在科研机构的认定、采购仪器设备免税政策优惠、海外人才认定和社保续接、投融资渠道对接等方面，需要加强制度创新，强化发展引导和支持。尤其是在“身份”认定方面，无论是官办组织还是民办组织抑或混合式股权结构的组织，一定程度上均属于“非营利组织”，因其产生基础知识而带有一定的公益性。在实践中，非营利组织的范畴大致相当于“第三部门”（区别于公共部门和私营部门之外的组织体系）或我国法律体系中的民办非企业单位。因此，建议在制定新型科研机构认定方面的制度或政策时，对龙岗区新型科研机构的“身份”加以明确：对于企业成立的和社会资本发起成立的科研机构，可按照非营利组织进行登记和运营；对政府参与共同建设的“国有新制”科研机构，可以按照非营利组织营运。政府可以通过特定非营利组织的章程、理事会对其发展进行引导。

五是创新政策支持方式，推动新型科研机构稳步健康发展。深圳市及龙岗区在推动新型科研机构发展方面已出台了相关政策，龙岗区主要以补贴方式，对新型科研机构在场地租金、开办费用、研发费用方面给予一定资金扶持，但目前相关政策主要集中在科研机构启动建设阶段，缺乏持续性的常规经费支持。从发达国家对非营利性科研机构的支持方式看，由于这些机构具有比高新企业更强的公益性、公共性、产业带动性，对其提供持续性的常规经费支持往往是国外政府保证非营利研发机构持续健康发展的一种普遍做法。龙岗区要积极参考借鉴国际经验，探索建立对新型科研机构的常规性经费支持机制：一是在新型科研机构成立之初，对其开办提供较为全面性的支持，并在若干年内（如3年内）保持提供三分之一左右的年度研发经费（龙岗目前已实施了对归属于新型科研机构管理的初创期科技型企业连续3年给予其研发费用扶持）；二是随着新型科研机构的不断发展壮大，逐渐减少常规性研究经费的支持，在若干年例如4-6年内，逐步减少到五分之一左右；三是在新型科研机构发展比较成熟阶段，比如在7-10年内逐年持续减少，直至中止“常规性”经费支持①。通过这种持续性的常规经费支持方式，不仅将新型科研机构“扶上马”，还要“送一程”，让“马儿跑得好”。

专栏：龙岗区对新型科研机构的相关支持政策

2017年5月，龙岗区发布了《深圳市龙岗区经济与科技发展专项资金支持科技创新实施细则》，对在龙岗区建设的新型科研机构给予建设扶持，按以下规定执行：

（一）申请扶持应具备以下条件：

1.在龙岗区注册或登记，具有独立法人资格的科研机构。

2.高等院校或市级以上科研机构，与创业投资机构、龙岗区政府共同签订战略合作协议。

① 参见：《深圳新型科研机构发展模式研究》，项目负责人：曾国屏。

3.正常开展技术研发、技术转移、成果转化、产学研合作、创新平台建设、创新型企业孵化等工作。

4.入驻新型科研机构项目是指归属于新型科研机构管理的初创期科技型企业及创新团队，项目正常开展。

（二）经核准符合条件的，给予以下扶持：

1.按照高等院校或市级以上科研机构、创业投资机构实际出资额的100%，给予新型科研机构最高1000万元开办费用扶持，用于支付装修、人员及办公设备等费用。

2.给予新型科研机构场地租金实际支出50%、5年累计最高1000万元扶持。

3.给予入驻的初创期科技型企业或创新团队研发费用扶持。

（1）对入驻的初创期科技型企业，连续3年给予其研发费用扶持。其中，无创业投资机构投资的，给予其上年度经税务部门备案可加计扣除的研发费用去除龙岗区财政扶持后的余额50%、最高300万元扶持；有创业投资机构投资的，给予其上年度经税务部门备案可加计扣除的研发费用去除龙岗区财政扶持后的余额50%、最高600万元扶持。

（2）没有成立企业的创新团队，连续3年将其研发费用去除龙岗区财政扶持后的余额计入新型科研机构，给予新型科研机构上年度研发费用50%、最高500万元扶持。

（3）入驻项目期间搬离新型科研机构的，不再享受扶持。

4.入驻项目获得国家、广东省、深圳市科技计划项目立项扶持的，给予上级扶持金额50%、最高500万元配套扶持。

5.成果转化基金支持。按照龙岗区政策性投资引导基金管理暂行办法相关规定，以不高于基金总规模30%的出资比例、不控股原则参股成立成果转化基金。

（三）区政府“一事一议”项目或获得我区“深龙英才计划”创新创业团队、创新创业领军人才扶持的，不予重复扶持。

资料来源：龙岗区科技创新网

3. 搭建重大科技创新平台，打造区域应用技术创新源

从发达国家经验来看，除了高校科研院所外，龙头企业一直在区域技术源头创新中承担着重要角色，是国际前沿产业领域应用技术创新的领头羊。以目前全球热门的人工智能领域为例，全球知名的龙头企业纷纷通过成立实验室、研究中心等科技创新平台的方式，加强技术源头创新部署、抢占产业竞争制高点。比如谷歌，google x实验室是谷歌旗下2个人工智能实验室之一，聘请了全球知名高科技公司、高校和科研院所的顶级专家进行人工智能领域相关技术研发。我国互联网巨头阿里巴巴人工智能实验室已于2017年成立，阿里巴巴iDST（数据科学与技术研究院）已在杭州、北京、西雅图、硅谷等全球各地布局。腾讯也紧随阿里加强人工智能研发布局，目前已聚集了来自哈佛、麻省理工、哥伦比亚大学等全球知名高校的30多个科学家，在美国西雅图开设了人工智能实验室①。新时期，随着国家自主创新示范区建设的推进和“东进战略”的实施，龙岗区要进一步加强龙头企业引入与培育，以大企业为主体，搭建技术源头创新应用平台，积极参与和实施国家、省市重大科技专项，充分发挥龙头企业在区域科技创新中的领头羊作用。

一是支持龙头企业布局重大科技基础研究机构。龙岗区明确了“十三五”时期要重点发展新一代信息技术和互联网、新能源、新材料、生物医药、节能环保、航空航天、机器人、无人机、可穿戴设备、智能制造等十大战略性与未来产业领域②。新时期，要以十大战略性新兴产业与未来产业领域为重点，积极吸引国内外领军企业、龙头企业落户，鼓励其在龙岗布局重大科技基础研究机构，比如2017年3月，我国首批应用型平台“深度学习技术及应用国家工程实验室”就落户百度，由百度负责牵头筹建。

① 阿里巴巴、腾讯、百度三巨头在人工智能的大布局．每日科技网，2017.9.18 http://www.newskj.org/yw/20170918103278.html

② 参见：《龙岗区国民经济和社会发展规划第十三个五年规划纲要》

支持具有较强基础研发能力的企业建设市级以上重点实验室、工程实验室和工程技术中心等，争取更多国家、省、市创新平台落户，实现龙岗国家重大科技基础设施的突破。同时，龙岗区要加强对企业研究创新平台的政策支持，在支持方式、手段上不断探索创新，比如借鉴山东、湖南长沙等地的做法，研究在科技发展专项资金中设立科技保险费补贴资金专项，重点对龙头企业购买产品研发责任保险、关键研发设备保险等给予一定比例的保费补贴。

二是支持以企业为主导，加强与高校科研机构的创新协作。以龙头企业为主导，整合链接区域各类创新资源，积极发挥国际大学的支撑作用及新型科研机构的创新“鲶鱼效应”，强化各类机构的对接合作，协同推动区域创新。支持龙岗具有较强科研实力的华为、柔宇等龙头企业加强高端链接，围绕提升源头创新能力、打造国际源头创新高地的战略需求，积极与全球顶尖大学和研究机构合作，探索建立世界实验室[①]，将其打造成为国际协同创新的重要平台，努力形成若干具有全球影响力的原创性、引领性、突破性的技术创新成果。支持龙头企业联动区域内国际高校、科研机构搭建产学研合作平台，放大资源吸附效应，促进更多关联企业和机构在平台上集聚、研发和孵化。此外，还要保障区域重大源头技术和产品的试验空间，可对现有龙岗空间资源进行整合或与周边区域合作，划定特定区域用于开展前沿技术与产品（如无人驾驶汽车、无人驾驶飞机、尖端生命健康技术等）的规模化社会实验，形成相应的管理规范和法规体系，探索建立龙岗先进技术试验区。

---

① 参考北京海淀区在世界实验室建设方面的规划，海淀区预计 2020 年将推动建立 3 到 5 个“世界实验室”。北京海淀区将建多个“世界实验室”. 新华网，2016.3.3 http://news.xinhuanet.com/city/2016-03/03/c_128768604.htm

第七章　加大重点产业和空间部署，拓展“龙岗创新深度”

产业是区域创新的核心，空间是发展的战略性资源。2017年，龙岗地区生产总值达到3858亿元，居全市第二，华为公司首次进入《财富》世界百强，发展后劲持续增强。但同时，也存在发展空间日益趋紧、高端资源缺乏、片区发展不平衡等问题。华为将部分产业环节大规模迁入东莞松山湖，很大程度上就是受龙岗土地空间所限。龙岗必须要抢抓机遇，在产业谋划、空间利用方面下功夫，拓展创新深度，成为深圳率先建设社会主义现代化先行区的排头兵。

第一节　深圳启动新一轮创新发展布局

从全市新一轮发展导向来看，经济特区一体化、国家自主创新示范区建设和新一轮重点区域开发建设将带来深圳创新布局方面的深度优化调整，为龙岗区带来更多产业创新发展需要的资源和政策红利。

1. 经济特区一体化不断向纵深迈进

1986年4月1日，深圳二线关正式启用，将深圳分为关内和关外两部分。“关内”的福田、罗湖、南山、盐田四区，占全市总面积的六分之一，享受特区待遇，“关外”宝安、龙岗两区占全市面积的六分之五，不享受特区待遇。2005年以来，深圳明确将全市规划建设与公共服务的重心逐步向特区外转移，通过加大基础设施建设、推动公共服务均等化等措施缩小关内外差距。2010年5月27日，国务院正式批复深圳经济特区扩大到全市，从7月1日起实施，这标志着关内外制度层面实现了一体化。但同时规定，暂时保留现有的特区管理线，不再新设。“二线关”作为实体的建筑形态，仍继续存在。2015年6月，16个“二线关”查验设施被拆除。2018年1月6日，国务院批复同意《关于撤销深圳经济特区管理线的请示》（粤府〔2017〕88号），这不仅在地理空间上让特区真正实现一体化，而且具有重要的象征意义。

从实际进展来看，2010年深圳扩容后，关内外合二为一，深圳大特区面积扩展成为原来的六倍，带来制度、基础设施、经济发展和社会民生等方面的巨大升级。在7月1日特区扩容后不到2个月，深圳市集中推出十大民生项目，其中有七项放在原特区外。经济特区扩大到全市以来，深圳市已先后实施三轮特区一体化建设三年实施计划。原特区内外同时进行城市更新，不分内外同时引入新产业、新业态，城市格局由原来的中心和外围的关系变为各区域组团式发展。越来越多的技术革新、新产品和产业基地诞生在原特区外，为这座城市带来多城市中心和多产业中心的城市和产业双转型的格局。最新一轮的《深圳经济特区一体化建设攻坚计划（2017-2020年）》提出，进一步加大政策、资源等向原特区外地区的倾斜力度，到2020年基本实现深圳特区一体化。客观上来看，经济特区一体化的深入推进，一方面将有助于提升龙岗区的基础设施、经济发展和公共服务水平，为龙岗产业发展提供良好的环境。另一方面，龙岗区与深圳市其它区的联系将进一步增强，有助于龙岗区在更大的范围内配置创新链和产业链，在更大范畴内产生协同效应，拓展龙岗产业创新的深度和广度。

2. 国家自主创新示范区建设稳步推进

继北京中关村、武汉东湖和上海张江之后，深圳经过几番周折，终于在2014年6月得到了国务院批复，建设我国第四个国家自主创新示范区，总面积397平方公里，相当于近35个深圳高新区。其中，龙岗片区的面积为90平方公里，含13个子单元，包括五联-新生工业园区、大运新城创新园区北片区、大运新城创新园区南片区、坪地国际低碳城、宝龙高新园区、横岗工业园区、平湖东部工业园区、平湖西部工业园区、平湖现代金融与服务业基地、李朗电子商务集聚区、大芬文化创意产业园区、观澜-龙华-板雪岗高新园区、星河雅宝创新产业园等。国家自主创新示范区的最大意义是鼓励地方在科技改革创新领域先行先试，发挥示范作用，对于有成效的举措国家“认账”，这就给地方发挥首创精神注入了更强大的驱动力。

从实施推进来看，2015年，《深圳国家自主创新示范区发展规划纲要（2015-2020年）》（国科函高〔2014〕247号）出台；2015年7月22日，深圳市政府印发《深圳国家自主创新示范区建设实施方案》（深府〔2015〕54号）；2018年1月12日，深圳市第六届人民代表大会常务委员会第二十二次会议通过了《深圳经济特区国家自主创新示范区条例》，为深圳未来创新发展提供一个保驾护航的法律平台。迄今为止，深圳从制度创新、科技体制、创新载体、产业集群、开放创新和创业生态等方面明确了推进国家自主创新示范区建设的各种举措，深圳整体的创新环境，国际国内影响力大幅提升。全市国家自主创新示范区建设的深入推进，将对龙岗产业创新与布局产生深远影响，一方面，城市整体创新方面的成就和影响力，有助于龙岗在国内国际更大范围内吸引、整合、利用高端产业要素、创新要素，提升产业创新能级；另一方面，城市整体创新的要求，也蕴含市内各区域之间的竞争，对龙岗产业创新升级、地均产出效益、创新环境打造等提出新的发展要求。

3. 新一轮重点区域开发建设加快实施

2017年11月，《深圳市城市建设与土地利用“十三五”规划》公布，深圳城市空间发展格局将规划为三轴两带，完善城市中心体系，提升东部中心功能，重点发展广东自贸区深圳片区等18个片区（表7-1）。东部发展轴由“罗湖-龙岗中心-坪地”和“龙岗-坪山中心-坑梓”两条线组成，“罗湖-龙岗中心-坪地”作为实施东进拓展的战略性走廊，并向“龙岗-坪山中心-坑梓”方向拓展，不断增强东部发展轴的辐射范围和带动能力。中部发展轴由“福田-龙华中心-光明中心”组成，轴线覆盖地区区位优势突出，产业园区集聚，是“莞-深-港”区域性产业发展走廊的重要组成部分。西部发展轴由“前海-空港新城-松岗”组成，轴线覆盖地区是珠三角城镇群发展“脊梁”的重要组成部分，也是深度推进深港合作、提升国际化水平的战略性地区。南部发展带串联前海、南山、福田、罗湖、盐田以及大鹏等核心功能区，打造与香港全面对接的国际化都市功能带。北部发展带串联坪山中心区、龙岗中心城、大运新城、龙华中心、光明新城、空港新城等重要城市功能节点，连接中山、江门、惠州和粤东地区。

表7-1　深圳“十三五”期间重点发展片区

编号	片区	重点发展产业
1	广东自贸区深圳片区（前海-蛇口）	前海片区重点发展金融业、现代物流业、信息服务业、科技服务和其他专业服务等。蛇口片区重点发展新一代信息技术、互联网、现代物流、金融创新、科技服务、文化创意、高端旅游产业
2	深圳湾超级总部基地	主要发展总部经济、金融服务、商务服务、科技创新、文化创意等功能。
3	留仙洞战略性新兴产业总部基地	主要发展新一代信息技术、互联网、软件与信息服务、智能装备、科技服务、专业技术服务等产业，打造国际一流的战略性新兴产业总部基地
4	深圳高新区北区	主要承担产业链前端的研发制造职能，大力发展智能装备、通信设备、生物医药、互联网、文化创意、科技服务等产业
5	坂雪岗科技城	主要发展以云计算、高端软件、智能终端为主的新一代信息产业。
6	深圳北站商务中心片区	主要发展总部经济、产业金融、电子商务、商务办公、文化创意、综合商业等功能。
7	平湖金融与现代服务业基地	主要发展金融配套服务、金融外包服务、现代生产性服务、高科技企业总部等功能

（续表）

编号	片区	重点发展产业
8	深圳国际低碳城	主要发展节能环保、新能源、生命健康、低碳服务业、高端装备制造、航空航天等产业
9	笋岗清水河片区	主要发展特色商贸、创新金融、文化创意以及战略性新兴产业和未来产业等功能
10	福田保税区	重点构建以大宗商品和高端产品交易展示为基础的对外贸易和开放合作平台，积极培育未来产业并推进先进制造业与高端服务业的融合发展
11	坪山中心区	主要发展商务会展、科技服务、金融、物流、文化创意等功能
12	大运新城	主要发展以高等教育、创新产业、总部经济、体育文化、生态休闲为主的综合服务功能。
13	宝安中心区	重点引进和发展战略性新兴产业、现代服务业、先进制造业、海洋产业总部经济等功能，形成区域性现代服务业和综合配套服务拓展区
14	大空港地区	主要发展商务会展、航空服务、海洋新兴产业、高端物流、科技服务等功能
15	光明凤凰城	主要发展产业孵化、商务会展、科技服务、文化创意，综合商业等功能
16	深圳国际生物谷坝光核心启动区	主要发展生命信息、生物医药工程、生物医药与高端医疗、生命健康服务、生物资源开发、生物环保与制造等生物产业
17	梅林-彩田片区	主要发展现代金融业、专业服务业、新一代信息技术产业和以生物、印刷、电子为主的传统优势产业
18	大梧桐新兴产业带	主要发展智力密集型、创新型产业，打造创新科技城区。具体发展新一代信息技术产业，互联网产业，航空航天产业，机器人、可穿戴设备和智能装备产业，生物医药与生命健康产业，文化创意与时尚产业等六大主导产业，重点发展消费型创新科技产品的研发、设计、销售等环节

龙岗区面积约占全市面积的五分之一，空间体量大、生态环境好、发展后劲足，是深圳重要的、战略性的发展区域。在全市新一轮布局中，龙岗区是东部发展带的关键节点，是东部中心的核心组成，在18个重点发展片区中有坂雪岗科技城、平湖金融与现代服务业基地、深圳国际低碳城和大运新城4个片区在龙岗。全市新一轮重点区域开发建设布局，将对龙岗产

生深远影响，一方面，为龙岗重点片区发展指明产业转型升级、创新发展的方向，有助于特色产业要素进一步集聚，形成区域内部新的增长极；另一方面，龙岗四大片区发展方向中，既有高端制造业创新，也有金融、总部等现代服务业，还有高等教育、体育文化、生态休闲等综合服务配套，事实上对区域整体升级提出了新要求。

第二节　龙岗在全市创新发展中的位势分析

从全市各区横向比较来看，龙岗区是深圳市的一个大区，近年来发展迅速，土地面积、人口规模、经济规模等基础类指标相对靠前，但服务业发展、星级酒店等配套指标仍处于中游位置，支撑创新的配套环境有待提升。

1. 龙岗基础类指标排名靠前

从总体规模上看，土地面积、常住人口和生产总值等多方面看，龙岗区在深圳各区中都名列前茅。

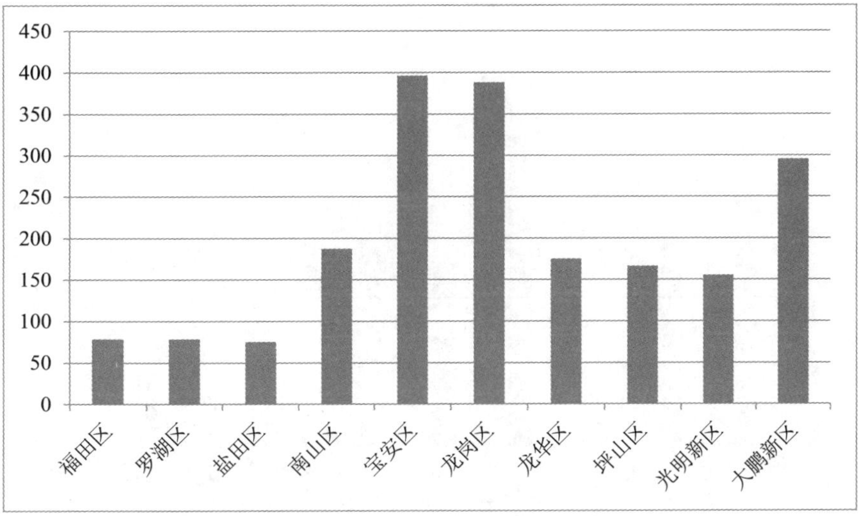

图7–1　深圳市各区土地面积（单位：平方公里）

从土地面积来看（图7-1），龙岗区面积为388平方公里，约占全市总面积的五分之一，在全市各区中排名第二，仅次于宝安区。

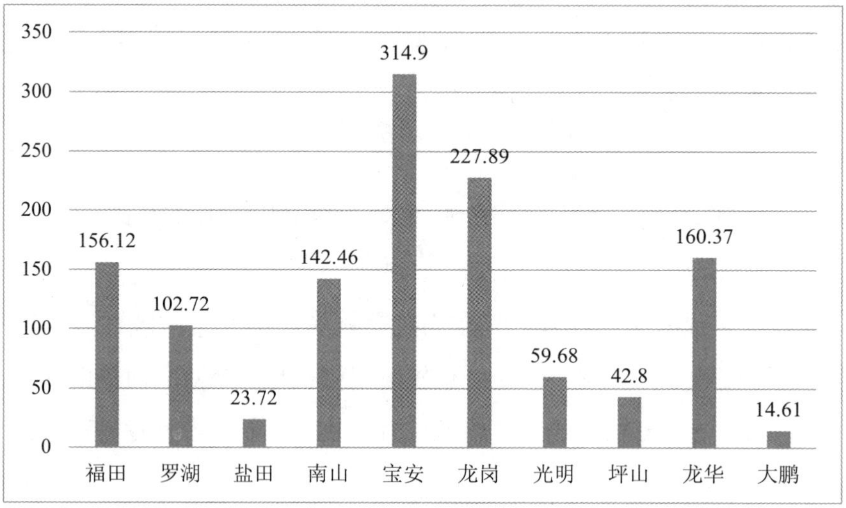

图7–2　2017年深圳市各区常住人口总数（单位：万人）

从人口规模来看（图7-2），龙岗区2017年常住人口总数为227.89万人，约占全市总人数的18%，在全市各区中排名第二，仅次于宝安区。

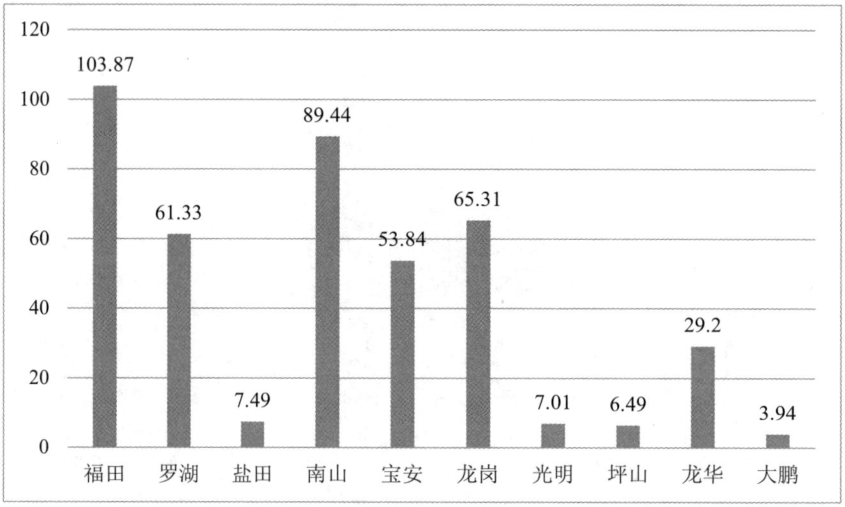

图7–3　2017年深圳市各区常住户籍人口（单位：万人）

龙岗区2016年户籍人口为65.31万人，约占全市总人数的15%，在全市中排名第三，仅次于福田区和南山区（图7-3）。

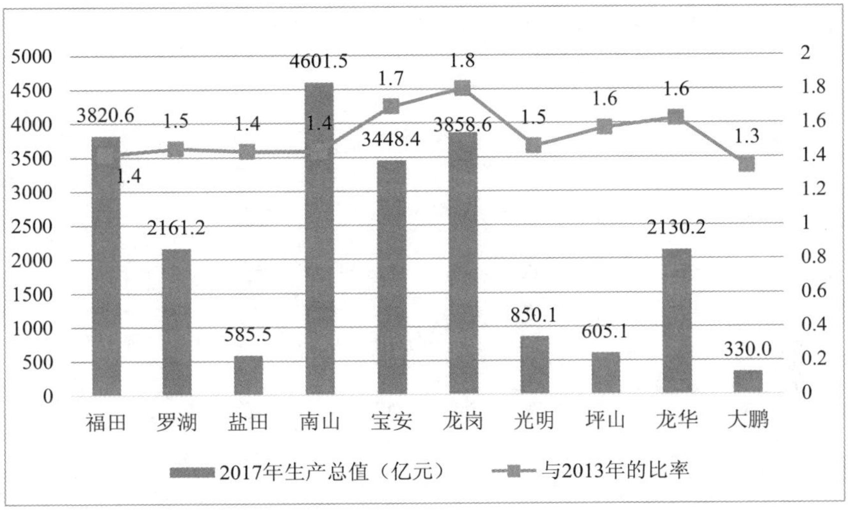

图7–4　2017年深圳市各区生产总值及与2013年的比率

从经济规模来看（图7-4），龙岗区2017年生产总值为3858.62亿元，在深圳市各区中排名第二，仅次于南山区，与2013年相比，龙岗区增长了80%，增速排在各区第一位。

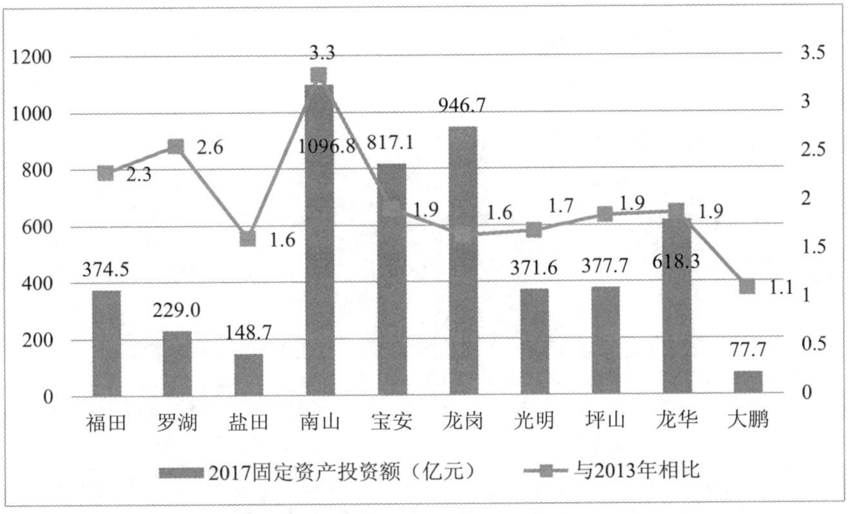

图7–5　深圳市各区2017年固定资产投资及与2013年相比

从固定资产投资来看（图7-5），2017年龙岗区固定资产投资946.69亿元，在全市各区排第2位，仅次于南山区；从增速来看，是2013年的1.65倍，在全市各区排倒数第8位，略高于盐田区和大鹏新区。

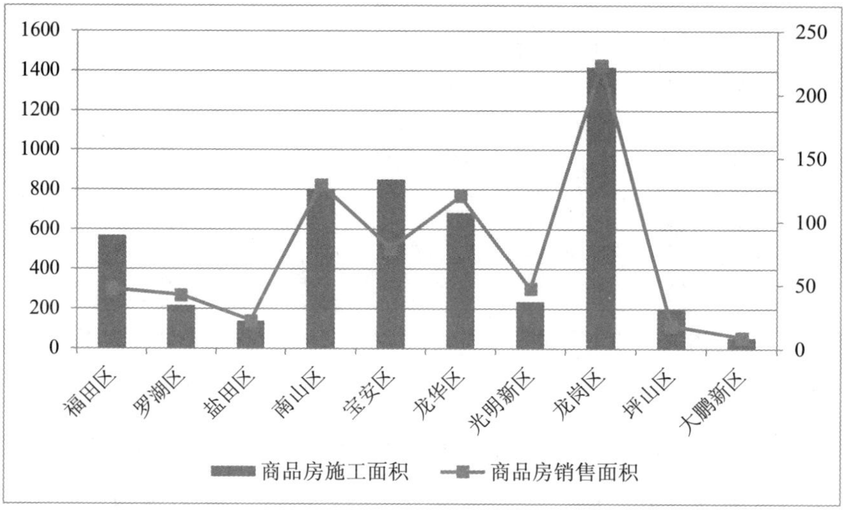

图7–6　深圳市各区2016年商品房施工面积和销售面积（单位：万平方米）

从商品房供应来看（图7-6），2016年龙岗区商品房施工面积1420万平方米，占全市的27%，排在全市各区第一位。2016年龙岗区商品房销售面积为223万平方米，占全市的30%，排在全市各区第一位。

2. 龙岗创新配套仍相对滞后

就龙岗整体发展来看，在服务业发展、星级酒店经营等环境方面，大致处在全市中游位置，经济发展的活跃度，营商环境吸引力仍有待提高。

表7–2　2016年深圳市各区规模以上服务业企业基本情况

	企业单位数（个）	资产总计（亿元）	营业收入（亿元）	应付职工薪酬（亿元）	从业人员平均人数（人）
福田区	1472	13048	2690	552	557197
罗湖区	663	4421	814	181	174393

（续表）

	企业单位数（个）	资产总计（亿元）	营业收入（亿元）	应付职工薪酬（亿元）	从业人员平均人数（人）
盐田区	208	1749	177	32	30965
南山区	1637	12030	2876	462	329039
宝安区	507	2995	760	164	186976
龙岗区	395	1315	284	81	101603
龙华区	223	525	152	28	39140
坪山区	42	68	11	3	4526
光明新区	63	115	24	8	14430
大鹏新区	29	297	164	40	12808

从服务业发展看（表7-2），2016年龙岗区规模以上服务业企业单位数达到395个，不到南山区的四分之一；资产规模达到1315亿元，仅为福田区的十分之一；营业收入284亿元，不足南山区的十分之一；从业人员101603人，为南山区的三分之一，福田区的五分之一。这一组数据充分表明，龙岗区服务业规模体量偏小，服务业发展质量效益不高，现代服务业发展、区域经济活力有待提升。

表7-3　2016年深圳市各区星级酒店经营情况

	星级酒店数量（个）	出租率（%）	平均房价（元）	客房情况（间）	床位情况（个）
福田区	24	78.7	479.32	4738	6138
罗湖区	38	65.6	458.15	7914	11712
盐田区	6	46.9	630.8	1552	2663
南山区	12	73	525.8	2945	4234
宝安区	11	60.5	347.03	2654	3328
龙岗区	14	57.8	327.93	2199	3135
龙华区	5	70.6	381.88	561	794
坪山区	1	56	275.1	281	401
光明新区	1	78.3	311.33	135	280
大鹏新区	2	30.1	406.97	127	239

从星级酒店情况来看（表7-3），2016年龙岗区星级酒店数量达到14家，为排名第一罗湖区的36.8%；出租率仅为57.8%，在全市各区中排名第七位；平均房价为327.9元，在全市各区中排名第八位。星级酒店是区域重要的商务配套指标，也是反映区域经济活跃度的重要因素。这组比较表明，龙岗区整体的商务配套仍有不足，支撑产业创新的商务氛围仍不够活跃。

第三节　全面支撑产业创新发展的“龙岗战略”

面向未来，龙岗在产业创新部署上，要做好系统谋划，构建产业发展体系，优化科技服务体系，优化创新型企业结构，加速重点区域优先发展，实现产业与空间的重塑，夯实区域产业创新根基。

1. 构建产业发展新体系

吴军博士在《浪潮之巅》一书中谈道：“近一百多年来，总有一些公司很幸运地、有意无意地站在技术革命的浪尖之上。一旦处在了那个位置，即使不做任何事，也可以随着波浪向前漂十年，甚至更长时间”。同样，龙岗要实现弯道超车、打造东部中心，新兴产业始终是不可动摇的基础。龙岗要充分依托产业大区优势，传统产业转型与新兴产业培育并重，努力构建具有龙岗特色的现代产业体系，持续提升产业能级，实现由产业大区向产业强区的历史性转变。

一是要加快面向未来产业的突破发展。顺应全球产业发展趋势，紧跟全球新兴产业、新业态、新模式演化步伐，结合龙岗产业基础和优势，重点支持新一代信息技术、新能源、新材料等产业集聚发展。稳固以华为为代表的新一代信息技术产业集群的领先地位，加快培育以中广核、中核建等企业为龙头的新能源、新材料千亿级产业集群，打造生物医疗、互联网等百亿级产业集群。推动前沿领域重大创新创业项目产业化落地，加快航空航天、生命健康、机器人、可穿戴设备、智能装备等未来产业的规模化发展，形成新的产业集群。

二是推进现代服务业跨越发展。大力引进培育会计师和律师事务所、创新创业投资机构、科技金融、检测平台等高端科技服务机构，打造综合创新服务平台，构建完整的科技服务链，着力培育科技服务业市场需求。着眼于全区产业结构调整、产业能级提升、产业融合促进的需求，强化制造业与服务业交叉融合，推动生产型制造向服务型制造转变，着力补齐现代服务业发展短板。大力发展文化创意产业，加快推进文化创意与科技、旅游、体育等产业融合发展，提升产业整体质量效益。

三是促进传统优势产业转型升级。大力推进标准、质量、品牌、信誉“四位一体”建设，支持龙岗区享有盛誉的眼镜、珠宝、家具等优势传统行业向高端化、品牌化、时尚化方向发展，紧抓“互联网+”风口，不断向“微笑曲线”两端延伸，提升产品附加值和产业竞争力。引导传统物流业拓展网络服务体系，大力发展跨境电商产业，培育一批骨干型物流企业，支持平湖物流园区传统物流企业转型发展，形成传统产业转型升级的有力服务支撑。

2. 健全产业科技服务体系

产业科技服务体系是产业转型升级的重要支撑。未来要探索建设科技服务集聚区、培育枢纽型科技服务组织、促进“产业链-技术链-创新链-资金链-服务链”五链融合、建设龙岗科学仪器中心、建立高水平本地智库，形成支撑和服务产业转型发展的产业科技服务体系。

一是探索建设科技服务集聚区。加强规划引领，注重在技术研发、技术交易、检测认证、科技咨询、知识产权、技术咨询等重点服务环节的布局，在重点片区打造科技服务内容丰富、科技企业需求旺盛、科技服务功能及平台完备的科技服务集聚区。培育和发展技术转移转化服务，充分发挥龙岗区技术转移促进中心、国家技术转移南方中心集聚基地、中科院北京技术转移中心龙岗分中心等创新平台的作用，加速科技成果转移、转化，鼓励利用“互联网+”等新技术开展线上技术成果交易和技术服务。

二是研究建设龙岗科学仪器中心。坚持以市场化运作为主导，着眼于新兴产业发展的重大共性技术需求，在基础性、前沿性、战略性科技领域，布局一批高精尖科学实验仪器和设备，建立能够立足龙岗、服务深圳、辐射粤港澳大湾区的科学仪器中心，为科技型企业提供低成本研发平台。落实《关于国家重大科研基础设施和大型科研仪器向社会开放的意见》，完善区级配套政策，建立健全龙岗大型科研仪器设备公共信息平台，实现区内区际共享共用。

三是支持建立高水平本地智库。中关村依托丰富的高校、科研机构资源，拥有为数众多的智库为政府决策提供支撑，为产业创新与投融资提供专业服务。南山区依托西丽大学城、深圳大学、虚拟大学园等机构也形成了一批较高水平的决策智囊机构。龙岗要努力整合全区、全市乃至更大范围的智力研究资源，依托龙岗区智库基地，引进和支持建设若干综合性和专业化的高端智库，为政府决策、产业发展和企业创新提供持续性高水平的专业咨询与智库服务。

3. 统筹规划产业空间布局

空间是科技创新和产业发展的根本载体。应对当前的空间资源约束，龙岗要创新发展理念、统筹规划空间布局，改革土地利用方式、释放社区集体土地效能，通过产业空间的重塑，增强对区外人才的感召，打破“二线关”的心理屏障，将区位劣势变为特色优势，提高产业空间的产出效益。

一是构建以“双核三轴五城多极”为基础的龙岗创新地图。基于龙岗的创新资源基础和分布特点，未来要形成“双核三轴五城多极”的创新格局。“双核”是指坂雪岗科技城和国际大学园；“三轴”是指“坂李创新产业大道”“水官高速创新产业走廊”和“龙岗大道现代服务业走廊”的三条“创新主轴”；“五城”是指坂雪岗科技城、大运新城、国际低碳城、平湖金融与现代服务业基地和阿波罗产业园为依托的重点板块；“多极”是指以宝龙高新园、乐活创意城、横岗工业园、平湖东工业园、平湖西工业园、星河雅宝、大芬油画村等为支撑的多个产业增长极点（图7-7），以点带面，轴带串联，带动全区产业创新发展。

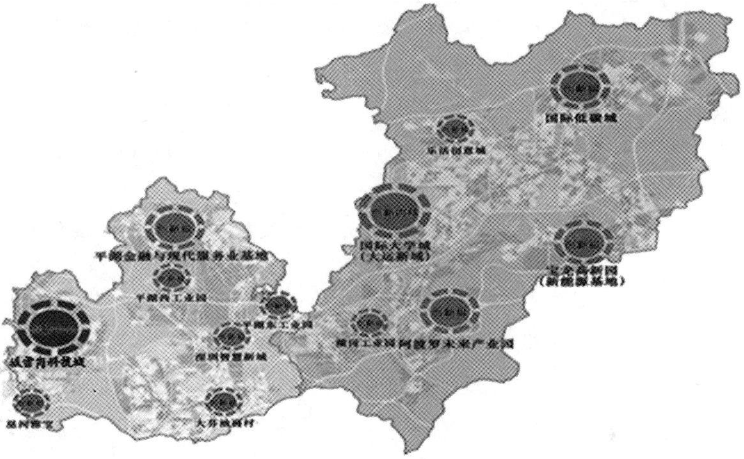

图7–7 龙岗区“双核三轴五城多极”创新地图

资料来源：龙岗区科技创新局。

二是加强对各片区和重点开发区域的特色化发展引导。根据区域发展水平和产业基础，优化各片区功能设计和资源配置，注重坂雪岗科技城、宝龙高新园等综合型片区与新兴产业园区、专业园区的协同发展，避免同质化竞争。推动产业互补与功能串联，形成各街道、片区之间特色化、差异化、个性化的发展格局，明确区域功能定位与产业发展导向（表7-4），通过产业廊道、产业前向和后向联系、产业人口居住形态等加强功能板块之间、区域间的关联，提升整体发展质量效益。同时，在多点支撑的基础上，加强龙岗中轴线建设，依托龙城广场周边既有基础，以龙潭公园、龙城广场和区行政中心为起点，以龙岗植物园为终点，推进活力水城、科学公园、龙腾工业区城市更新等一批重大项目建设，集聚培育风险投资、天使投资、人力资源、创意设计、财务会计、法律等创新型高端现代服务业，打造一条综合服务功能一流的区域性城市中轴线，强化龙岗中心城的核心商务区功能，带动片区产业整体升级。

表7–4　龙岗区各街道的功能定位与产业发展导向

	功能定位	产业发展导向
坂田	现代科技城	以坂雪岗科技城为中心，打造一批具有国际影响力、特色鲜明的高新技术产业集聚区
布吉	居住、创意社区	大力发展文化创意产业和生活性服务业
南湾	科技、居住、社区服务、创意社区	南部片区，重点发展教育培训、文化休闲旅游、文化创意等产业 北部片区（李朗片区），大力发展战略性新兴产业、高端物流产业和文化创意产业； 中部片区，重点引进中小企业创新总部、研发类企业，建设商业和文化综合体
平湖	科技、现代服务、交通枢纽	科技与现代服务中心，着重发展金融、物流等现代服务业及战略性新兴产业和先进制造业
横岗	高端技术研发、都市产业、文化创意	六约片区，大力发展生产性服务业和商贸服务业； 横岗片区，大力发展光学玻璃和未来产业
龙城	知识、科技、文化、金融中心	大力发展高等教育、总部经济、现代服务业和文化创意产业
龙岗	技术密集与高级工业集聚区、客运枢纽服务区	龙岗片区以龙岗墟为中心，发展生产性服务业和高端商贸服务业；宝龙片区着重发展先进制造业和新兴产业
坪地	国际低碳城	大力发展绿色低碳产业、新一代信息技术产业和现代服务业

注：2016年12月26日，深圳市新一轮街道拆分完成，举行了新街道集中揭牌仪式。龙岗区将布吉街道拆分出吉龙街道，横岗街道拆分出园山街道，龙岗和龙城街道拆分出宝龙街道，拆分后龙岗区共有11个街道。本研究从功能定位与产业导向的角度出发，仍按原8个街道划分。

三是拓展创新产业发展空间。实施工业用地空间保障战略，力促产业布局与空间载体对接，集约高效配置产业空间。按照分片区、分类别的改造要求，对全区工业园区改造进行策略研究，围绕现状保留、拆除重建、综合整治、空地新建、逐步清退等多个方向提出相应对策，落实《推进工业区改造升级促进产业转型升级的意见》及其相关配套政策（即1+2文件）文件，大力实施以综合整治为主的旧工业区改造升级。加快创新型产业用房建设，推进拆除重建类“工改工”项目配建一定比例的创新型产业用房，为新入驻的优质企业提供高质量、可持续的空间资源。加快创新产业园区建设，引进创新资源要素和龙头项目，构建全区产业园区协同发展机制，推动园区专业化运营管理，打造一批产业高端、功能完善、运营专业的现代化产业园区。对内通过创新驱动、产业升级带动空间优化，提升空间承载力；对外通过与南山、福田、罗湖等其他各区及东莞、惠州乃至粤港澳大湾区各城市的优势互补与联动发展，拓展增量空间。

4. 加速重点区域崛起带动

重点区域优先发展，带动全域整体升级是现实策略。要充分依托龙岗“4+2”重点区域，培育新的增长极，实现以点带面的整体快速发展。

一是全力建设坂雪岗科技城。坂雪岗科技城是龙岗唯一纳入广深科技创新走廊“核心创新平台”的重点区域，要举全区之力建设。华为是世界顶级科技企业，是龙岗珍贵的创新财富，要竭尽全力支持华为在龙岗的发展。按照原定的“一年全面启动、三年形成规模、八年基本建成”的要求，加快推动建设坂雪岗科技城。完善城市功能，打造“十五分钟生活圈”，协调建设高水平的义务教育学校和医疗卫生机构，规划布局高档次商业、金融、文化、体育设施、城市公园，使坂雪岗科技城成为全市设施最完善、环境最优美、管理最好的区域之一，成为现代化复合型国际新城区。

二是依托大运新城打造“城市新客厅”。以国际大学园为创新源泉，借助空间相邻优势，依托大运新城充足的商务、新型产业用地，结合城市更新项目，加速聚集企业总部、创新产业、国家实验室、科研机构、创新服务平台等科技商务要素，促进产、学、研一体化发展，构建以基础研究、新型产业、创新服务为核心的科技商务区。大力发展总部经济和现代高端服务业，重点引入中小企业、成长型企业总部和大型企业总部、专业服务机构等，形成创新商务中心。加快推进黄阁坑工业区等工业产业升级项目的规划审批及实施工作，完善大运新城创新产业、科技商务、生活配套等功能，促进“校区、园区、社区”的三区联动发展。

三是推进国际低碳城建设成为深圳东北部的桥头堡。国际低碳城位于深圳、东莞、惠州三市交界处，是深圳的东北门户，毗邻龙岗中心区，处于深圳向东、向北拓展的战略通道。要以体制机制创新为动力，以新兴低碳产业集群为基础，以汇聚国际先进低碳技术为手段，高标准定位、高起点规划、高水平建设，在促进产业转型升级、转变经济发展方式、探索“集约、智能、绿色、低碳”的新型城镇化道路中发挥示范引领作用，努力打造国家低碳发展的综合试验区。

四是把平湖金融与现代服务业基地建设成为标志性园区。基地位于平湖街道西北，西接观澜，北临东莞凤岗，南北向依托清平高速可实现与深圳中心区的快速连接，东西向可通过机荷高速、平大路联系其他城市功能区。要加快发展大型金融机构和新型要素平台的运营中心、新兴金融配套服务业、金融外包服务业、现代生产性服务业、先进制造业企业总部。创新组织模式、集聚各方力量，以产业需求为方向，共推高水平载体建设。推动产业空间与服务平台建设，大力扶持企业共建、联建优质产业公共服务平台，积极推动市场化主体参与公共服务设施、生产性服务平台等配套项目，以载体建设助力产业发展、促进产城融合。

五是依托宝龙科技城打造战略性新兴产业示范区和东部中心发展主引擎。宝龙科技城地处龙岗、坪山两区交界的东部中心核心区，依托东部过境高速，到莲塘口岸仅15分钟。围绕“千百十”工程，重点引进和培育技术中心、重点实验室、工程中心、特色学院、公共技术服务平台等创新载体，重点发展新能源、生命健康及智能装备等战略新兴产业及未来产业，把握好片区开发建设节奏，投产一批、建设一批、储备一批。发挥中广核等龙头企业作用，构建完善新能源产业链条。大力培育机器人产业和新能源产业两大产业基地，在外围扩展嶂背和同乐两个产业片区，打造两个百亿级企业集群，十多个十亿级企业集群。

六是依托阿波罗未来产业城打造先进制造业基地和国家军民融合改革创新示范区。阿波罗未来产业城是深圳市第一个未来产业园，也是全市首个军民融合类未来产业集聚区，重点发展航空航天、可穿戴设备、智能装备、无人机等未来产业，以促进军民融合产业集群化发展。加快建设启动区，高标准采用综合管廊、海绵城市、智慧城市及河道综合治理的“大市政”理念进行总体规划建设，通过整合周边产业园等创新产业用房资源，搭建以国家重点实验室、工程研究院、创投基金等为核心的高端创新平台。

第八章　强化国际国内协同水平，拓宽“龙岗创新幅度”

开放合作是当今世界发展的主旋律，已经成为全球各国经济社会发展的重要动力。从发展沿革来看，深圳的发展得益于改革开放，成就于更大范围内的全球开放协同。龙岗要以史为鉴，立足自身，在粤港澳大湾区建设背景下，迈出新步伐，走出一条具有龙岗特色的区域协同创新路径。

第一节　国内外区域协同创新范例

旧金山湾区、东京大都市圈、长三角区域和京津冀区域协同创新取得了一些成功的经验，值得龙岗在区域协同创新实践中借鉴和参考。

1.旧金山湾区是区域协同创新的典范

旧金山湾区位于美国西海岸加利福尼亚州北部，濒临太平洋，是一片围绕旧金山湾和圣巴勃罗湾的地区。旧金山湾区从19世纪中期加州淘金热开始迅速发展起来，最早曾以旧金山为中心，随着20世纪中后期在旧金山以南数十公里的硅谷崛起，并成为全球创新圣地和技术中心，科技经济占据了湾区半壁江山。如果把湾区视为一个经济体，它在全球排名第21位。这里有29家财富500强企业，数量仅次于纽约。旧金山湾区包含9个县、101个城镇，总人口约768万。湾区有位于半岛北端的旧金山、位于南湾的圣何塞以及位于东湾的奥克兰3个中心城市，形成各具特色、优势互补的三大区域中心（图8-1）。

图8–1　旧金山湾区空间范围示意图

旧金山湾区内部的协同主要依靠内部的区域治理机制，成立于1961年的湾区政府协会是最主要的一个地区性综合规划机构，其成员包括湾区9个县101个市镇的地方政府。它的主要任务是强化地方政府间的合作与协调，共同制定区域发展规划。湾区政府协会的经费来自联邦和州府拨款、会员会费以及其他来源，这些资金大部分用于区域规划方面。

另一方面，民间游说组织湾区委员会对于推动区域经济协调发展和区域治理也起到了积极作用。这个地区性商业和经济政策游说组织成立于1945年，使命是通过与区域内企业和公民领袖的合作，促进协调一致的行动，推动湾区经济可持续发展，解决区域内最艰巨的挑战。湾区委员会由企业赞助，目前成员包括湾区各行各业大约280家企业。湾区委员会自成立之初起，就根据湾区所面临的挑战，提出并推动成立专门的区域性公共监管机构。这些公共监管机构大多数需要通过游说立法来建立。上述一些区域性协调管理机构就是经过湾区委员会努力设立的，包括负责监管湾区空气污染的湾区空气质量管理区，负责保护、改善和合理利用湾区的湾区保护和开发委员会，负责规划、投资、协调和管理湾区交通系统的大都会交通委员会，还有负责筹建并管理湾区电气化轨道交通系统BART的湾区快速轨道交通委员会等等。湾区委员会除了帮助进行区域内协调，也开展区域与外界协调，比如寻求与中国的合作机会、开设驻华办事处等，以帮助湾区企业进军中国市场，同时努力为湾区吸引中国企业和投资等。可以看出，湾区的内部协同治理主要在于规划、交通、公共立法、空气质量、公共监管、边界管控等内部治理层面，为内部各区域制定开放合作的制度性框架；同时，以企业与公民合作为目标的民间组织，也在区域性政策、立法、一致性行动等方面发挥作用，确保各区域能够在统一、有序的大框架下开展各类协同创新。

2. 东京大都市圈分工合作提升整体效率

日本东京大都市圈又名首都圈、关东都市圈等。狭义的东京都市圈主要由1都3县①组成，包括东京都和邻近的埼玉县、神奈川县、千叶县。广义的东京都市圈以东京都为中心，由内核层、中层区、外层区组成，包括东京都、神奈川县、埼玉县、千叶县、枥木县、茨城县、群马县，总面积虽然只占国土面积的8.51%，却集中了约全国三分之一的人口，人口密度是全国平均水平的3倍之多。

东京大都市圈是日本的政治、经济、文化中心，并逐步确立起全球金融中心的地位，同时也是日本最重要的交通与信息枢纽。该区域是日本各主导产业（制造业、服务业、商业、不动产业、运输通信业、金融保险业）的中心，其生产总值约占全国的1/3；集中了国家立法、行政和司法机构，

① 在日本，县是省级行政单位，但一般人口面积只相当于中国的地级市规模。

主要的政党总部、外国领事馆、地方政府办事部门以及民间企业的相应机构。作为日本文化事业的核心区，集中了全国1/3以上的大学，其中有著名的东京大学、庆应大学、早稻田大学等，并拥有全国1/3的国家级文化机构。东京都市圈是世界上运行最良好的都市圈，被认为是“纽约＋华盛顿＋硅谷＋底特律”型的集多种功能于一体的综合性大都市圈。

东京大都市圈在日本的核心地位以及世界影响力的获得在很大程度上得益于对区域规划的重视和内部区域的细化分工。东京也曾面临着因城市功能过度集中与城市用地无限制扩张带来的社会、经济与环境等方面的大城市病问题。1985年，日本国土厅大都市圈整备局对首都改造进行了规划，提出将东京转变为多极、多圈层的城市结构。经过多年发展，东京大都市圈形成了明显的区域职能分工体系，圈内有若干核心城市，如内核区中心城市是东京都23区部城市、多摩地区的八王子市和立川市；中层区的神奈川、埼玉、千叶地区的核心城市分别是横滨市和川崎市、大宫市和浦和市、千叶市和成田市；外层区的茨城南部区域的核心城市是土浦市和筑波地区，各核心城市根据自身基础和特色，承担不同的职能，在分工合作、优势互补的基础上，共同发挥出了整体集聚优势。

随着接受东京区部各种职能的转移，神奈川区域更好地发挥了作为工业集聚地和国际港湾职能，同时加强了研发、商业、国际交流、居住等职能。其中，横滨市拥有国内最重要的对外贸易港——横滨港，加上企业总部、国家行政机关的聚集，促进了国际化、信息化进程，正在增强国际交流职能；川崎市主要承担生产制造和研发职能，石油行业发达，川崎港主要为大企业运输原料和成品服务；厚木市则在研发、高技术产业和教育职能方面较集中。

埼玉区域主要接纳了东京都区部分政府职能的转移，已成为政府机构、居住、生活、商务职能集聚之地，在一定意义上成了日本的副都。千叶区域更好地发挥了国际空港、港湾、工业集聚地的职能，同时加强了商务、国际交流等职能。茨城南部区域已形成以筑波科学城为主体的大学和研究机构集聚地。

从东京大都市圈的发展来看，其核心的协同治理机制在于：一是大区域统一规划的引导，内部各区域详细而又务实的功能定位与产业分工，分工明确的周边各个城市，与作为首都圈中心的东京构成一个有机整体，有助于形成整体合力，降低交易成本。二是大区域内便捷、统一的基础设施建设，构造以集约化产业链为核心的发展模式，优化城市定位分工、调整优化产业结构和促进产业升级来带动整个区域经济运行效率，进而提高整体竞争能力。

3. 走在国内前列的长三角区域协同创新

长三角区域包括上海以及江苏、浙江和安徽的部分区域，是中国商业比较发达、市场经济走在前列、区域经济一体化程度比较高的区域。为了应对来自国内外其他区域的竞争，优化创新资源配置，长三角走上区域协同创新之路。长三角内部互补优势明显：上海科技教育资源丰富、科技产业领先，浙江民营经济发达、市场活力强，江苏实体经济基础好、产业环境优越，安徽在新技术、新产业发展方面有后发优势。近年来，长三角区域的三省一市采取了有针对性的措施，促进区域协同创新。2016年发布实施的《长江三角洲城市群发展规划》明确提出创新一体化。长三角区域协同创新呈现以下特点：

一是创新主体跨区域合作、跨区域配置创新资源。企业是技术创新的主体，也是跨区域合作、跨区域配置创新过程的主体。上海的科研院所和资本市场，江浙皖雄厚的制造业基础，在跨区域配置中正形成越来越活跃的创新生态圈，企业可以在长三角地区进行生产要素的优化布局。

二是创新资源共享、要素自由流动。长三角地区的智力、设备等要素已共享起来，不为所有，但求所用。在科技部指导下，近年来长三角三省一市共同建设长三角大型科学仪器协作共用网。截至2016年10月，沪苏浙皖共有1479家单位、17081台（套）价值30万元以上大型科学仪器设施入网，实现了科技设施的共建共享。同时，在长三角地区，企业、资本、人才等要素已基本实现自由流动，目前全国唯一的跨省地铁就在长三角。

三是政府层面建立三省一市定期对话机制。长三角区域形成了多层次的定期对话机制。长三角主要领导座谈会从2010年开始举行，至今已经举办了8年。每年三省一市的主要领导定期会晤，就区域一体化进程中的重大问题交换意见、达成一致。2018年1月在苏州举行的座谈会上，沪苏浙皖三省一市主要负责同志就长三角城市群建设、深化区域合作机制等议题进行了深入讨论。在长三角主要领导座谈会的基础上，长三角地区合作与发展联席会议和长三角合作与发展联席会议办公室会议相继形成和召开，进一步商谈和落实长三角区域一体化的相关事宜，推进教育、就业、医疗、养老、保障性住房等均等化，形成区域协同发展的长效服务与环境保障。

4. 政府主导推动的京津冀区域协同创新

京津冀地域面积21.6万平方公里，人口1.1亿，是我国经济最具活力、创新能力最强、吸纳人口最多的区域之一。但是资源配置和发展水平不均衡，长久以来一直处于“北京吃不了、天津吃不饱、河北吃不着”的状态。京津冀地理相近、文化同源，协同发展有着天然的基础。协同发展的现实需求也很强烈，经济梯度格局亟须产业分工协作、社会空间差异亟须区域协同合作、生态环境现状亟须环保联防联控。京津冀协同创新呈现出以下特点：

一是政府是主要推动力。京津冀区域协同发展得到中央政府和三地政府的大力推动，其中区域协同创新是区域协同发展的重要内容。国家层面成立“京津冀协同发展领导小组”和专家咨询委员会，在国家发改委设立了“京津冀协同发展领导小组办公室”。北京、天津、河北分别成立了“京津冀协同发展领导小组”，有的部委也设立了相应的机构。2015年4月《京津冀协同发展规划纲要》出台，京津冀三地分别制定了“贯彻落实京津冀协同发展规划纲要的实施方案或意见”,《京津冀协同发展交通一体化规划（2014—2020年）》《京津冀协同发展土地利用总体规划（2015—2020年）》《京津冀协同发展生态环境保护规划》《京津冀人才一体化发展规划（2017—2030年）》等一系列纲领性文件，为区域协同奠定良好基础。

二是交通基础设施是先锋。在区域协同发展中，交通是最重要的基础设施。2014—2017年间河北打通断头路、瓶颈路12条，共计1400余公里。津保城际、张唐铁路等建成通车，京张、石济、京沈高铁建设加快推进，京津冀一小时交通圈正在形成。京津两地高铁将率先实行月票制，高速取消通行费，津冀市民持京津冀公交“一卡通”可乘北京公交地铁，打造“轨道上的京津冀”。

三是跨区域产业协同是关键。协同创新主要以产业平台和共建项目的方式展开。京津冀协同发展战略实施三年中，河北累计签约引进北京商户23140户。河北与京津共建各类科技园区、创新基地、创新平台数百个，上千家京津高新技术产业落户河北。2014—2017年，北京累计向津冀输出技术合同额420亿元；河北省引进京津资金达到1.4万亿元，占同期全省引进省外资金的一半以上。北京现代沧州工厂、张北云联数据中心等一批项目建成投产，北京·沧州渤海新区生物医药产业园、京冀曹妃甸协同发展示范区等协同发展区域加快推进。以滨海新区为重点，天津在两年内签约引进总部企业、科研机构、教育机构、医疗机构、金融机构、事业单位、产业项目等北京项目3198个。雄安新区成为重点合作发展区域，一大批央企投资项目、园区加快推进。

四是生态和民生是重要保障。京津冀正逐步实现污染联防联控联治和生态共建共管共享，京津冀PM2.5平均浓度2016年比2013年下降33%。在教育、医疗、文化等方面的改革试点也取得了积极进展。截至2016年底，京津冀已有10649家医疗机构互认。京津冀还在全国率先实现了跨省异地医保结算，截至2017年12月31日，京津冀1093家医院已连接入网，其中北京市

683家，天津市147家，河北省263家。“优质教育资源三地共享”“建立跨区域职业教育集团”“建成三地高校创新发展联盟”等三项主要改革举措正在启动或已经完成。河北和北京、天津的公共服务水平的差距会越来越小，预计到2020年整个区域的服务能力、服务水平会有较大的提升。

5. 主要经验与启示

从旧金山湾区、东京大都市圈、长三角区域和京津冀区域的协同创新实践，可以得出以下几点启示。

第一，政府是重要的推动力量。市场在经济发展中起主导作用，但是政府应起到重要的引导、推动和辅助作用。尽管旧金山湾区、东京大都市圈、长三角区域和京津冀区域协同创新过程中，政府所起的作用各有不同，但是政府都积极地推动区域协同创新的形成和发展。在旧金山湾区，各个县和镇的政府形成一些协会性质的组织，协调区域协同创新发展过程中的公共事务。东京大都市圈的形成得到政府规划的直接推动，日本国土厅大都市圈整备局对首都改造进行了规划，提出将东京转变为多极、多圈层的城市结构。长三角地区因为市场化程度相对较高，区域协同创新在企业自身发展过程中逐渐形成，各地政府通过多种协调机制提供服务、完善政策。京津冀区域协同中，国家和地方政府出台了一系列重大规划、专项政策，致力于推动京津冀区域创新共同体的形成，促进区域协调发展。

第二，创新过程的优化配置是关键路径。在区域协同创新过程中，各地有其独特的优势和主要做法。比如东京大都市圈，在其内部定位与分工中，高度注重各分区之间优势资源的互补，协作过程中的资源配置优化，形成整体发展合力。在区域创新一体化的过程中，各种创新资源可以在更大的区域内配置，不但使创新投入产出最大化，而且可以产生协同作用。创新过程的优化配置依靠各地政府、企业、事业单位共建的合作平台完成，也可以由企业按照市场规律在各地配置创新和生产的环节。

第三，基础设施互联互通和公共服务共享是主要保障。为了实现区域协同创新，需要通过各种方式将各区域连接成一个整体，实现人才等各种创新资源在区域间高效率、低成本的流动，而且这些资源在各个区域都能享受到相同的对待，这就需要各区域交通、通信等基础设施实现互联互通和公共服务在各个区域内的共享。一方面，要加大落后地区基础设施和社会保障的投入，并实现区域内各种教育医疗等优质公共服务资源共享；另一方面，要设计合理的收益机制，让合作的各区域都能获得相应的财政收益和产业收益，不断增长区域自我造血去完善基础设施和公共服务的能力。

第二节　龙岗开放协同的基础与问题

龙岗是深圳市的东大门，北通惠州市和东莞市，处于深莞惠+河源汕尾“3+2”城市圈的重要节点，是连接珠三角经济圈与海峡西岸经济区的纽带。龙岗在区域协同创新中取得了一些成绩，面临诸多机遇，但也存在着一些问题和短板。

1. 开放协同的现实基础

一是通过重大项目开放联动，对东莞、惠州、河源、汕尾等周边地区的带动作用进一步增强。龙岗通过引进培育大企业、大项目，推动产业大区向产业强区迈进，对周边区域起到辐射带动作用。龙岗区与香港世茂集团合作的深港国际中心项目，将引进国际知名设计机构，按照建筑空间、产业空间、生活休闲空间、城市公共空间和地下空间“五位一体”的理念进行统一规划设计，打造粤东北地区发展的中心和制高点。甘坑文创小镇项目，将打造中国第一个客家文化IP小镇，建成中国最具影响力的VR产业园区，项目建成后，预计年接待将达500万人次游客，年GDP达1000亿元。柔宇国际柔性显示基地项目，将建设全球首条类6代超薄彩色全柔性显示屏生产线，建成后产值预计将达到180亿元。这些项目的建成，将以龙岗为核心，通过产业链配套、就业拉动、休闲旅游等方式，辐射带动周边地区，成为融产业、就业、休闲为一体的新载体。

二是搭建“硅谷—深圳（龙岗）创新创业直通车”，促进国内外创新创业要素的高效互通。借助深圳市投资推广署、天安数码城集团等渠道资源，2014年龙岗区、天安数码城、美中硅谷协会签署共建硅谷孵化器及硅谷直通车合作协议，美中创新转型智库与龙岗天安数码城签署战略合作协议，成立了驻硅谷招商联络处、海外（硅谷）人才联络处，开办一年一度的“硅谷—深圳（龙岗）创新创业直通车”。硅谷直通车的落地与加速，将实现深圳与硅谷之间的创新创业交流从碎片式到系统性联系的转变，从低水平合作到高层次共赢的转变，同时探索政府与社会互促、行政与市场共融、国内与国际互通的投资推广新模式，为龙岗引入世界最新理念、科技和新兴业态、持续保持经济活力做出积极贡献。

专栏：硅谷—深圳（龙岗）创新创业直通车

实现硅谷与龙岗的“四个直通”：

一是人才直通。设立海外（硅谷）人才联络处，组织海外人才来龙岗考察交流，在北美举办人才招聘、政策宣讲和座谈会等推介活动，促进人才交流互通。

二是项目和技术孵化直通。通过设立龙岗驻硅谷招商联络处，实现两地企业需求、对接的直通；通过签署共建硅谷孵化器及硅谷直通车合作协议，促进高端产业、项目直通龙岗。

三是资讯直通。硅谷直通车已成为龙岗与美国、日本、以色列等国家对接和交流的平台。利用新媒体支持天安数码城建设与硅谷视频同步直播互动的报告厅，实现龙岗和硅谷两地的论坛、讲演、课堂直播互动。

四是资本直通。通过建立硅谷直通车，促进硅谷的巨大资本市场与龙岗的创新创业金融资本需求相融合，实现两地资本与需求的无缝对接。

三是复制硅谷创新创业直通车模式，深化与多个国家和地区之间的开放协作。龙岗充分发挥市场力量，依托深圳市欧美同学会等各类组织和机构，整合深圳和香港的各类资源，挖掘和储备优秀创业创新项目和人才（团队），进一步增强深港两地海归人员创业创新活力。除了硅谷直通车外，龙岗还搭建了星河雅宝—韩国、天安云谷—以色列、华南城—荷兰等“国际直通车”，建成龙岗与韩国、以色列、荷兰等地区的人才、技术、资本、资讯直通平台，龙岗开放的深度和广度不断延伸，与全球资源的开放链接正在逐步打开。

2. 开放协同的主要问题

一是龙岗对创新要素和重大产业项目的吸引力不强。目前，深圳的创新资源主要聚集在中西部地区，截至2016年底，深圳全市“四上”企业[①]共16892家，“四上”企业从业人数共542.0万人，其中，中西部“四上”企业和从业人数占比分别为70.6%和73.9%。从吸引企业落地角度来看，2016年，龙岗的百强企业（工业前80强和服务业前20强）中属于区外迁入的占近三分之一，营业收入占比超过86%。近年来，随着深圳产业外扩加剧，企业迁移时一般优先考虑临近区，但由于产业配套、空间缺乏等原因，部分企业跨过龙岗，到东莞凤岗、清溪和塘厦以及惠州新圩等地投资。仅2014年，东莞临深镇区就成功承接深圳158个项目，中海信、顺络电子、广基公司等企业均到东莞塘厦进行投资。随着交通设施完善，深莞惠加速融合，行政区划边界被进一步打破，企业和其他创新资源的流动将更加频繁，龙岗在吸引和留住创新要素、企业方面面临较大压力。

二是龙岗与周边区域的通达性仍有待提高。由于历史二线关的原因，龙岗所在的区域各种基础设施建设相对滞后，与深圳其他区域的连接性相

① 注：“四上企业”指规模以上工业企业、资质等级建筑业企业、限额以上批零住餐企业、国家重点服务业企业等四类规模以上企业的统称。

对较弱，与东莞、惠州、汕尾和河源的连接性更弱。通达性不强，不仅不利于深圳中西部创新资源向龙岗的流入，而且不利于龙岗辐射带动东莞和惠州区域，影响创新资源的流入和流出，阻碍区域协同创新进程。

三是龙岗与港澳台和海外区域的连接性仍然不够。尽管龙岗所在的深圳市拥有国际型深水港区、大型国际机场（旅客吞吐量3627万人次）、最大陆路口岸，是全国重要高速公路、国家铁路和客运专线的综合运输枢纽城市，但这已经不能满足深圳进一步在更大范围内参与协同创新的需求。另外，机场、港口、到香港的口岸集中在深圳中西部地区，而龙岗在东部且远离市区，通过各种交通设施与港澳台和海外实现连接的需求更难得到满足。同时，龙岗创新资源的辐射连接效能尚未充分发挥。龙岗虽拥有华为这样的大企业，也有很多的中小企业，国际大学园也集聚了部分知名的高校和科研机构，但是龙岗尚处在创新要素的聚集阶段，这些聚集起来的创新要素与其他区域之间的协同创新连接尚未完全建立，资源链接的深度、广度和黏合度仍有待进一步深化。

第三节　构建开放协同创新格局的“龙岗路径”

龙岗按照粤港澳大湾区的战略支撑、深莞惠+河源汕尾“3+2”经济圈的核心枢纽、深圳发展第三极、深圳东部中心的功能定位，立足现实，面向未来，引领周边，放眼全球，加强硬件等基础设施的互联互通，与其他区域联手促进新技术或新知识的产生、流动、更新和转化，最终建立更加开放协同的创新网络。在区域总体发展战略指引下，龙岗要构建东龙岗、西龙岗特色化区域发展模式。东龙岗（横岗、龙城、龙岗、坪地街道办）以龙岗中心城—大运新城为区域综合服务中心，强化区域中心职能，辐射东莞东南片区、惠州惠阳—大亚湾片区等周边城镇。西龙岗（坂田、布吉、南湾、平湖街道办）以平湖街道为综合服务中心，各街道与周边区域融合发展。坂田街道融入龙华区发展体系，布吉、南湾街道融入罗湖区发展体系，平湖街道融入东莞东南片区发展体系，成为片区服务中心。具体而言，龙岗应该从以下四个层面，探索实现区域协同创新的新路径：

1. 与深圳东部各区抱团共建深圳东部创新中心

加强龙岗与盐田区、坪山区、大鹏新区的基础设施对接建设，促进东部四区（新区）联动发展。以便捷交通为突破口，争取市里将城市轨道交通向东部倾斜，全面加快东部地区6条轨道交通建设，分别是3号线东延段、8号线、10号线、14号东部快线、16号龙坪线、17号平湖线。加快龙坪盐通道、绿梓大道、南坪三期、龙坪路、丹荷路、坪梓路—龙兴北路等6条东部结构性道路建设，构建龙岗区与盐田区、坪山区、大鹏新区以及市中心区的快捷化交通网络。积极引进和布局新型研发机构，鼓励重大创新平台在东部地区建设，强化东部地区创新基础设施优势。

2. 与深圳中西部各区联动吸收高端创新资源

积极引入市中心区高端资源。结合市中心区高端资源外溢以及特区一体化趋势，依托龙岗区自身发展基础、相对成本洼地优势，完善相关政策，吸引中心区实体制造、金融保险、商业商贸以及创意设计等高端资源。加强与河套落马洲地区等功能区的创新合作，融入粤港合作。

以一体化发展的方式共享罗湖区发展成果。以布吉、南湾街道为载体，积极探索与罗湖区一体化发展模式，推动两区实现基础设施共建和公共服务就近服务，吸引罗湖区人才向龙岗区集聚，带动自身发展，在分享罗湖区高端服务业发展成果的同时，逐步减少与罗湖区的职住分离。

与南山区产学研体系优势互补。依托内地、香港和国际教育资源的培育与西丽大学城的教育科研资源形成优势互补，发展产学研结合的创新体系，大力培育自主创新能力，实现借势发展。

优化整合利用西部资源。以坂田街道为载体，扩大高新技术产业集聚优势，对接龙华区相关产业，吸引高端人才就业。同时，依托深圳北站商务圈的发展，为坂田提供生产性服务。

与宝安区国际空港物流错位发展。依托机荷高速，实现平湖现代物流基地与宝安国际空港物流的港—公—铁联运发展。积极发展以下一代互联网、云计算为重点的电子信息产业，以数字视听、动漫设计为主的文化创意产业以及以IC产业为主的新能源、新材料产业，与宝安区形成良性互补。

3. 发挥区位优势打造深莞惠经济圈创新中心

借助深莞惠几何中心的区位优势打造协同发展经济圈的战略前沿，融入深莞惠经济圈（3+2），成为引领粤东北地区协同发展的战略制高点。推进深莞惠一体化，加快轨道交通和陆路交通的重点项目建设，推进与东莞、惠州地区的公共交通互联互通，完善区域间快速客运设施，推动公路客运公交化。充分整合并挖掘交界地及周边的土地资源，联合引进大型产业项目和发展产业集群，探索在东莞、惠州交界地带设立产业合作园区，重点推动龙岗平湖—东莞凤岗、龙岗坪地—惠州新圩—东莞清溪的产业合作。推进各园区公共技术、检验检测、物流、信息平台共享，加强创新人才、信息等资源交流。建立跨界河流水污染防治体系，打破行政区划界限，共同规划、共建共享污水、垃圾处理设施，实现污水管网互联互通，促进垃圾收集、清运、无害化处理一体化。

4. 通过产业链接实现与全球创新资源无缝对接

发挥华为、比亚迪等龙头企业的全球资源链接优势，鼓励实力雄厚的科研企业，探索在研发、设计等高端环节实现国际化发展和全球资源配置。一是支持企业与跨国公司的战略性合作，支持企业融入跨国公司全球研发创新网络；二是鼓励本地企业与外资企业、研发机构联合开展产业技术研究、共同组织国际重大科技合作项目、国际标准制定和应用推广、研发中心建设和高端人才培养，提升整合利用全球研发创新资源的能力；三是鼓励企业设立海外研发、销售与生产网络，开展对外投资和海外并购，获取国际优质创新资源，培育具有国际竞争力的领军企业；四是探索建立一批海外发展服务中心，搭建企业国际化支撑服务平台，加强对企业提供跨国并购的技术、知识产权、信息、人才等专业化服务，鼓励有条件的专业园、创业服务中心、孵化器等在境外设点。五是进一步发挥创业直通车等国际国内资源链接、活动对接、服务营造等方面的通道优势，实现在理念、资讯、技术、资本等各个层面的开放协同，在更深层次、更广幅度上融入和链接全球创新资源。

第九章　构建高质量发展创新创业环境，孕育“龙岗创新活力”

从创新理论演进来看，区域创新生态系统可将区域内的创新资源有机整合为一个良性互动的系统，并能够不断地向高级演化，可持续地促进创新的产生、扩散和应用，是区域创新发展的重要动力所在。近年来，龙岗创新生态系统不断升级，着眼未来，打造一个更加开放、更加高效的创新创业环境，是龙岗实现创新驱动，迈向高质量发展新阶段的必然选择。

第一节　创新生态系统的理论解读

根据生态学理论，创新生态系统可以划分为国家创新生态系统、区域创新生态系统、产业创新生态系统和企业创新生态系统四个层次。基于理论分析，本书提出了一个包含创新资源和区域个性的区域创新生态系统分析框架。

1.“创新生态系统”的提出和发展

1982年，尼尔森和温特（Nelson，Winter）在《经济过程的演化理论》中采用生物学的类别和隐喻来描述企业创新行为，指出企业的行为规则“惯例”就类似于生物体的“基因”，而企业的创新行为就相当于“变异”等[①]。

① 纳尔逊，温特．经济变迁的演化理论 [M]. 北京：商务印书馆，1997：121-179.

第一个被广泛接受的关于“产业生态系统”的定义于1989年提出[①]，产业系统是一种特殊的生态系统，在同一产业中不同物种占据不同的生态位，形成了产业内的食物链和食物网。“商业生态系统”的概念是由詹姆斯·弗·穆尔（James F Moore）于1993年提出。在政策实践层面，2003年，美国总统科技顾问委员会以探索美国的创新领导力以及国家的创新生态面临的挑战，正式将创新生态系统（Innovation Ecosystem）作为总括性概念提出。美国竞争力委员会在2004年，开始使用“创新生态”概念；次年，《创新美国：全国创新高峰会议和报告》，提出了“创新生态模型”的概念[②]。与此同时，日本产业结构审议会提出，从技术政策转向基于生态概念的创新政策。

创新生态概念得到发达国家的普遍重视和采纳，出现在OECD的文件和报告中。在我国，将“创新生态体系”上升到建设创新型国家中作为决策咨询层面上的专题研讨，始于2011年底的“创新圆桌会议”，业界专家就内涵、结构、特征、功能以及有关政策启示等内容进行讨论。2012年，深圳市政府工作报告提出“构建充满活力的创新生态体系”，同年7月，深圳向全国科技创新大会提呈了“营造创新生态加快建设国家创新型城市”的典型交流发言。2013年，在全国人大分组审议中，深圳市人大代表指出，深圳在创新驱动发展中更加注重构建“综合创新生态体系”，对整个中国发展方式的转变正在起着新的示范作用。

随着学界和政策界借用生态学的观点、方法来认识创新的发生、发展、动力机制，“创新生态”作为一个新概念开始得到学术界、实践界和政府部门的高度重视。与创新系统强调静态的构成相比，“创新生态系统”则更加关注要素之间、系统与环境间的动态作用机制，更加强调“动态”“自生

---

① RobertA. Frosch, Nicholas E. Gallopoulos. Strategies for Manufacturing[J]. ScientificAmerican, 1989:144-152.

② 曾国屏等．从“创新系统”到“创新生态系统”[J]. 科学学研究，2013, 31（1）：4-12.

长”的理念。

2. 创新生态系统的分层认识①

遵循生态学的思想，创新生态系统本质上可归结为创新主体与创新环境的相互作用。现实研究中，可将创新生态系统中的每一个企业、高校、科研机构和中介组织看作创新主体和基本单位，系统中所有的企业、高校、科研机构和中介组织等不同主体，则会分别构成相应的创新种群。结合具体的创新过程，各类主体、种群组合在一起，则会构成创新生态系统的群落，相应地又衍生出组织、种群、群落和生态景观等不同概念。具体到不同层次来看，又可以分为创新生态系统的微观、产业、区域和国家等四个层次（见表9-1）。

表9–1 自然生态系统与创新生态系统的构成要素对比

自然生态	定义	创新生态	定义
物种	生物有机体	创新组织	创新主体与相关主体
种群	相似生理和生态特征的有机体集合	创新种群	相似资源、能力和产品的创新组织集合
群落	不同生物种群的集合	创新群落	不同创新种群的综合体
生境	生物个体或群落生活的具体次生环境	创新生境	创新的孵化器、公共技术平台等
生态位	物种对资源的利用和对环境适应性	创新生态位	创新主体分工、合作和竞争的定位
景观	区域内不同生态系统的综合	创新景观	创新活动与经济环境的融合
环境	自然环境	创新环境	创新的基础条件、社会环境和自然环境

资料来源：黄鲁成. 基于生态学的技术创新行为研究[M].北京：科学出版社，2007：36；张爱平，孔华威. 创新生态[M]. 上海：上海科技文献出版社，2011:48.

① 注：本节部分内容来自：刘宇濛，赵放，曾国屏 . 深圳虚拟大学园创新生态系统初探 [J]. 特区经济 .2015：9-14

（1）国家创新生态系统

一般意义上认为，国家创新生态系统是一个跨组织、政治、经济、环境和技术的系统[①]，更加关注非企业性组织和制度，关注宏观整体的规模、持续创新能力以及与之带来的国民经济发展。站在国家或宏观的层面上，有学者认为创新生态系统就只有“创新的生产”和“创新的应用”两类活动，国家层面的创新生态系统由两种不同的子系统构成，一是以基础研究驱动的研究系统，二是以市场驱动的商业应用系统，两个子系统逐渐融合，形成所谓“技术+经济”的社会经济运行体系（如图9-1）。

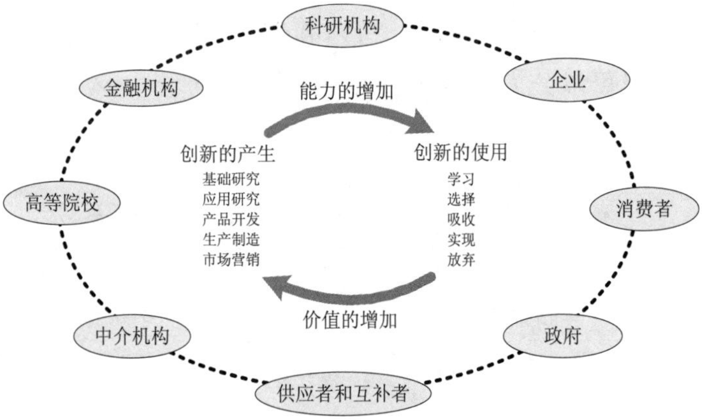

图9-1　国家创新生态系统组织结构

（2）产业创新生态系统

产业是一类企业的集合，在此基础上，产业创新生态系统可以理解为拥有“共同知识”的企业集合。产业创新生态系统侧重于分析产业的技术创新生态，更加聚焦于产业发展过程中，产业链上下游各类创新主体间基

① Bramwell，A.，Hepburn，H.，Wolfe，D.A..Growing Innovation Ecosystems：University-Industry Knowledge Transfer and Regional Economic Develop in Canada [A]. Final Report to Social Sciences and Humanities Research Council of Canada.

于技术的相互作用①、产业生态系统的结构和主要特征②等方面的内容。大多数产业视角下的创新生态系统都可以理解为结构性问题。产业创新生态围绕被关注的创新型企业的产业链向上和向下延伸，形成一个链式结构（如图9-2所示）。

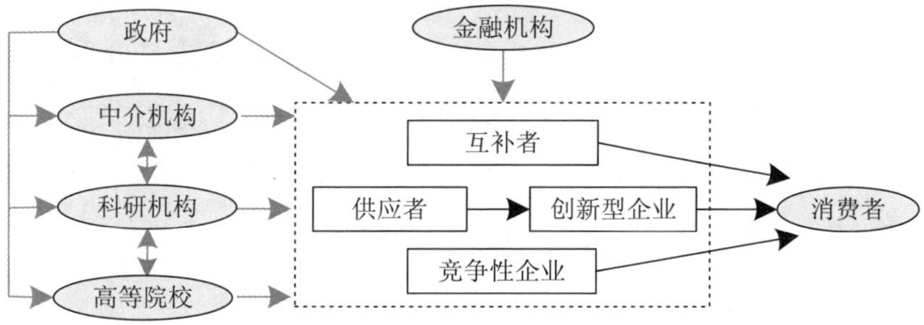

图9–2 产业视角的创新生态系统结构

一般意义上，多数人倾向认为产业创新生态系统是国家和区域创新生态系统在产业层面的具体化，产业创新生态系统既可以是区域层面上的，又可以是国家层面，甚至是国际层面的。另一方面，产业或行业的特征和结构是相对固定的，但不同区域空间的特征差别却更大、更复杂③。因此，国外对产业层面的创新生态系统研究相对较少。但从实际看，产业层面的创新生态系统研究应该引起高度重视，一方面，产业是一个中观层面的概念，是企业的集合，是创新活动开展、创新要素交流的主要载体；另一方面，区域创新生态系统、国家创新生态系统都要通过产业创新来发生作用。一定意义上看，产业创新生态系统是企业创新生态系统的延伸和集成，能够为研究区域和国家创新生态系统提供具体分析支撑。

---

① Adner.，R.，Kapoor.，R.. Value Creation in Innovation Ecosystems：How the Structure of Technological Interdependence Affects Firm Performance in New Technology Generations [J]. Strategic Management Journal (2010)31：3-6-333.

② 余凌，杨悦儿 . 产业技术生态系统研究 [J]. 科学管理研究，2012（5）：48-51.

③ Chun，S..Building a National Innovation System through Regional Innovation Systems [J]. Technovation，2002，22：485-491.

（3）区域创新生态系统

企业和产业的创新活动最终要落地在一定的空间范围内，这也是区域创新生态系统提出的基础。一般意义来看，区域创新生态系统被定义为在一定的区域范围内，各种相关创新群体与创新环境之间相互作用和相互影响的有机整体①-②。Andersen（2011）认为，创新生态系统首先是一个成功的创新区域，其次才是新的产业和成功的创新平台，以及来自世界范围内的企业家、投资家和创业者③。在朱迪•埃斯特琳的创新生态模型中④，区域内的创新主体和相关组织对应创新的一般过程，被看作研究、开发和应用三个集合或群落，其结构形成一种圈层结构（如图9-3所示）。

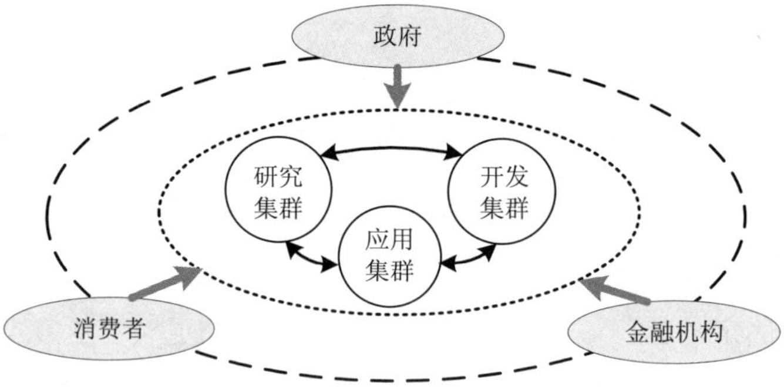

图9–3　区域视角的创新生态系统组织结构

现有区域层面的创新生态系统研究，主要集中在几个方面，一个是分析区域创新生态系统的特征、结构和功能⑤-⑥；另一方面是考虑地域特色、文化、经济和产业结构，以及其对创新生态集群、创新中心形成和演化的

---

① 黄鲁成 . 区域技术创新生态系统的特征 [J]. 中国科技论坛，2003（1）：23-26.

② 周青，陈畴镛 . 中国区域技术创新生态系统适宜度的实证研究 [J]. 科学学研究，200（1）：242-246.

③ Andersen，J.，B. What Are Innovation Ecosystems and How To Build and Use Them[Z].

④ 朱迪 • 埃斯特琳 . 美国创新在衰退？ [M]. 北京：机械工业出版社，2010：37-43.

⑤ 黄鲁成 . 区域技术创新系统研究：生态学的思考 [J]. 科学学研究，2003（2）：215-219.

⑥ 刘友金，易秋平 . 区域技术创新生态经济系统失调及其实现平衡的途径 [J]. 系统工程，2005（10）：97-101.

影响[①]-[②]。更进一步从内部结构来看，区域创新生态系统的研究，也更加关注区域内产学研的联系水平、联系方式和联系效率，通过产学研的结合，进一步解释区域创新资源的集聚与效应问题。按照创新经济地理理论，创新主体在某一个区域内集中，主要受到地理优势和溢出效应的影响[③]。

从具体区域实践来看，美国的128公路、硅谷，意大利的Emilia-Romagna区域等都大致经历了“科研机构集聚→企业集聚再到产业集聚”的过程。从创新集群的表现形式来看，英国的大伦敦地区主要是以大企业和成熟企业为核心的集聚[④]，而美国硅谷则更多地表现为中小企业新创、集聚。从集群的驱动力来看，又可以分为市场导向型（如硅谷等）和行政导向型（班加罗尔等很多后发国家的高新企业园区、技术开发区）。我国区域实践来看，大多属于行政导向型，比如深圳大致经历了“企业自发集聚—产业集群—科研机构集聚”这样一个过程，不断推动产学研创新要素的集聚与发展，逐步形成了具有区域特色的创新生态系统。

（4）企业创新生态系统

企业是创新的主体，是创新活动开展的微观主体。企业创新生态系统主要是借鉴商业生态（business ecosystem）理论中与创新相关的内容，来提出并构建相应的分析框架。James Moore（1993）提出企业创新生态系统被视为企业和其他组织相互联系的松散网络，在网络系统中，各类主体围绕一系列知识、技术或技能共同演化自身的能力，并且为了开发新产品和新服务而相互竞争与协作[⑤]。这个概念，体现了企业创新生态系统的三个要点：

---

① 斯图尔特·W·莱斯列，罗伯特·H·卡冈．推销硅谷：弗里德利克·特曼的地域优势模型 [J]. 经济社会体制比较，2000（1）：36-44.

② 李钟文等．硅谷优势：创新与创业惊声的栖息地 [M]. 北京：人民出版社，2002：24.

③ Polenske，K.，R 著，童昕等译．创新经济地理 [M]. 北京：高等教育出版社，2009：18.

④ Gordon，I.，R.，McCann，P. Innovation， Agglomeration，and Regional Development [J]. Journal of Economic Geography，2005(5)：523-543.

⑤ Moore J.F. Predators and prey：a new ecology of competition [J]. Harvard Business Review，1993，71(3)：75-86.

一是企业各类主体之间的相互依赖；二是各类主体之间共同的目标和取向；三是各类主体之间能够共享的知识和技能[①]。

企业视角的创新生态系统研究涉及企业在系统中的价值创造、企业家精神等问题的探讨。它们隐含一个以企业为中心的中心—外围结构，位于中心的创新型企业是系统焦点，院校、研究机构、竞争性企业、政府、金融机构、消费者、供应链上下游企业等其他组织都被视为外部环境（图9-4），各类主体围绕创新型企业发生创新资源之间的相互关系，共同构成了企业创新生态系统。

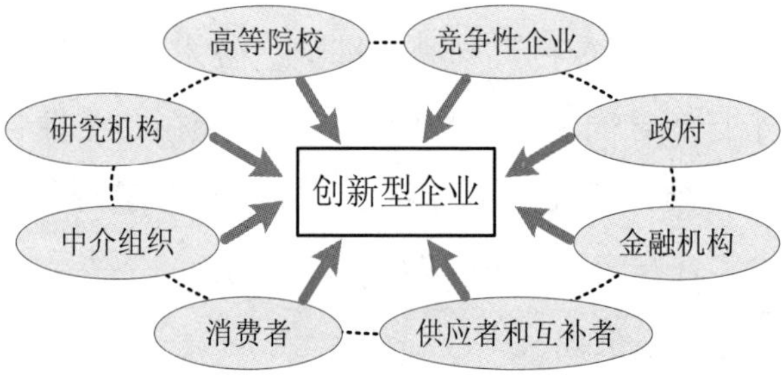

图9–4　企业视角的创新生态系统结构

在这个系统里，创新型企业可能是大企业或成熟企业，也可能是小企业或初创企业。早期的研究倾向于认为大企业或成熟企业往往缺乏创新，而小企业或初创企业蕴含了大量的创造力[②]。但后来的研究发现，大企业或成熟企业也可以通过向小企业融资来获取发明和创新，或通过创建小型组织（合资或子公司）来占据新兴市场[③]。创新生态系统的价值创造源自创新型企业自身发展，及其与外部环境相互作用带来的新颖性、互补性、低交

① Nambisan.S.， Baron. R..Entrepreneurship in Innovation Ecosystems： Entrepreneur' s Self-Regulatory Processes and Their Implications for New Venture Success[J]. 2012：1-27.

② Christensen， C.， M..The Innovator' s Dilemma： When New Technologies Cause Great Firms to Fail[M]. Harvard Business School Press， 1998：13.

③ Bower， J.L.， Christensen， C.， M..Disruptive Technologies：Catching the Wave[J]. Harvard Business Review，1995：18-23.

易成本和锁定效应。而创新型企业的行为在本质上体现的是企业家精神，部分学者在此基础上进一步挖掘创新型企业中企业家的自我控制、执着、知识和经验水平等特征对创新价值创造的影响[①]。

由此可见，不同视角下创新主体之间的关系及其主体与环境的相互作用，使得创新生态系统的内部结构较为复杂。从微观视角来看，创新生态系统主要是企业和相关组织等个体构成的网络。从中观视角来看，创新生态系统是一种集合与结构，涵盖产业内的同类创新主体的垂直和水平联系与作用机制，以及产业间不同创新组织群体的联系和集聚。从宏观的视角来看，创新生态系统的结构性问题不再是重点，而是更为关注系统性、内外部资源的整合利用。汇总来看，创新生态系统是一个嵌套集合（如图9-5所示），不同主体、不同层次的创新价值有所不同。对于个体而言，创新价值更多体现在创新创业精神上；对于企业而言，创新价值体现为整合不同类型的知识、能力、技能和资源，完成创新转化的能力；对于产业和区域而言，创新价值更多的在于产业链、价值链的整合、扩展与延伸。

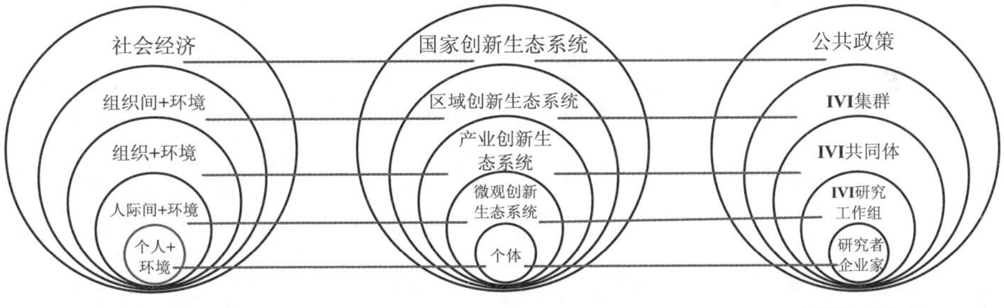

图9-5 不同视角下创新生态系统对应的层次、组成和创新价值机构[②]

资料来源：European Commission.Open Innovation 2.0 Yearbook 2013。

① Nambisan.S.， Baron. R..Entrepreneurship in Innovation Ecosystems： Entrepreneur’s Self-Regulatory Processes and Their Implications for New Venture Success[J]. 2012： 1-27.

② 注：图中的 IVI 是创新价值机构（Innovation Value Institute）的缩写。

第二节　龙岗创新生态系统的实践探索及面临问题

多年来，龙岗在区域创新生态系统建设中进行了有益的探索，支持创新创业的政策体系和政府服务不断完善，但仍存在一些短板和不足，有待进一步优化完善。

1. 龙岗打造创新生态系统的实践探索

龙岗在创新资源聚集、国际大学园建设、投融资体系构建和孵化空间建设等方面取得了诸多成果，使得区域创新生态环境大为改善。

（1）通过内生和外引聚集高端创新资源

人才、项目等创新资源的导入需要载体，企业、大学、科研机构、科技园区、孵化器、加速器、众创空间等都是吸纳创新资源的重要载体。根据深圳“六个90%”的创新特质，90%以上的研发人员集中在企业，仅华为一家就为龙岗区集聚了数万名高级研发人才，企业对创新资源吸纳的重要性无须赘言。龙岗区率先开创了“国际大学园+”模式，并配套建设国际学术交流中心及院士科研中心，并于2020年全面启用。香港中文大学（深圳）办学规模预计将达到11000人，其中本科生7500人，硕士及博士研究生3500人。深圳北理莫斯科大学办学规模为5000人，加上深圳信息技术学院的1.7万学生规模，深圳国际大学园将聚集超过3万名高校学生。而随着科技园区、孵化器、加速器、众创空间的大规模建设，集聚了大批的创新团队和项目，并通过原有低端产业和“三旧”空间的“腾笼换鸟”，促进了产业转型升级，优化了人口素质和结构，极大地改善了城区形象和面貌。通过“企业—大学—科研机构—创新园区”等各类载体的建设，有效集聚了人才等创新资源。根据2017年统计数据，龙岗区科技创新人才总量不低于

12万[①]，近三年的平均增长率约为15%，其中，汇聚在高新技术企业的科技创业类人才、工程技术类人才以及技能应用型人才总量不低于10.9万，从事科技服务行业的科技服务业人才不低于0.7万。至2018年6月，依托各类载体，陆续引进高层次人才883名，数量位居全市第二，其中院士6名、国家“千人计划”专家40人、深圳市“孔雀计划”人才及深圳市高层次专业人才837人。此外，全区拥有省创新创业团队和“孔雀计划”团队33个，团队数量亦居全市第二。

（2）构建“三位一体”的投融资体系

创新的主体是企业——尤其是以高技术产品开发为主的大量中小科技企业，而中小企业的发展则依赖于一个健康的投融资服务体系。为了使龙岗的金融生态能够更加适应创新驱动战略的实施，龙岗相继出台多项金融扶持政策，构建区级创业投资引导基金、政策性股权资金以及社会资本“三位一体”的投融资体系，形成了多层次投融资支持。

一是设立区级政府创业引导基金，成立区金融投资控股有限公司。首先在全市率先设立区级政府创业引导基金，截至2015年3月底，区创业投资引导基金投入达2.025亿元，参与设立5只创业投资基金，总规模达11.975亿元，财政资金放大效应达到6倍。二是探索政策性股权投资方式，打造覆盖创新企业全生命周期的创投基金链。健全股权、债券、产权相结合的科技投融资体系，发挥科技型中小企业创新基金引导作用，通过研发资助、股权投资等方式支持种子期、初创期中小微企业技术创新活动。三是引导高端金融机构入驻龙岗，金融聚集区多点开花。在金融政策的引导下，高端金融机构陆续进驻，中信证券龙岗营业部、五矿证券龙城大道营业部等一级分支机构先后落户龙岗。此外，龙岗区近年来还引进包括深圳市创新投

① 注：科技创新人才总量计算主要参考龙岗区 2017 年统计年鉴中的规上工业企业办研发机构情况表以及重点单位从业人员情况表。作者在对龙岗区统计部门的调研中了解到，规模以下及非重点企业相关数据虽未纳入统计，但预估人才总量相对较少，不会使最终统计的结果产生过大偏差。

资集团、中科招商投资管理集团等国内知名投资机构，创业投资氛围日益活跃。

（3）孵化空间建设初具规模

龙岗提出“既要有高大上的产业项目，又需要草根级的小微企业，这样才能形成创新创业的浓郁氛围”。在载体建设方面，区政府支持，打造适宜草根创业的空间和载体，首期建设了“天空创客联盟”“豆芽创客空间”“熙龙玩创工房”等16个创客空间，营造低成本的创业环境，推动创客运动迅猛发展。截至目前，龙岗区已建成创客空间30多家，汇集创客项目（团队或个人）3000多个，在孵中小微企业总数达1000家以上。在创业活动方面，龙岗区成立首个“国际青年创客联盟”，引进36氪等标杆性创新创业服务平台，开办全国首个“众创TV”，在全市率先推动创客教育，建成全国最大的创客空间聚集区—星河WORLD创客世界，创新创业氛围日渐浓厚。

（4）持续改善创新创业的人居环境

为进一步提升创新创业软硬发展环境，龙岗着力构建“山环水润、龙凤呈祥”的城市形态，下大力气打造“六区一城”（法治、生态、文化、教育、健康、体育之区和活力休闲之城）。一是大运会成为人居环境改善的加速器。2011年，龙岗迎来了千载难逢的发展机遇，作为26届世界大学生运动会的主会场，龙岗实现了真正意义上的华丽嬗变，除了世界一流的场馆外，龙岗在交通上实现了颠覆性的大变局。二是打造国家级低碳发展示范区。龙岗在全市率先编制了《龙岗低碳发展规划》，确保龙岗走上绿色发展、循环发展、低碳发展的道路。龙岗深圳国际低碳城于2012年8月正式启动建设，位于龙岗坪地街道，总面积53平方公里，以高桥片区约1平方公里为启动区，以高桥坪西丁山河沿线约5平方公里范围作为拓展区，打造国家低碳发展的综合实验区。截至目前，龙岗已举办了六届国际低碳城论坛，成为对接欧美等发达国家低碳先进技术、模式、理念的窗口，成为展示中国城市化低碳发展思路、成绩与经验的窗口。

（5）政策体系和政府服务不断完善

政府在区域创新服务体系中具有至关重要的作用。龙岗区出台了《创新驱动发展行动计划（2015—2020年）》、《关于发展众创空间推进大众创新创业的实施意见（试行）》（深龙府〔2015〕35号）、《关于进一步做好新形势下创业带动就业“龙翔工程”的实施意见》（深龙府〔2017〕15号）等一系列政策规划，已初步构建起多层次、系统化的创新政策体系，为龙岗创新创业群体的发展保驾护航。

一是实施一批人才强区政策，先后出台了《关于集聚中高层次人才的意见》（深龙委〔2009〕20号）“1+11”文件、《关于提升龙岗区核心竞争力实施优才工程的意见》（深龙委办〔2008〕11号）“1+10”文件、《龙岗关于支持高层次人才（团队）创业创新发展的暂行办法》》（深龙委办〔2013〕34号）、《关于促进人才优先发展实施“深龙英才计划”的意见》（深龙发〔2016〕4号）、《深圳市龙岗区深龙创新创业英才计划实施办法》（深龙人才通〔2016〕4号）等，每年投入3亿元人才发展专项资金和科技发展资金，汇聚了一批产业和企业创新人才。同时，创建华南地区首个国家级人力资源服务产业园区，园区首期规划面积近2万平方米，分为窗口服务区域、后台支撑区域和机构引进区域，集“一站式”人力资源公共服务平台、综合性中高级人力资源要素市场、知名人力资源服务机构于一体。2018年7月，龙岗区开展大规模的“大学习、深调研、真落实”活动，对不同领域、不同类型人才开展深入调研，为现有人才政策的修订、未来出台更具针对性和实效性的人才政策提前谋划。

二是创新财政扶持资金使用方式，提升企业的自主创新能力。近年来，龙岗财政扶持资金的使用实现了三个转变：由分散支持转向集中支持，集中财力支持重大创新；由直接支持转向间接支持，由主要支持个别项目为主转向支持创新服务平台为主，优化创新发展环境；由无偿支持向有偿支持转变，发挥政府投融资平台功能，通过商业化管理和市场化运作的股权投资方式，放大财政资金引导效应，实现财政资金社会效益和经济效益的最大化。

三是创新政策扶持方式，加大对科技型中小微企业的信贷支持。引进和鼓励创办创业投资、天使投资机构，给予场地、租金等方面的支持，吸引区外创业投资机构入驻或投资本地企业。结合财政科技资金管理改革，设立天使投资性质的资金，专门支持初创企业。制定分担风险和鼓励政策，区创业投资引导基金参与配投。建设全市第一个区级创业投资服务广场，推动风险投资与实业之间更好地实现无缝对接，进一步优化龙岗金融服务软环境。

四是通过理念传播及活动推广，激发全社会创新创业活力。专门制定专项行动宣传计划，利用广东省科技创新大会等各类高层次考察团访问龙岗的契机，积极组织新闻媒体广泛报道龙岗创新驱动发展的整体部署、取得的成效，及时总结推广好经验、好做法，树立先进典型，形成“大众创业、万众创新”的良好氛围，激发全社会创新创业活力。此外，龙岗还非常重视青少年创新精神的培养，通过对学校课程的改革和举办一系列青少年创新活动，培养龙岗青少年的创造力和创新精神，打造培养“创客”的“创客空间”和未来创新创业人才的摇篮。

从龙岗区政策体系来看，具有以下几个显著特征。

第一，“系统整合”是龙岗区创新政策范式的核心思路。龙岗区政府政策干预的焦点从市场失灵和一般的系统失灵向深层次的系统失灵转变，尤其是政策层面的系统失灵。通过综合性的发展规划，实现在发展取向、发展目标、配套政策和机制、发展策略、实现路径等多层面进行“深度统筹”和“高度协调”，提高创新驱动战略与区域总体发展战略目标的融合、创新政策与其他公共政策的整合，使创新成为影响各个政策领域的一个中心变量。

第二，以“有形之手引领无形之手”，形成政府、市场和社会的合力。合作性是龙岗区创新政策范式的显著特征。在财政资金有限的情况下，龙岗区打破以往地方政府作为解决公共问题主体的局面，积极引导其他社会主体推动创新驱动战略的实施，其中既有公共部门也有私人部门，既有营利组织也有非营利组织。

第三，创新政策手段从单一化向多样化转变，充分运用信息政策工具发挥市场对创新资源配置的基础性作用，提高创新生态系统的耦合性。与其他地区相比，龙岗区创新政策体系的另一显著特征是采取多样化的政策工具，除了传统的财政工具以外，还运用以信息技术为基础的政策工具。信息政策工具的运用有助于降低政府对市场的直接干预，降低政府失灵的概率，实现从“管理型”政府向“服务型”政府转变。

2. 龙岗创新生态系统建设面临的问题

对照新时期发展目标，龙岗区在创新资源、区域个性等方面仍存在一些短板和不足，主要表现在以下方面：

（1）创新资源方面的不足

一是科技型企业群体方面。龙岗区尚未形成完整的企业梯队，中小企业占据比重达到95%以上，大企业与“中坚力量”企业规模相对不足，中等规模企业数量过少，缺乏一批专业细分领域的隐形冠军。

二是大学科研机构和创新人才方面。目前，龙岗在基础创新、源头创新方面积累相对不足，国家级科研机构少，科研机构开放度及与区域产业实体创新之间的融合不强。首先，龙岗从业人员总量突破160万人，具有大专及以上学历的比例仅为30.29%，其中高层次专业技术人才与高技能人才仅4.1万人，占从业人员比重仅为2.56%[①]。其次，龙岗区作为制造业大区，以从事制造业的人才为主，服务业从业人员大多集中在一般服务业和商业领域，现代服务业人才规模仅11.83万人，占龙岗区人才总量不到3%[②]，与创新创业发展相关的金融服务、科技服务、中介服务、文化创意等现代服务业

① 龙岗区人才发展“十三五”规划

② 龙岗区人才发展“十三五”规划

从业人员存在较大缺口。

三是科技金融和孵化载体方面。从现状来看，龙岗区投资机构规模偏小，天使投资机构数量少，对产业创新的前瞻性布局、引导性不足，且真正投入到创业前端的投资机构和投资人群体少之又少。目前，龙岗区大规模企业并购现象尚未出现，上市企业与南山等区相比还有较大差距。从孵化载体来看，龙岗区目前聚集了科技企业孵化器21家、创客空间26家①，已跻身全国区域孵化能力15强②。但与深圳东部中心和国际科技产业创新中心的建设要求相比，缺口仍然很大，各类创新型孵化器较少，服务内容和服务模式较为单一。

（2）区域软硬件配套方面的不足

一是在区域硬件设施配套方面。龙岗具备一定区位优势，但通达性有待改善。深圳宝安机场的国际航线主要集中在亚洲地区（更多的国际航线集中在广州和香港的机场），2015年国际旅客吞吐量不到200万人次，全球性创新要素流动的便利化程度相对不高。

二是区域软性服务配套方面。“二线关”因素对交通、教育、医疗等方面造成的负面影响仍未全部消除。目前，龙岗区的公交路网覆盖率相对不高，出租车供给不足，规划道路建成率、城市次干道以上等级道路密度远低于原特区和宝安区水平。同时，龙岗教育、医疗等公共资源的供需矛盾仍然较为突出。

三是创新创业服务环境方面。首先，企业家精神有待加强。移民文化孕育了特有的“深圳观念”，也成为龙岗创新文化的精髓，但是这只是创新文化的一般表现，与硅谷的创新文化尚有不小的差距。其次，创新网络结构不合理。龙岗个别核心企业已基本形成开放式的创新体系，但区域创新网络关键节点缺失、运行不畅，机制建设任重而道远。再次，创新创业专

① 龙岗区科技创新“十三五”规划

② 广东省社科院发布的全国首个《中国区域孵化能力报告》

业服务发展滞后。龙岗在行业联盟、协会、学会等创新平台组织的聚集程度和发展水平方面，与中关村、硅谷相比仍存在很大差距。

第三节　打造服务创新生态系统的“龙岗模式”

鉴于龙岗当前创新生态系统发展的现状、面临的机遇和存在的问题，要重点从政策、制度、公共服务等方面改善创新环境，打造具有龙岗特色的区域创新生态系统，使龙岗区成为一片创新创业的沃土，使华为等大企业大树蔓延，中小企业草木丛生，新生企业如雨后春笋，打造“大众创业、万众创新”升级版。

1. 龙岗改善创新生态系统的主要方向

未来，龙岗要在借鉴国际经验的基础上，因地制宜，采用有针对性的措施，早日建成更优越的区域创新生态系统，建议重点聚焦以下几个方向：

（1）从“打迫击炮”到“精确制导”

从目前来看，在珠三角其他地区乃至国外政府创新环境建设中采用的创新举措、政策工具，龙岗几乎无所不包地全部用上了。龙岗的这种现象可以比喻为有褒有贬的“打迫击炮”。褒是指龙岗广采百花，积极借鉴先进经验，贬是指龙岗的举措、政策有部分没有精准针对企业的需求，有些“炮弹”落在了“无人区”，浪费了公共政策资源。因此，龙岗要从“打迫击炮”转变为“精确制导”。政策资源应根据各创新主体对各项政策的重要性、实效性和满意度进一步配置，将有限的资源集中投入到维持“重点优势”类的政策，尤其是“亟待改善”的政策之中。调研发现，各项政策与企业需求的符合程度、完善程度以及执行力度有进一步提升的空间。例如，龙岗不少企业提出，政府给予企业的财政支持对于企业发展和创新的作用相当有限，企业缺乏的是提升创新战略管理的能力，需要的是获得创新战略管理的培训，以便企业能整合创新链的各个环节，准确把握市场需求，实施精准的战略定位。因此，龙岗区要针对已实施的各项政策开展深入全面的政策评估工作，进一步提高创新政策的精准性和有效性。

（2）从“迈向创新生态系统”到“实现创新生态系统”

龙岗已在珠三角率先迈向创新生态系统，创新环境已初步形成，具有创新生态的基本特征。未来发展中，龙岗应“跟着理论走”，进一步明确创新生态系统的“理想型”，明确未来优化创新生态体系的目标，同时也应“跟着问题走”，厘清龙岗创新生态体系面临的问题，产生问题的原因，结合龙岗历史、文化、社会结构以及社会经济发展的水平和特点，深挖龙岗的区域个性，着力打造富有龙岗特色的创新生态系统。

（3）借用“他山之石”，强调因地制宜，保持与时俱进

龙岗要勇于对标硅谷等创新生态体系建设的标杆地区，既要善于借用“他山之石”，在比较中吸取先进的创新发展经验，又要保持龙岗自身的特点。硅谷的创新发展得益于有利的移民、市场经济等宏观政策和体制，高密集的高素质人才，高水平的创意、创新活动，浓厚的创业、冒险氛围等，这些都是龙岗可以吸取和借鉴的。此外，龙岗也要强调因地制宜，走自己的路子。要在对本区所有产业充分了解的基础上，根据产业的特色和发展水平，对不同产业的创新思路进行精准分析，使创新生态环境的建设、创新政策的实施能够有的放矢。同时，龙岗还要继续与时俱进，选择与发展阶段相适应的战略性创新政策。

2. 龙岗优化创新生态系统的重点举措

为构建良好的区域创新生态环境，未来龙岗可以重点从创新资源聚集、东进战略、权力下放、公共服务和生态环境建设等方面集中发力。

（1）聚集各种创新资源，健全上下游创新链条

创新资源，特别是优质创新资源是区域创新的根基所在。未来，龙岗

要着力引进和培育优质创新资源，提升源头创新能力，加强基础研究和应用研究，推动产业创新和技术创新，打造“科学发现—技术发明—产业发展”的科技创新全链条，形成创新的集聚效应和网络效应。

一是提升原始创新能力，加快国际大学园建设。推动确定落户的大学加快建设，加快引进正在洽谈的合作办学项目。发挥深圳国际大学园的资源吸附作用，争取更多国家、省、市级重点实验室、工程实验室和工程技术中心落户。整合企业、高校、科研机构、社会组织等创新资源，共建涵盖技术研发、检测实验、信息交流、技术转移、创新型人才服务等内容的技术创新平台，推动平台资源开放共享，为技术创新活动提供全方位、立体式服务，惠及科技企业及创新人才。

二是依托现有产业集群，进一步布局和引导资源集聚。龙岗已经初步形成了新一代电子信息产业集群、智能机器人产业集群、新能源企业产业集群、跨境电商和现代物流产业集群、绿色低碳产业集群等五大产业集群，未来要进一步加强在产业聚集区布局创新基础设施、科技金融机构等创新服务资源，发挥龙头企业的带动效应，吸引产业链上下游集聚。

三是完善人才政策体系，集聚一批高水平创新创业团队和中高层次人才。深入推进“大职训”综合改革，健全技能人才培养体系，加强技能人才队伍建设。搭建人才发展支撑平台，推动国际创新人才驿站、欧美同学会留学报国深圳基地、海归创业学院（深港）建设。构建国际人才开发体系，进一步发挥国家级人力资源产业园—中国深圳人力资源服务智慧广场作用，培育以国际化人才为主体的人力资源培训、认证、咨询等人才服务产业集群。创新人才服务机制，加大人才安居保障力度，利用龙岗人才住房量多片广的优势，开展“以房引才”、“以房引企”的新模式。到2020年，逐步建立起一支以“千人计划”“孔雀计划”人才为引领，梯次合理、结构优化、衔接有序的综合人才队伍。

（2）多维度发展科技金融，为创新提供充足资金支持

一是加快建设龙岗区科技金融服务平台。建立科技大数据平台和中小

科技企业创新能力综合评价指标体系，实时掌握中小企业融资动态信息，实现资金需求方和供给方的无缝对接。建立从实验研究、中试到生产的全过程科技创新融资模式，推进创新链、产业链和资本链的有效融合，促进科技成果在龙岗落地，实现科技成果的资本化、商业化。

二是创新科技金融产品和模式，拓宽中小微科技型企业融资渠道。推广上海浦东发展银行与美国硅谷银行合作成立的“浦发硅谷银行”模式，在龙岗区打造“龙岗硅谷银行”，借鉴“科技小巨人”等产业金融的经验和“投贷联动”的融资模式，促进资本有效整合。鼓励银行创新金融服务，支持开展投贷联动、知识产权质押贷款、股权质押贷款等新型业务，加快科技保险等多样化金融服务方式发展。

三是研究设立海外投资基金，支持龙岗企业引进全球先进技术和设备，鼓励企业开展参股并购、联合研发、专利交叉许可等方面的国际合作，引导企业和科研机构在海外设立研发中心，推动龙岗技术和品牌“走出去”。鼓励本地上市公司联合专业机构发起成立产业并购基金，盘活上市公司流动资金，收购先进技术和兼并创新型企业，鼓励支持企业上市融资。

四是探索建立新技术新产品“首购首用”风险补偿机制。明确政府采购目录、方式及风险补偿机制，鼓励优先购买和使用代表先进技术发展方向、首次投向市场但暂时还不具有竞争力的龙岗企业自主创新产品，拓展新技术、新产品应用市场，提升科技创业成功率。

五是探索成立产学研协同创新母基金。由龙岗区政府出资委托区属国有企业牵头成立协同创新母基金，重点支持高校、院所科技成果转化。积极发挥新兴产业创业投资基金作用，推动政府引导基金专业化、市场化运作。设立行业子基金，建立市场化的利益分配机制，吸引高校和院所围绕某一行业领域开展协同创新，促进高校、企业的成果转化合作。

（3）打造与其他区域合作发展的快速通道，促进创新资源高效流动

一是建设“深港青年创新中心”，推动与香港科技创新领域人才资源的深度合作。发挥龙岗的产业、空间、政策优势与香港的高校、金融、高端

服务、国际化优势，引导香港科技人员和青年学生在龙岗进行创新创业和成果转化，打造青年创业孵化加速、资源对接的“一站式”平台及桥梁枢纽。制定面向港澳高校毕业生就业创业的引导目录，支持符合条件的港澳高校毕业生来龙岗就业创业。

二是创新海外资源引进与合作模式，依托市场化主体招研引智。建立与“中国源头创新百人会”、深圳欧美同学会、海外创新创业直通车等枢纽型组织和机构的战略合作，发挥其海外创新网络优势，引进一批高层次人才和创新团队，吸引海内外顶尖实验室、研究所、高校、跨国公司在龙岗设立实验室和研发中心。

三是建立跨区域科技成果转化市场。结合企业需求，面向深莞惠乃至珠三角地区的各类技术交易主体，建立深莞惠技术交易联盟，搭建技术交易信息化平台，协助各类主体在深莞惠区域内进行技术转移，推动科技成果产业化。

四是加强与海外先进教育地区合作。建立龙岗中外合作实习生互派制度和学生国际交流计划，支持龙岗优秀高中毕业生和在校大学生、技校生到国（境）外留学。加大引进外教力度，提升龙岗区大、中、小学校外籍教师的普及率。出台《龙岗区中小学教师海外培训提升计划》，派出优秀校长和教师参加海外培训。

五是争取率先在龙岗开展粤港澳医疗机构相互转诊试点，在医保政策、医疗保险机构费用结算等方面试点与港澳紧密衔接的创新性举措。探索提供国际化的医疗保障措施，向高层次国际化人才推荐全球互通的医疗保险。

（4）建设创业孵化平台，降低大众创业的门槛和风险

一是建立龙岗“创新验证中心”和“商业模式概念验证实验室”。借鉴美国的“概念证明中心”（Proof of Concept Centers）等先行经验，落实《深圳市关于加大营商环境改革力度的若干措施》（深府〔2018〕1号）提出的“实施创新验证计划”，率先在龙岗区内的大学和科研机构探索建立“创新验证中心”和“商业模式概念验证实验室”，引进一批研究与实践新思想、

新模式、新技术、新业态的创业导师和专业咨询队伍，为创业者提供“思想创意打磨”和“人脉资源链接”服务，提高创业成功率，培育颠覆式商业模式创新。

二是探索建立龙岗区海外人才离岸创新创业基地。加速集聚海外高层次创新创业人才，充分发挥人才资源的吸附作用，打造国际化的创新资源汇聚中心、创业项目加速中心、创客人脉交流中心，不断增强国际化创业氛围。

三是探索建立创业失败风险补偿机制。出台相关实施细则，针对特定目标群体在特定时期内的创业失败情况，给予一定的资金补贴，并为创业失败者再创业建立必要的指导和援助机制，不断增强创业信心和创业能力。

四是探索建立企业员工创业扶持机制。鼓励企业根据自身需求，建立符合龙岗产业导向的创客空间、创业实验室，对企业支持员工创业的投入视为研发投入进行加计扣除和减免，充分调动企业积极性，激发企业内部员工创业动力，释放大企业的“裂变效应”，提升区域整体创新活力。

五是大力支持基于“互联网+”的新型创新创业。开展互联网股权众筹试点，支持各类有资质的主体建设股权众筹平台，降低众筹门槛，拓宽众筹项目领域，并加强事中事后监管，形成一批具有特色的创业众筹模式，为众筹项目提供投前、投中、投后的综合服务，提高创业成功率。大力发展“互联网+”创业服务，推动大型科技基础设施、专利信息平台等面向创业者开放，提供资源共享服务。

（5）深入推进管理体制改革，为创新创业松绑赋能

一是建立适应教育科研规律和区域创新需求的国际化高教科研体制。落实《广东高校服务创新驱动发展战略实施方案》，推进高校、科研机构开展以创新质量和贡献为核心的科技评价制度改革，着力强化绩效意识。探索政府部门参与大学引进和学科设置的议事和决策机制，推进科研资源高度融合本地创新体系，不断满足日益增长的区域经济社会发展创新需求。

二是建立符合市场调节规律和实现公共利益最大化的政府服务创新制

度。编制实施专项领域权责清单，建立权责清单动态调整和长效管理机制，加快形成权界清晰、分工合理、权责一致、运转高效、法治保障的政府职能体系。强化政府部门在公共创新服务领域的作用，使科技财政投入更多聚焦于公共创新平台、公益性研究、重大共性关键技术研究等领域。

三是建立适应企业快速发展需求和新兴产业发展特点的审批与准入制度。全面清理审批事项，对市场机制能有效调节的经济活动一律取消审批。编制审批服务通用目录，凡未列入目录的行政审批事项，一律不得实施。进一步精简审批流程，推进审批标准化，压缩审批时限，规范审批条件。制定龙岗产业投资负面清单制度，遵照“非禁即入”原则，降低市场准入门槛，为外商投资、军民融合等提供宽松发展环境，为新兴产业预留发展空间。

四是建立有利于产业持续发展与高效集约利用的土地开发和管理制度。研究确立产业空间保障的红线制度，优先保障科技企业孵化器、众创空间、重大产业项目以及高等院校、科研机构用地需求。加强规划引导和土地监管，防止一般性住宅、商业用地蚕食产业发展空间。创新土地置换思路，开展片区统筹试点，旧工业区、城中村等低效用地以市场竞争方式交由有资质的企业开发改造，引进专业机构运营管理，盘活存量空间，解决土地利用低效和碎片化问题。

五是优化完善财政科技、产业资金管理办法，明确资金定位和使用方向。创新财政专项资金支持科技与产业发展的方式，取消对个别企业、机构的项目补贴等传统财政支持，逐步实现“无偿变有偿、拨款变投资、资金变基金”的模式。优化政府性引导资金和产业投资基金机制设计，探索实施尽职调查、绩效考核、动态调整等市场化管理机制，更多运用财政后补助、间接投入等方式及现代化金融手段撬动和引导社会资本投向重点领域和薄弱环节。

六是深化企业用人制度改革，探索建立与市场化选任方式相适应的高层次人才和企业经营管理者薪酬制度。改革人才激励机制，积极争取市级相关部门支持，率先在龙岗实施技术人员股权激励个人所得税优惠政策试点。探索对深圳国家自主创新示范区（龙岗片区）内的高新技术企业技术人员通过科技成果转化取得股权奖励一次缴纳税款有困难的，可在5年内分期缴纳个人所得税。支持区内企业使用股权（含预留股权）、期权、增值权、分红等方式吸引和留住人才，设立国资主导的股权代持激励基金，对符合股权激励条件的团队和个人，经批准后给予股权认购、代持等资金支持。

七是建立以促进“创新最大化”为导向的知识产权保护制度。借鉴硅谷等地区的中小企业知识产权保护制度，全面评估现有知识产权制度对区域创新的作用，探索建立能够激发最广大群体创新创业的实施机制，在标准制定和执法尺度上向有利于创新的个体和行为倾斜，保护中小微企业和个人的创新创业热情。完善知识产权维权机制，降低弱势被侵权者的举证成本。加强知识产权交易平台建设，在全市率先建立南方知识产权运营中心，促进知识产权商品化、资本化，调动各类主体创新转化的积极性。

（6）大力提升高品质公共服务配套，塑造山环水润生态城区

一是打造深圳东部教育高地。加快学位紧张片区教育基础设施建设，探索优质学校集群发展，全面提升公办学校建设标准。积极推进龙岗教育高端化、国际化发展，加快国际合作办学和国际化学校建设步伐，快速提升龙岗教育品质。落实民办教育规范扶持系列政策，发挥民办学校体制机制优势，推动公办、民办教育协同优质发展。主动适应“中国制造2025”新要求，推行工学结合、校企合作的技术人才培养模式，构建与产业发展高度匹配的职业教育发展体系。推进高等教育创新发展，进一步吸引世界著名高校来龙岗合作办学，形成龙岗高层次人才的重要储备源，为龙岗提供具有创新特色的知识生态。

二是打造深圳东部医疗高地。加快推进重大医疗卫生设施项目建设，推动重点医院高端化发展，增加优质医疗卫生资源供给，提升医疗服务水平。积极推进“三名工程”，引入高端医疗学科和医疗人才。打造精准医疗

创新平台，加快推动深圳市质子重离子治疗中心等专业化医疗中心布局，支持龙岗中医院建设“两岸四地”中医药国际交流中心。

三是打造深圳东部文体高地。积极推动市级大型文化设施落户，建成龙岗“三馆一城”并实现高标准运营。加快区级文体中心升级改造，推进重大公共文体设施及街道级文体项目建设。活化利用鹤湖新居等客家古民居，出台全市力度最大的非国有博物馆扶持办法，打造龙岗河沿岸博物馆带。充分利用大运“一场两馆”及周边高端文体资源，积极引入和举办各项高端体育赛事与品牌演艺活动，将大运中心打造成辐射莞惠的多功能文体中心。

四是串联山水自然资源，构建城市生态绿环。以园山、银湖山、北桐等郊野公园山脉为主体，以公园、水库为节点，集合文化、景观、旅游等多种功能，逐步构建大中心城环、坪地环、布吉环、横岗环“1+3”四大绿环。依托现有的生态基础，串联已有的绿道，形成连接“城市功能区—山水生态区”慢行系统，构建生态绿环，并融入城市多种活动要素，打造生态复合体验空间，提升居民生活品质，丰富城区服务内涵，将龙岗建设成为山川河流更绿更清、生态环境更优更美、休闲氛围更亲更浓的绿色休闲城区。

第十章　龙岗探索的推广价值和中国意义

回顾龙岗区25年的发展探索，在我国改革开放的大背景下，在深圳市全局改革部署的指引下，龙岗区经济发展和社会进步取得了很大的成就，认真总结龙岗改革开放以来的发展历程和经验教训，对我国众多二线、三线城市以及重点城市的欠发达城区具有重要的探索意义和实践价值。如果说深圳特区的“特”，更多在于解放思想、摆脱贫困，不断深化改革创新等认识和理念层面，体现对我国深化改革的试验田和全局开放的桥头堡作用，以及对我国创新驱动、转变发展方式的探索价值。那么龙岗区的发展实践，其示范价值和推广意义，则更偏重于对发展的理念坚持、顺应大势、路径选择、落地开花等层面，主要概括为以下几个方面：

第一，龙岗的实践表明，顺应时代大势，把握发展规律是一个城市（区）转型发展的关键所在。龙岗由原处深圳特区之外的“边缘化”地区，基础差、底子薄，发展成为以自主创新为特征的现代化城区，其核心在于对大势机遇的把握，对资源流动规律、科技创新规律、产业发展规律、城市建设规律的遵循。龙岗的发展是随着深圳全局改革探索的不断深入而逐步展开的。改革开放之初，承接特区外溢，以“三来一补”奠定了工业发展基础；此后，遵循国际产业趋势变化，大力发展高新技术产业。再后来，随着产业创新竞争的加剧，专注于源头创新资源导入、战略性新兴产业布局与区域创新体系建设，逐步实现从“龙岗加工”向“龙岗制造”，再到“龙岗创造”的转变。1992年、2010年，深圳经济特区两次扩容，实现了由特区之外，到特区之内的转变，改革探索的任务加重，发展砝码增多。

华为总部的迁入，使龙岗一跃成为深圳高新技术产业的发展高地。深圳国际大学园的建立，实现了国际一流高校“零的突破”及多个诺贝尔奖科学家实验室、院士科研中心等高端创新资源的导入。深圳“大运会”的召开，使龙岗城市建设、交通布局、发展理念、城市品牌、环境面貌得到极大提升，区域整体发展有望提速十年。新时期，龙岗正围绕粤港澳大湾区、广深科技创新走廊、深莞惠河汕“3+2”经济圈、深圳东进战略等多重战略叠加机遇，立足新理念，寻求新坐标，谋划新举措，推动新发展。

第二，龙岗的实践表明，敢闯敢试，在摸索中主动作为是实现城市（区）持续进步的内在动力。“摸着石头过河”“敢闯敢试”，既是中央赋予深圳改革探索的特权，也是龙岗区在几十年发展实践中一直坚持和践行的精神内核。从改革开放初期，发展“三来一补”招商引资开始，第一批龙岗人，带着“地富反右分子”平反通知书奔赴香港，宣讲中央政府政策、热忱欢迎港商；在招商引资中，创造性提出“让第一只蚂蚁尝到甜头，让第一个投资者获得丰厚回报，以此为源头，以商引商”；在后来发展中，遭遇产业发展困境，主动转型，提出科技兴区战略，明确了“孵化、引进、扶持、转型”四力并举的产业发展新思路；再到聚焦产业和企业需求，为华为、比亚迪等龙头企业提供保姆式、贴心式服务，建立“服务华为不过夜”的快速反应机制；提出人才强区战略，率先筹建深圳留学人员（龙岗）创业园，到发达国家和地区招揽科技人才。在一路发展中，敢闯敢试，主动作为，龙岗人不断突破体制、制度束缚，探索服务产业发展、企业发展的新路子、新模式，是真正激发市场活力和城市动力的根源所在。

第三，龙岗的实践表明，包容开放，兼容并蓄，创造性利用外部资源是改变城市（区）基因的重要路径。深圳、龙岗的发展实践表明，资源存量不是一个城市（区）发展的决定性因素，如何以更加开放、包容、有效的方式，整合利用外部资源，为我所用，才是制胜关键。作为改革开放的“窗口”和移民文化的综合结果，包容开放是深圳也是龙岗的文化内核，“来了，就是深圳人”，既是来者不分东西南北的包容，也是英雄不问出处的情怀，成为龙岗获取外部资源和力量的价值观念。而这种包容开放、兼容并蓄、善于学习的心态，使得龙岗可以将各类优势资源和新生事物吸引进来，包括外来资金、科技成果、管理经验、科技人才、文化信息、流行时尚，等等。在发展过程中，主动对接，创造性借助外部资源，是深圳、龙岗的几十年一以贯之的重要做法。以对接香港资源来看，从早期深港合作的“前店后厂”的垂直分工体系；到后来的“后院式”“融合式”“互补式”等多种合作模式；再到新时期，两地政府层面的高层统筹合作，以《关于加强深港合作的备忘录》为总则“1+8”合作计划、香港中文大学（深圳）、“深港青年创新中心”等，香港的教育资源、金融资本、企业实体以及其成熟的市场经济运行制度、高效的行政管理体制、完善的法律法规体系、先进的企业经营理念等隐性资源也在龙岗潜移默化地扩散。截至目前，龙岗国际大学园建设深入推进，香港中文大学（深圳）、深圳北理莫斯科大学等一批中外合作办学项目开始运转；墨尔本生命健康工程学院、北京航空航天大学特色学院、中国人民大学深圳环境与经济特色学院、香港浸会大学特色学院、麻省大学医学院等一大批国际知名特色学院稳步推进；搭建了与硅谷等国内外创新资源集聚区域的“创新创业直通车”等资源通道，创新工作机制，不断吸收和利用外部资源，弥补了资源匮乏的天然短板，形成了城市（区）持续的竞争优势。

第四，龙岗的实践表明，深化体制机制改革，激发市场主体活力是城市（区）持续发展的根源所在。深圳近40年改革发展，说到底是市场经济体制改革的实践。深圳率先在经济社会领域进行一系列的创新性改革，突破了原有计划体制的禁锢，释放了长期被计划经济体制压抑的个人积极性，赋予每个人，每个企业通过市场经济实现财富、梦想的机会与权利。“大市场，小政府”是市场经济的重要特征，也是龙岗在体制改革、创新发展中的重要遵循。围绕产业、企业、人才等市场主体需求，龙岗做好了改革和服务两方面的核心工作，一方面，是落实市级改革部署，推动了包括物价改革、劳动工资改革、用工制度、土地供应制度、社会保障体系、人才引进制度、国有企业股份制改造等一系列改革，引入竞争机制和市场规则，充分激发市场活力。另一方面，创新服务机制，龙岗创新性地提出了企业服务现场办公会、成立全市首个“大数据管理局”、实行有龙岗特色的“智慧政务”“分批多次立项”审批等实用性工作举措，营造了亲商、安商、宜商的良好市场氛围，激发了企业、个体发展的能动性。

第五，龙岗的实践表明，由制度创新到政策红利，最终要落脚到城市（区）整体发展环境的吸引力上。在龙岗几十年改革发展中，早期得益于经济特区带来的“制度红利”，吸引了大量的外来人口、外来产业，赢得了领先一步的发展基础。发展中期，得益于前期经济积累而出台的各项“政策红利”，无论是人才政策、产业扶持政策还是科研机构支持政策，龙岗的政策力度和举措都具有较强的吸引力，进一步加剧了各类创新资源的集聚，为经济社会发展注入强大动力。进入新的发展时期，随着国际国内创新资源争夺的加剧，单一的制度、政策吸引力下降，成本增加，核心要靠整体环境引人、留企、聚财。这也是近年来龙岗建立健全区域创新生态系统的核心理念，致力于打造包括硬件、制度、政策、公共服务等一体化的创新创业环境。事实证明，只有优越的个体发展环境，才能源源不断地吸引新时期的追梦人，才能留住更优质的企业，共同实现城市理想。